인연 없는 것들과의 인연

인연
없는
것들과의
인연

김병익 산문선

이른비

윤서에게

책머리에

이 책은 '이른비'의 박희진·안신영 내외 덕분에 이루어진 것이다. 그분들이 제의를 했고 내 산만한 여러 책들에서 글을 골랐으며 차례를 매겼고 제목도 골랐다. 나는 재료만 제공한 것이고 이 책이 혹 맛을 가진다면 순전히 그분들의 레시피 덕분이다. 이것저것 셈하지 않고 내고 싶은 책에만 욕심을 내는 겸손한 출판사에 젊은 날의 내 글들이 정리된 것이 고맙고 기쁘다.

그러고 보니, 내가 한 일도 한 가지 있다. 글마다의 끝에 내 'p.s.'를 붙인 것이다. 내 30대부터의 글들을 훑으면서 그 글을 쓸 때의 분위기, 사연, 긴장, 열정, 안타까움, 고통스러움, 뒷이야기들이 떠올라 짧게나마 '추신'을 붙이고 싶어졌다. 그것은 아마도 지나간 것들에 대한 현존감의 소망이기도 할 것이고 되찾을 수 없는 것들을 향한 호명이기도 할 것이다. 이렇게나마 내 지난날들에 대한 그리움을 달래고 싶었던 것 같다. 돌이켜보면 내 나이 또래의 우리에게는 얼마나 많은 일들이 있었던가. 4·19, 5·16으로부터 유신체제와 5·18, 그리고 1987년과 문민정부, 이어 새로운 세기 등 숱한 사건과 사태들이 굵직하게 우리 역사에 박혀질 것들이었다. 그러는 사이 우리 삶은 세상에서 가장 곤궁하던 처지에서 내 젊었을 때 그처럼 아득하게 보이던 선진 수준으로 올라와 있게 되었다. 그런 변화를 보는 내 마음은 반갑고 다행스러우면서도 못난 시절의 향수감도 느끼게 된다. 그 착잡함, 낯설음, 안타까움이 근래의 나를 호리면서 인연 없는 것들과의 서늘한 인연이란 매듭을 생각하게 된다.

이 책을 내 유일한 손녀에게 드린다. 그 헌정에는 "바라볼 것 숱한 윤서에게, 돌아볼 것들만으로 둘러싸인 자리에서"라고 적고 싶다. 우리 미래 세대는 우리가 살아오며 겪은 그 착잡한 역사와 현실의 궤적에 대한 아픈 감정을 느끼기 힘들 것이다. 그것은 아쉬움이자 차라리 다행스런 일이리라. 이 책에 사용한 사진은 미국 코네티컷에서 공학을 연구하는 아들 우경이가 제 동네 풍경을 찍어 내 생일 선물로 보낸 '세상의 단 한 권뿐'인 사진집 중에서 고른 것이다. 어떤 인연 있는 것들을 향한 그리움 때문인지 하늘을 배경으로 한 사진이 많고 나처럼 눈을 좋아하는지 눈길을 찍은 풍경이 자주 보였다.

김병익
2019년 3월

차례/

책머리에 __8

야곱의 씨름

우정에 대하여 __15
청년들의 영토 __19
지식인다움을 찾아서 __29
작가와 상황 __35
왜 기자로 남아 있는가 __55
다시 왜 기자로 남아 있는가 __65
야곱의 씨름 __70

오리말 버리기

'오리말' 버리기 __87
1984년에 읽는 『1984년』 __93
실의를 이기기 위하여 __109

책으로부터의 도피

작가의 뒷모습 __131
책으로부터의 도피 __154
자유로운 책읽기에 대하여 __172
'페스트'의 사상 __181
'어린 왕자'의 선물 __186

비상에의 꿈

근래의 심사 __201
비상에의 꿈 __207
페루에는 페루 사람들이 산다 __219

열아홉 살의 예감

나의 대학시절 __243
인연 없는 것들과의 인연 __251
핸드폰, 노트북을 살까말까 __256
아직도족의 변명 __268
느리게 살기 __278
마지막 장면들, 첫 모습들 __286
어머니 __293
열아홉 살의 예감 __305

김병익 저서 목록 __316

야곱의 씨름

우정에 대하여

/

　대학 시절 나는 거의 혼자 있었고 많이 외로워하고 있었다. 돈암동의 좁고 우중충한 한옥 하숙방에서 문득 한밤중에 잠을 깨어 보자기만한 창틈으로 한두 낱 별을 보며 몸을 뒤척인 때가 얼마나 잦았던가. 종내 편안할 수 없는 잠을 버리고 일어나면 곧잘 릴케의 시집을 뒤적거렸고, 그의 「가을날」처럼 긴 편지를 쓰고 싶은 열망에 사로잡히곤 했다. 그러나 그때도 나는 혼자였다. 내 편지를 받아볼 사람도 없었고 내가 보내고 싶은 사람도 없었으며 그래서 내가 써야 할 편지의 사연도 없었다. 전후의 그 암울한 분위기 속을 휘어잡던 실존주의의 저 음습한 바람에 갇혀서 나는 외로움을 당연한 것으로 받아들였고 마땅히 그래야 한다고 믿고 있었다. 그렇게 나는 거의 모든 것을 관념과 추상으로 바라보고 이해하고 했다. 페스트가 득실거리던, 그리하여 어둡게 폐쇄된 카뮈의 오랑을, 그 안에서 치명적인 질병과 싸우던 용기 있는 사람들을 관념적이고 추상적으로 받아들이고 있었다.

 그러나 이제 나는 뒤바뀌어 있다. 누구에게 편지를 써야 할 것인지, 무슨 이야기를 할 것인지 잘 알게 되었고 그리고 편지를 쓰지 않는다. 물론 나는 외롭지도 않고 한밤중에 잠을 깨지도 않는다. 아니 문득문득 잠을 깨기는 하지만 몸을 뒤척이지도 않으며 오래잖아 달고 편안한 잠에 다시 마음을 맡긴다. 그만큼 나이들기도 했으리라. 그리고 잠시 잠에서 깨었을 때 나는 오랑의 의사 리외와 신문 기자 랑베르를 생각하는 것이다. 다만 유감인 것은 내가 이미 랑베르일 수도 없을 뿐더러 앞으로도 리외가 되지 못하리라는 점이다. 그러나 랑베르와 리외에게 은밀한 우정을 느낀다는 것으로 나는 한밤의 불편한 잠깸을 어루만진다. 이렇게 카뮈의 훌륭한 소설 『페스트』의 주인공들에게 감사를 느낄 때면 거의 예외 없이 여우가 '어린 왕자'에게 주는 말선물을 연상한다. "네가 날 길들이면 내 생활은 환해질 거야. 여느 발소리와는 다르게 들릴 발소리를 알게 될 거야. 다른 발소리는 나를 땅 속으로 들어가게 하지만, 네 발소리는 음악 소리처럼 나를 굴 밖으로 불러낼 거야."

 비슷비슷한 일상, 메마른 정서, 음험한 도시, 꼭 막힌 행동의 반경—내 나이쯤의 찌든 현대인이면 으레 부지불식간에 빠져드는 이 함정 속에서 나는 나와 서로 '길들인' 친구들이 있고 다른 사람들의 것과 달리 '음악 소리'처럼 들려오는 발소리를 갖고 있음에 어찌 싱싱한 위안을 얻지 않을 수 있겠는가. 서로 길들인 사람들은 말 없는 눈짓으로 서로의 말을 듣고, 서로 딴 데를 쳐다보면서도 그것이 무엇을 뜻하는지를 눈치 챈다. 멀리 떨어져 서로의 손짓과 눈빛을 볼 수 없어도 혹은 서로의 안부를 묻지 않아도 바로 그렇게 하지 않음으로 해서 서로의 속마음을 더욱 잘 안다. 리외와 랑베르처럼 엇갈린 자리에서 설령 의견이 부딪치더라도 어쩔 수 없는 한마음임을 알 듯이, 여우가 밀밭의 황금빛을 보고 영원히 헤어진 '어린 왕자'의 금발을 회상하듯이 우정은 그렇게 서로를 잘 안다. 이것이 애정보다 지혜롭고 관대한 우정이 아니겠는가.

문득 잠이 깨어 잠이 안 올라치면 나는 이 우정들을 생각하고 사심 없고 떳떳한, 천진난만하면서도 시대고時代苦의 각인을 이마에 달고 다니는 그 우정의 주인공들을 떠올리며 여우가 말하는 '행복'을 느끼고 또 랑베르가 리외에게 느끼는 감동의 부스러기를 줍는다. 좀더 심각해지면 페스트 환자들의 수용소에 있는 사람이 그 바깥에 있는 미감염자를 다행스럽게 여기고 바깥의 사람들은 환자복을 입은 이 환자를 걱정해주는, 병을 초월한 우정에 감전되는 듯한 또 하나의 우정을 느낀다. 그것은 즐겁고 감사한 일이다. 아마 나 같은 경험을 한 사람들은 이 우정의 밀도를 잘 알고 있으리라. 밤이 깊어도 아직 잠을 잘 이룰 수 없고 외로움을 느끼는 사람들이 있다면 '어린 왕자'를 회상하고 리외를 생각해보라. 그들과의 우정을 위해서 나는 심야총서深夜叢書를 만들어볼까.

p.s. »» 『문화와 반문화』(1979)에 수록된 이 글은 발표 지면과 일자가 적혀 있지 않다. 그러나 지금 나의 기억으로는 1976년 『한국일보』가 아니었을까, 짐작된다. 1975년 동아언론 사태로 신문사에서 쫓겨나 친구들의 우정 어린 협박으로 1인 출판사를 열고 일을 시작했지만 그때의 처지는 막막하고 암담했다. 유신체제로 정국은 암울하게 냉랭하고 억압적이어서 추위에 떨어야 했고 나 자신도 익숙지 않은 출판사 일을 하고는 있지만 '일부 불온한 지식인'으로 찍혀 거동과 글쓰기가 막혀 있었다. 그렇게 도심 속에서도 외딴 섬에 유배당한 기분으로 외롭고 무겁게 지낼 때 한국일보 문화부에서 글 한 편을 청탁해왔다. 그 주제도 '우정에 대하여'였다. 마침 언론자유운동을 주도한 동아일보 기자들과 문학과지성 동인들, 그리고 몇몇 잡지 편집자들이 문우로 동료로 친구로 망연한 외로움 속에 있는 나를 격려하며 도와주었다. 그 우정은 감동이었고 힘이었으며 동지애였다. 그 어울림은 공감과 동조, 희망과 기대를 빚어냈다. 그때 내가 하고 싶은 것은 나치 점령기에 프랑스 저항 문인들이 간행한 '심야총서' 같은 것이었다. 문학과지성의 그 후 작업은 그 희망대로 되었을까. 미흡하지만 그렇게 하려고 노력한 것은 분명했다. 그 작심을 두터이 할 수 있었던 것은 말없이 눈짓으로 통하는 우정들 덕분이었다. 그리고 나도 이 글을 발표함으로써 응어리진 속마음을 열어갈 수 있었다. 〔2019. 1〕

청년들의 영토

/

짜르의 전제정치와 그의 혹독한 경찰들이 제정 러시아를 전복시키려는 수많은 혁명단체들을 탄압하던 1860년대 말, 세르게이 네차예프의 살인 사건이 일어났다. 과격한 사회주의자 내지 무정부주의자였던 네차예프는 부하이며 친구인 이바노프가 자기네 비밀단체의 기밀을 비밀경찰에 고발한 것으로 생각하고 그를 잔인하게 살해하여 못 속에 암장했다. 이 비정한 동료 살인 사건은 당시의 지식인들에게 큰 충격을 준 듯, 도스토예프스키의 『악령』에 중심 테마로 등장한다. 그 자신 페트라셰프키의 회원으로 체포되어 사형 선고를 받았다가 처형 직전, 황제의 극적인 특사로 시베리아에 4년 동안 유배된 적이 있는 도스토예프스키는 동료 살인 사건이 있은 지 2년 후 연재를 시작한 『악령』에 네차예프를 간교하면서도 정열적인 사회주의자의 전형인 표트르 베르호벤스키로, 이바노프를 독실한 기독교주의자 샤토프로 등장시킨다.

전처인 마리아가 남의 자식을 가진 채 피로한 몸으로 그에게 돌아오자, 종교로 슬라브 민족의 구원을 열망하던 샤토프는 새로운 생명을 지닌 마리아와 새롭게 삶을 출발하며 희열과 축복으로 충만해 있다. 그는 자기가 진심으로 원하는 삶을 위해 표트르와의 정치적 음모를 청산하려고 그를 만난다. 이미 자기 계획의 패배를 깨달은 그 사회주의자는 기쁨에 가득한 샤토프를 숲속으로 유인하여 무자비하게 죽이고 시신을 돌에 매달아 물속에 던져버린다. 이 잔인한 살해, 그리고 구원으로부터 절망으로 급전하는 전율은 개인과 사회의 구제를 회의하는 도스토예프스키의 비극적 면모를 가장 잘 드러낸 부분이다.

 무수한 탄압과 패배, 이합집산에도 불구하고 네차예프와 같은 젊은 비밀조직은 20세기 초, 짜르를 전복시키는 데 성공했다. 그 강력한 전제왕권도 쌀쌀한 다락방에서, 음산한 지하실에서 수군거리며 족출簇出하는 청년들의 힘을 굴복시키는 데 실패하고 만 것이다. 이 청년들의 지하서클, 비밀회합은 러시아의 부패한 귀족체제를 무너뜨렸을 뿐 아니라 어떤 사회, 어떤 시대에도 새로운 세력 창조와 역사 발전의 힘이 되어왔음을 보여준다. 그들은 권력이 없고 가난한 만큼 젊고 강한 의지로 힘을 삼고 순진무구하고 건강한 욕망을 자산으로 만들어 기성세대와 대결하며 이후의 세대를 자기들 쪽으로 장악한다.

 그리하여 도스토예프스키의 『악령』으로부터 1세기 후, 이들은 '언더그라운더undergrounder' 세대를 만든다. 그들의 목표가 정치적인 전제권력의 전복이 아닌 획일적인 기성문화에의 반발이며 엄격하고 강인한 조직 대신에 자유롭고 발랄한 모임이며 동지 대신에 친구라는 차이가 있음에도 그들은 여전히 쌀쌀한 다락방과 음산한 지하실에서 새로운 미래를 추구하고 있다. 제2차 세계대전을 치르고 잠정적인 평화가 지속되자 내면화되어가는 젊은이들의 지하서클은 '언더그라운더 예술'을 창조했다. 그들의 반소설·반연극·반미술은 이제 새로운 기성문화로 승인되었고 반문화적인 현상은 오늘날의 시대적 특징이 되고 있다.

기실 지하서클은 정치적인 것보다 문화적인 것이 훨씬 더 광범하고 뿌리 깊으며 통시대적이다. 정치적 비밀조직은 전제정권 또는 외세의 압제로부터 벗어나려는 레지스탕스를 목표로 하기 때문에 특수한 상황 속에서만 일어나는 것이며, 따라서 그 목표가 달성되었거나 정치체제가 자유민주주의에서처럼 개방되었을 때는 존재의의를 잃게 마련이다. 그러나 예술 또는 지성에 있어서의 언더그라운더는 문화가 존재하는 한 있어왔고 그 젊은 지하서클이 움직거림으로써 한 사회의 문화는 계속 새로운 영역으로 신장할 힘을 얻게 된다.

젊은이는 항상 기성세대에 반발해왔다. 청년들은 아직 기성사회에 발을 들여놓기 전, 어른으로 성장하기 위한 고독한 준비 기간이 필요하다. 그들의 탐구는 속세적인 것이 아니며 그들의 사고는 어디에도 매여 있지 않으며 그들의 행동은 누구의 간섭도 원하지 않는다. 그들은 부모와 교사의 끈으로부터, 어른들의 배려로 마련된 온상으로부터 벗어나 자유롭고 발랄하며 이상적이고 이성적이다. 이 같은 젊은이들이 기성인에게 발견하는 것은 침착할지는 모르지만 응고된 가치관이며 안전하기는 하되 고리타분한 윤리이며 원숙하기는 하지만 아나크로니즘(시대착오)에 빠진 감정이다. 젊은이는 젊다는 이유로 어른들의 고집에 저항하는데 더욱이 어른들의 무감동에는 저항할 충분한 이유를 갖게 되는 것이다. 그러나 어른들은 젊은이를 인정해주지 않는다. 그들의 눈에는 청년이란 아직 서투른 티를 벗지 못한 애송이며 그냥 놔두면 파멸을 향해 달려갈 망아지이며 게다가 자기들의 진심 어린 충고를 받아들이지 않는 불한당이다. 스스로의 젊었을 때를 잊어버린 기성세대는 새 세대의 감성과 가치관을 이해하지 못하며 그들의 주장과 창조를 받아들이지 못한다. 이 같은 반목으로 인해, 젊은이들은 기성세대를 경멸하고 자기 시대를 주장하기 위해 외롭고 저항적인, 그리고 비타협적인 대립을 지향한다. 이러므로써 청년들은 자기들만의 세계를 요구하며 그 세계는 넓은 광장이 아니라 좁은 밀실에서, 윤택하고 점잖은 분위기가 아니라 좁고 음침하되 솔직하고 명백한 무드 속에서 이루어진다. 속세적인 목표를 무시하는 이들 젊은 '언더그라운더'는 제가끔의 개성과 지적·예술적 야심을 갖고 있으며 자기 세계의 비밀과 완성을 위해 어른들을 피해 자기들만의 부류로 몰려든다. 비밀 아닌 비밀조직 속에 풍성한 자기를 발견하여 세계를 확대하고 책임 있는 어른으로 발전할 준비를 갖춘다.

따라서 이들은 잠재된 문화세대층이며 오늘날의 유행어로 청년문화층이다. 언젠가 자기들이 주도할 시대가 오리라 믿고(또 틀림없이 온다) 그 믿음으로 고통스런 문화주체의 견습 기간을 보내며 자신들의 논리와 지성을 계발한다. 이들 '언더그라운더'는 자기네 골방에서 가난으로 말미암은 유혹을 물리치고 제 또래의 친구들과 대화하고 사색한다. 발자크의 『잃어버린 환상』이 그 좋은 예를 보여준다. 주인공인 시골 문학청년 뤼방프레는 파리에서 귀부인으로부터 버림받은 뒤 도서관에서 다르테스라는 청년을 만난다. 훗날 명성을 크게 얻은 이 젊은이는 "깊은 형이상학의 지식 없이는 비범한 재능이란 있을 수 없다"고 믿으면서 "고금의 철학적 보고를 샅샅이 검토하고 있는 터"였다. 그는 자연과학자, 젊은 의사, 정치적 작가, 예술가 등 장래성이 풍부한 근면하고 진지한 사람들을 사귀며 여러 잡지에 양심적인 기사를 써서 생계를 잇고 있는데 "그나마 더도 덜도 말고 꼭 살기에 필요한 만큼만, 그리고 사색을 계속할 수 있는 범위 내에서만" 글을 써서 판다. 다르테스의 서클은 모두 아홉 명으로 "이마에 저마다 특수한 천재의 낙인이 찍혀 있는" 청년들, 각기 다른 의견, 상이한 기질들이지만 공통된 것은 가난하고 진지하며 친절하고 관대하다는 점이었다. "모두가 토론을 하면서도 언쟁을 하지 않고 자신들이 청중이었으므로 추호의 허영심도 없이 청년다운 순수한 성의로 의견을 교환"했다. 그 자리는 각자가 땔나무를 갖고 모여야 할 만큼 가난했다. 그럼에도 "이 추운 다락방에는 그지없이 아름다운 감정의 꿈이 실현되고 있었다. 여기서는 학문의 온갖 영역에서 백중하는 역량을 가진 형제들이 모든 것을, 심지어 잘못된 생각까지도 서로 이야기하며 성의껏 서로 깨우쳐주곤 했다. 모두가 엄청난 교양을 갖추고 극한 빈곤의 도가니에서 시련을 받고 있었다."

그러나 이 젊은이들의 가난과 시련, 진지한 토론과 아름다운 우정이 모인 골방에서 오늘의 '위대한 프랑스'가 나왔다. 아니, 동경의 어두운 하숙방에서 노닥거린 김동인·전영택·주요한에 의해 우리나라 최초의 순문예 동인지 『창조』가 창간되었으며 중앙고보의 꾀죄죄한 숙직실에 모인 김성수·현상윤·최린 등 젊은 엘리트들에 의해 3·1운동의 거대한 불꽃이 발화되었다. 전후의 어설픈 바라크에서 이어령·유종호의 문학이 나왔으며 값싼 하숙집 구석방에서 4·19와 60년대 문학이 꽃을 피웠다. 문화는 항상 어둡고 괴로운 밀실에서 싹트며 이 밀실 주인공의 인내와 결의, 탐구와 투쟁에서 일어났다. 젊은이들이 이 밀실을 버릴 때 문화는 근거를 잃으며 '언더그라운더'의 고뇌와 싸움을 포기할 때 지성과 예술의 창조력은 메말라진다. 발자크의 뤼방프레는 다르테스의 골방을 버리고 귀족들과 부패한 신문계의 유혹에 굴복함으로써 그 문학과 명성을 잃었다. 극장에서 "저 귀족들을 정복할 테다"라고 선언한 그의 야심은 한낱 촛불처럼 꺼져버린다.

오늘날 우리들에게는 다르테스의 추운 골방이 없다. 그뿐 아니라 다르테스를 떠나는 뤼방프레처럼 귀족의 반열에 오르겠다는 열망도, 그들과 결별하는 우정도, 괴로울 때 한밤이 되도록 꺼지지 않는 다르테스의 골방 등잔불을 쳐다보는 뤼방프레의 회한도 없다. 우리에게는 무기력한 치기와 무모한 대화와 무의미한 발산만이 있을 뿐이다. 밀실의 고통은 다방의 권태로, 진지한 사색은 값싼 영화의 센티멘털로, 가난에 대한 친숙함은 속물근성으로, 싸우면서도 관대한 우정은 낭비의 공모자로 바뀌고 있다. 주간지와 텔레비전이 사고를 대신해주고 당구와 데이트가 패기를 발산시키며 유행에의 민감함이 지성을 대변해준다. 공개된 삶—비밀을, 남몰래 싸우는 고통을 포기하고 자신의 나체를 수치심 없이 내보이는 노출된 자기 세계는 젊은이의 적이며 악이다. 그것은 문화의 반역이며 사회의 역동성을 억압하는 요소다. 그러나 왜 그렇게 되었는가?

 무엇보다 젊음을 젊음답게 키우지 못한 우리 사회의 둔중함이다. 어디에선가 잘못되어가기 시작한 기성인은 지하실에 다방을, 빌딩의 다락에 스카이라운지를 만들었고 젊은이다운 감성과 패기를 골방에서 쫓아내 거리로 방황케 했다. 그들은 일찍이 돈을 벌어야 했고 그래서 아르바이트를 해야 했다. 그들은 책 없는 도서실에 흥미를 잃었고 그래서 악성 소비문화의 전시장인 주간지로 독서를 해야 했다. 그들은 내용 없는 선생에 대한 신뢰를 잃었고 그래서 극장과 뮤직홀을 찾아야 했다. 그러나 가장 중요한 것은 4·19에서 성공한 젊음의 용기와 책임이 그 후 계속된 좌절로 실의와 패배주의로 굴곡한 것이다. 어른들은 젊은이의 골방을 빼앗았을 뿐 아니라 골방을 찾겠다는 의욕마저 제거해버렸다. 그래서 답답하고 피로했다. 답답한 것은 답답한 것으로, 피로는 피로로 풀 수밖에 없는, 폐쇄적이고 반지성적인 여유밖에 허락되지 않았다.

그러나 우리 청년들에게 더 깊은 오류가 있었다. 왜냐하면 저항하는 것이, 아무리 잘된 사회라도 기존 이념에 반발하는 것이 젊음의 기질이고, 더욱이 후진적이고 닫힌 우리 사회에서는 더욱 기찬 반항과 자기에의 고수固守가 있어야 했기 때문이다. 어른들의 탁류에 거슬러 오르는 것이, 주인이 쫓아내는 하숙방에 일부러 몰려들어 우렁찬 목소리로 자기 이야기를 하는 것이, 오염된 거리보다는 죽치고 누운 골방의 꿈에 더욱 집착하는 것이 청년들의 양식이기 때문이다. 굴복을 당하는 것이 아니라 굴복시키는 것이, 승인을 기대하는 것이 아니라 거부를 거부하는 것이 당당한 태도이기 때문이다.

하긴, 지금에도 몇몇 젊은이들은 '언더그라운더'가 되어 젊음의 패기를 끊임없이 충일시키고 있다. 「오적五賊」의 가락을 판소리에서 발굴하는 이, 민요에서 현대시의 가능성을 찾는 이, 연극의 세리프를 변소에서 찾는 이, 공간적인 미술을 행동으로 펴는 이, 민족주의를 현실에서가 아니라 이론에서 탐구하는 이, 후진성의 타개에 열렬히 토론하는 이 — 이들은 지금 당장 사회로부터 소외되고 어른으로부터 내쫓김을 당하지만 언젠가는 자기들이 이 나라 문화의 주역이 되리라 믿고 있으며 그 믿음으로 현재의 온갖 어려움을 이겨낸다.

젊음의 용기는 다락방을 자랑으로 여기며 청년들은 본질적으로 선의의 비밀서클을 이룬 '언더 그라운더'다. 이 지하조직이 풍부할수록 문화의 잠재력은 커지고 탄력성은 확대되며 기성의 양심은 정화되고 사회는 발랄해진다. 아니, 설령 이 모든 보상이 없다 하더라도, 젊음의 순수는 가난을 즐기고 기존의 불순을 거부하며 자기의 영역을 고수하고 발전시키는 것으로 실현된다. 청년들의 영역은 다방에, 거리에, 돈에, 유행에 있는 것이 아니라 골방에, 책에, 저항에, 의욕에 있는 것이다. 어른을 욕하기 전에 먼저 자기 방을 찾자. 위기의 오늘날, 상황의 암담함과 문화의 폐쇄성과 패배주의의 낙담을 극복하기 위해서는, 그러기를 요구하는 기성의 억압적인 배려로부터 벗어나 젊은이들만이 모이는, 젊은 이상과 대화, 순수와 패기가 넘치는 '언더 그라운더'를 도로 찾아야 한다. 왜냐하면 문화와 지성, 저항과 실험은 대중의 시선과 거리의 소음으로 자라는 것이 아니라 지하의 음모와 자기 세계의 비밀을 가진 은밀한 자들의 내통으로 성장하는 것이기 때문이다.

〔1970. 9〕

p.s. ≫ 다시 보니 이 글은 상투적이고 둔중한 기성사회의 억압을 비판하면서 젊은 패기와 그들의 도전적인 정신을 고대하고 있었다. 확인해보니 1970년 9월 월간 『다리』의 창간호에 실린 글이었다. 이때라면, 김지하가 「오적」을 발표하며 문단만이 아니라 무엇보다 정계와

사회 일반에 말 그대로 도전적인 충격을 가해 수선스러웠던 시절이었다. 그리고 나는 김현과 계간 『문학과지성』의 창간을 서두르고 있었고 권력은 머지않아 유신체제 선언을 준비하고 있었다. 정치는 4·19혁명의 민주에서 5·16정변의 독재로, 문화는 일어세대에서 한글세대로, 경제는 농업에서 공업 중심의 산업화로, 사회는 도시화와 대중화가 눈에 띄게 진행되고 있었다. 젊은 기자로서 이 거대한 변화 앞에 새로움도 발견하고 그 변화를 반가워도 하면서, 한편 강압과 타락의 분위기에 두려움도 느끼고 있었다.

그래서 이 난잡스런 세계에 저항하고 지혜롭게 미래를 만들어내기 위해서는 젊은이들의 숨은 공모와 거기서 이루어지는 어떤 혁신이 있어야 한다고 생각했으리라. 그 비밀스런 젊음의 모임들이 내 희망대로 곳곳에서 이루어지고 있었지만, 그 후 사태는 시위와 비밀활동, 그에 따르는 탄압과 수배로 더 억압적이고 강고해졌다. 운동권의 출현을 나는 기대했던가. 아마도 그랬을 터인데, 내 희망은 정치적이라기보다 문화적이었을 것이다. 몇 해 후 나는 '청년문화' 논쟁을 일으키게 되는데, 그때 내가 청년문화를 통해 바란 것은 정치적 민주주의였다. 그 숨은 의도가 집요하게 나를 이끌어왔음을 지금 다시 즐겨 회상한다.

원문의 어색함을 지우기 위해 어휘 몇 개를 고치는 사소한 손질을 했다. 〔2019. 1〕

지식인다움을 찾아서

/

요즘처럼 고등 교육을 받은 사람이 폭증하는 사회에서 대학문을 출입해보고 몇 권의 교양서적을 읽고 또 약간의 영어라도 할 줄 아는 사람치고 감히 지식인이라고 자부하지는 못할망정, "당신은 지식인이 아니오"라는 말을 듣고도 흔쾌하게 생각할 사람은 별로 없을 것이다. 아니 오히려 평소 자신에 대해 겸손하게 생각해오던 사람도, 정작 "당신은 지식인이 못 되오"라는 말을 들으면 왜 내가 지식인이 아니겠느냐는 오기 받친 항의를 적어도 내심으로는 가질 것이다. 왜냐하면 아무도 지식인이란 공식적으로 직함을 부여하지도 않거니와, 누구의 명함과 이력서에도 '지식인'이라고 기입하지 않을 것이며, 또한 지식인이 되는 데에 어떤 관문이 있어 자격증을 가져야 하는 것도 아니기 때문이다.

이렇듯 누구나 지식인이라고 장담할 수도 없고 누구도 지식인이 아니라고 낙인찍을 수도 없다는 것 —이 애매모호한 말은 무엇을 의미하는가. 이미 지식 산업이라든가 지식 계층이라든가 지식 사회라는 말이 전문 용어가 아닌 일상 언어로 사용되고 있는 데에서 지식인에 대해 새삼스레 중언부언할 필요가 어디에 있는가. 대개 대학 졸업자면 지식인이고 교수·작가·변호사 등 전문가쯤이면 고급 지식인으로 가를 수 있음직한데, 그걸 다시 운위하는 까닭은 무엇인가. 그것의 의미와 필요와 이유는, 지식인을 직종으로, 학력으로, 사회적 역할로, 신분적 귀천으로 기준 삼을 수 없다는, 그리고 그렇게 하기에는 너무 많은 지식인들이 산재하고, 아니면 너무 많은 사람들 중에 지식인의 숫자는 너무 적다는, 따라서 지식인에 대한 일반적인 통념들이 상당히 안이하게 구성되었다는 점들 때문이다.

그렇다. 우리가 절대적인 기준으로 말할 때 지식인은 어디에도 있지만 동시에 누구도 완전한 지식인이 아니며, 그럼에도 불구하고 약간 높은 사람, 진지한 사람들의 글과 말을 마치 판관의 최종적인 판결문처럼 지식인의 말과 글로 받아들이는 맹목에 빠져드는 게 보통이다. 우리는 지식인의 말을 공자의 말씀처럼 듣고 동의하지만, 이는 부분적인 진실성을 가진 것이지 절대적인 진리도 아니며 무조건 수긍해야 할 인생의 좌표도 아니다.

그렇다면 지식인이란 무엇인가. 무엇이 한 인간을 지식인답게 만드는 것인가. 그리고 어떤 것이 비지식인, 반지식인적인 것인가. 또한 그 기준은 무엇인가. 여기서 여러분들은 나의 반어를 용서해주기 바란다. 나는 지식인이란 "지식인이 되고 싶다"는 열의와 용기를 가진 사람이라고 규정하고 싶다. 그가 농부든 기생이든 학자든 정치가든 지식인이 되고자 노력하고 결단하는 사람이 지식인이며, 무학자든 석학이든 스스로 지식인답게 지혜와 의지를 행사할 때에야 지식인이 된다는 것이다. 그것은 지식인이 어떤 정지된 상태, 고착된 형태가 아니라 부단히 그 어딘가로 움직이고 찾아가는 사람임을 의미한다. 다시 말하면 이미 응고된 사회 제도나 풍속이 지닌 허위와 모순을 깨뜨리고 그것을 극복하려고 노력하는 지혜와 용기를 가질 때 우리는 그를 지식인이라고 부를 수 있다. 그의 정신은 결코 어느 한 자리에 안주하여 만족하는 것이 아니라 새로운 문제점, 영원히 거듭하여 일어나는 오류들을 발견하고 깨뜨리며 보다 더 좋은 것, 옳은 것, 아름다운 것을 창조하며 끊임없는 탐구를 계속하는 것이다.

우리가 사회에 진출하여 고상한 자리, 영향력 있는 위치에 서서, 이제 나는 지식인이라고 자부할 때, 이미 그 지식은 흐르던 물이 괴어 썩는 것처럼 사유의 탄력성과 상상력, 비판정신과 탐구열이 부패해버린다. 이때쯤이면 그가 지식이라고 믿었던 것들은 그 진실함을 잃게 되고 그것의 열기와 생기도 사라져버린다. 진정한 지식은 시간과 더불어 움직이며, 화석화되어가려는 사물과 제도, 굳어버리려는 이 세계와 인간에게 멈추지 말도록, 굳어지지 말도록 깨우치고 흔들고 움직이게 만드는 것이며, 이러한 역할을 수행할 수 있는 사람만이 지식인이 된다.

그러므로 지식인이 진정한 지식인으로 되기 위해서는 "지금도 여전히 나는 지식인이 아니다"라는 자기 각성, "지식인이 되고 싶다, 되어야 한다"는 부단한 자기 계발이 있어야 하는 것이다. 그것은 태도의 천명이며 궁극적으로 자기 삶의 결단이다. 지식만 있고 그 지식에 대한 태도의 천명, 삶의 결단이 없다면 그가 아무리 박학한 식자라 하더라도 실제로 그는 일개 지식 기능공에 불과하다. 나폴레옹의 명령에 따라 정책을 수행한 사람은 그 외양과 달리 결코 지식인이 아니며 베토벤이 나폴레옹에게 헌정할 교향곡을 그의 황위 대관에 분격하여 무명용사 앞으로 보냈을 때, 그는 단순한 음악가가 아니라 공화주의자로서의 새로운 지식인 면모를 보여주는 것이다. 우리가 지적知的이라고 부를 수 있을 경우는 바로 이런 때이다.

지식인은 왜 지식인이 '되고자' 하는가. 여러분들은 다시 한 번 나의 반어를 용서해주기 바란다. 그들은 지식인이 되고자 노력하는 데에서 어떤 현실적 보상을 바라지 않기 때문에 지식인이 되고자 한다. 아니, 대가는커녕 그들에게는 박해가 기다릴 경우가 더 많을 수 있다. 그렇다면 왜 보상 없는 노력을 하는가. 동어반복의 순환론이지만 그들은 지식인이 되기 위해 보상을 사양한다. 이 말은 이렇게 얘기할 수 있으리라. 어떤 보상을 바란다면, 그 보상을 얻기 위해 자기의 참된 지식을 거짓되게 만들거나 어떤 확고한 태도를 굽히기 쉬울 것이다. 보상이 없을 때, 보상을 거부할 때, 그의 탐구는 사심 없고 그의 발언은 정당하며, 힘 있는 자들의 핍박은 되레 그의 탐구와 발언이 옳음을 확인시켜줄 것이다. 따라서 부끄럼 없는 지식인이 되고자 하는 사람들은 근본적으로 이상주의자며 관념주의자다. 현실의 핍박이 오히려 자신에게 위로가 되는 역사적 아이러니를 이해하기 때문이다.

 이제껏 나는 무엇을 말해 왔는가. 아마 지식인이란 지식인이 되고 싶어하는 사람이며, 그들이 그렇게 하고자 하는 것은 지식인이기 때문이란, 개미 쳇바퀴 도는 듯한 동어반복일 것이다. 그러나 이 순환론이 오늘의 우리에게, 지식인이 되고 싶은 사람들에게 가장 중요한 각성제 중의 하나일지도 모른다. 지식인이 되기도 어렵고 될 수도 없는 어떤 상황에서, 이 같은 동어반복은 지식인이고자 하는 사람들의 태도와 삶에 결단을 확인하고 촉구하는 계속적인 외침이며, 나 또한 그런 지식인이 되고 싶은 절실한 심정의 표현인 것이다. 지식인이란 지식인이 되고 싶어하는 사람이며…… 그렇게 하고자 하는 것은 내가 지식인이기 때문이며…… 지식인이란 지식인이 되고 싶어하는 사람이며…… 그렇게 하고자 하는 것은 지식인이기 때문이며…… 하는 이런 동어반복에서.

p.s. » 『문화와 반문화』(문장, 1979)에 실렸지만 언제 어디에 발표한 글인지는 기록되지 않아 알 수 없음에도 이런 글을 쓴 것은 분명 기억한다. 권력과 자유의 맞부딪침을 자주, 예민하게 느끼던 1970년대의 전반이었을 것이다. 그즈음 나는 신문사 문화부 기자로 일하고 있었기에 정치·경제·사회 전반으로 독재권력이 강화되고 확산되고

있음을 멀리서, 그래서 더 분명하게 느낄 수 있었다. 정치적 자유가 옥죄임을 당하고 지식인의 자유가 억압당하고 있다는 어두운 예감이 이런 종류의 글을 자주 쓰게 만든 듯하다. 마침내 「지성과 반지성」이라는, 지금 보면 순진한 열정에서 배어난 것이지만 그 당시에는 매우 비장한 마음으로 토로한 글이 이런 내적 추동에서 씌어지게 되었을 것이다. 젊은 나는 피할 수 없이 자유지식인을 가장 아름다운 정신의 표징으로 본 것 같다. 〔2019. 1〕

작가와 상황
친일파 작가에 대한 변명

1

내가 동아일보 문화면의 기획기사로 써오던 「문단 반세기」의 연재가 막 끝난 7월 중순 미국으로부터 의외의 편지가 날아왔다. 발신자는 이정화李廷華, 춘원 이광수의 따님이었다. 65회 연재 중 춘원의 친일 훼절에 대해서만 2회분을 할애하리만큼 이광수의 '비굴한 전철'을 혹독하게 비난했던 나는 아직 춘원의 신화에 매여 있는 노장 문학가로부터 질책이 올지도 모른다는 각오를 하고 있었지만 여고생 때 『아버님 춘원』을 쓴 따님에게 편지가 오리라고는 전혀 예기치 못하고 있었다. 그리고 그녀의 편지는 예측한 대로 춘원 비판에 대한 항의였다. 또박또박 글씨를 쓴 편지는 몇 행의 서두를 거쳐 곧장 본론으로 들어갔다.

……아버님 '春園'이라는 한문 글자가 눈에 먼저 띄었으며, 그 밑에 적힌 '비굴한 자취'라는 것이 눈에 꺼렸습니다. 제가 초등학

교 다니던 때 "네 아버지 친일파"라고 놀려먹던 사내 녀석들 기억이 나 괘씸하였습니다.

아버님이 민족을 배반하고 친일하던 이유가 근대 한국정신사의 비굴한 전철이라는 것이 기자님의 해석이오니 딸로서 몇 마디 불찬성의 말씀을 드려야 할 듯합니다. 김선생님께만이 아닙니다. 『나의 고백』(1948년 춘원은 자신의 친일기를 회고체로 술회하는 책을 썼다 ─ 필자)을 쓰신 아버님을 그리도 복잡하게 해석하며 친일운동이 굴복이요 비굴한 꼴이라고 말씀하시는 독자들을 위해서 딸로서 아버님 역성을 아니 들 수가 없습니다.

제가 이화여고를 다녔을 때 일입니다. 1948년에 「사육신」이라는 연극이 시민관에서 열렸는데 아주 걸작이었습니다. 가혹한 고문을 당하면서 발가벗은 피투성이가 된 몸으로 성삼문이 우렁차게 시조를 읊었습니다. 청중의 가슴을 칼로 꽉꽉 베는 듯한 인상 깊은 장면이었습니다. 그러나 아버님은 그 시조의 내용을 좋게 보지 아니하셨습니다. 온 세상이 다 눈 속에 희게 묻혔는데 혼자서 푸르겠다니 그러한 마음으로 어찌 남들과 온화하게 살아가느냐 하셨습니다.

그밖에 아버님은 이런 말씀을 하신 일이 있습니다. "오늘은 내가 부처님 절로 아주 가버리려 나갔다가 너희들이 보고 싶어 돌아왔다." 죽고 싶도록 사회생활이 괴로워진 아버님이 그래도 가족을 이끌고 남들을 위하여 살아야만 한다는 책임 때문에 돌아오셨지 자식들이 그리 보고 싶었다고는 생각이 안 됩니다.

아버님의 애국심이란 열렬하셨습니다. 친일운동을 기가 막히게 하시던 8·15 이전에도 사람들만 모이면 "한국은 아름다운 나라였소"를 흥분한 목소리로 되풀이하셨습니다. 민족운동을 시작하는 애국자란 어떤 사람입니까. 옥사·자살·고문이나 가난함이 두려운 사람이야 민족운동을 시작도 아니할 것입니다. 애국자신 아버님이 쓰신 『나의 고백』을, 민족 위해 친일했다는 뜻을 그대로 독자들이 들어주시면 얼마나 좋겠습니까? 굴복했다, 비굴하다, 착각을 일으켰다 할 필요가 없겠지요.

끝으로 저는 독자 여러분께 물어보겠습니다. 아버님이 지금 살아계셨으면 어떠한 사상을 가지셨을까요? 저는 이렇게 생각합니다. 일편단심으로 애국하셨을 것이며 온 중생을 모두 가엾게 여기셨을 것이며 38선에 걸린 금강산이 그리워 눈물을 흘리셨을 것입니다. 성삼문과 같은 훌륭한 열사가 많이 나는 나라보다도 씩씩하게 자라는 어린이와 행주치마에 손 씻는 어진 가정부가 많이 사는 나라를 동경하셨을 것입니다.

편지는 이상으로 끝나 있었다. 나는 곧 펜을 들어 나의 견해를 밝히는 답장을 써서 보냈다. 요컨대 딸로서 아버지를 변호하는 것은 당연하지만 귀하 스스로가 인정하듯 춘원의 친일행위는 엄연한 사실이다; 왜 친일했는가 하는 내면적 동기나 과정을 이해하고 동정하는 것은 충분히 가능한 일이고 또 그래야 하지만 그것은 춘원 개인사의 문제일뿐더러 그렇게 이해했다 해서 한국

정신사에 남긴 과오가 씻어지는 것은 아니다; 그리고 더 비굴하게 더 심하게 친일행각을 벌인 작가를 무시하고 춘원에게 그만큼 많은 지면을 들여 쓴 것은 어떤 의미로는 춘원은 거울이었고 따라서 긍정적이든 부정적이든 그런 대우를 받을 만한 분이었기 때문이다; 또한 훼절에 대해 필자가 신랄하게 쓴 것은 후대의 지식인이 그와 같은 함정에 다시 빠지지 말아달라는 경고의 의미가 들어 있다―는 요지였다.

얼마 후 이정화 씨는 답장을 보내어 일단 나의 견해를 받아들이면서 춘원이 친일기에 쓴 일문日文을 읽어봐야겠다는 짤막한 소감을 밝혔다. 내가 이정화 씨의 두 번째 편지에 우선 안도감을 갖게 된 것은 물론이었다.

그러나 내가 가진 안도감이란 현상적인 것이었다. 「문단 반세기」에서 친일문학기를 쓰면서 은연중에 나의 마음 한구석을 문득문득 잡아채던 그 무엇이 이정화 씨의 항의 편지를 받은 이후 점점 더 구체적인 모습으로 나를 괴롭히기 시작한 것이다. 그것은 여러 개의 질문 형태로 나에게 도전해왔다. 춘원이 처한 상황은 정말 어떠했을까; 춘원의 진정한 의도는 무엇이었을까; 한 시대의 수난을 웅변적으로 짊어져야 했던 한 지식인의 내면 과정을 우리는 얼마나 이해할 수 있을까; 자기를 압제하는 지배자에게 저항할 수 있는 행위 양식은 반드시 (이정화 씨의 말대로) 옥사나 유혈과 같은 격렬한 행동의 참여밖에 없을까; 가령 반신론反神論을 통해 "뒷구멍으로 천당에 들어가려 했다"면서 틸리히가

니체에 대해 "역설적인 기독교 신자"라고 예찬한 것처럼 반민족적 행위를 통해 자신을 희생하여 민족의 희생을 조금이나마 막을 수 있는 길은 없을 것인가.

얼핏 보기에 간명한 대답이 나올 수 있을 듯한 이런 질문들은 세계의 복잡한 진상, 현실의 다양한 의미와 행동 방법을 다소나마 생각할 경우, 결코 쉬이 해결될 수 있는 것은 아니다. 그러나 춘원에 대해 자문해보는 여러 질문들에 내 스스로 기진하여 그의 딸처럼 설령 동정적인 견해로 기울어진다 하더라도 춘원의 행상行狀에 대해 잘했다든가 그럴 수도 있었으리라고 긍정적인 평가를 내리고 싶은 마음은 추호도 없다. 춘원은 말기의 총독부로부터 갖가지 위협과 회유의 양면 공세를 받아왔다. 병구病軀에 수양동우회修養同友會 사건으로 징역을 살지도 모르는 절박한 경우가 아니라 하더라도 이런 공세에 끝까지 저항하기란 실로 초인적인 인내력이 필요했을 것이다. 춘원 그 자신이 39년 가라시마 다케시辛島驍 등 일본인이 만든 어용단체인 조선문인협회에 참여하라는 요구를 거절했고, 그 자리에 앉았던 최남선이 "불경이나 읽고 있는 춘원을 왜 끌어내느냐"고 그를 두둔하는 장면이 우울하게 떠오른다. 그후 그가 어떤 이유로든 친일파로 전향했을 동안에도 춘원은 멀찍이 사릉으로 거처를 옮겨 자신에 대한 위협과 유혹을 벗어나려 했으며 여기서 야학을 일으켜 농민들에게 글을 가르쳐 민족의식을 깨우쳐주었다. 그가 정부 수립 후 반민특위에 의해 구속되었을 때 200여 농민이 연판장을 돌려 그가 친일을 했는가는 모르지만 자기들에게는 어김없는 스승이었다고 구명을 호소한 것은 친일기 춘원의 또 다른 한 면을 연상시켜주기도 한다. 그가 일제 말기 전차를 탔을 때 한 학생이 고의로 그의 발을 지그시 밟았는데, 춘원은 그때처럼 섬뜩하게 가슴이 아픈 적이 없었다고 술회하여 양심의 한 모습을 보여주기도 한다.

더욱이 그의 변절 동기에 대해서는 그만큼 해석이 모호해진다. 김동인 같은 이는 그가 수양동우회 동지들을 구하기 위해 자신을 희생한 거라고 설명하기도 했고 혹자는 그가 너무 이상주의자였기 때문에 그 이상의 실현이 암담해질수록 이상의 전락도 용이할 수밖에 없었다고 지적하기도 하며 어떤 사람은 그가 어떤 일에든 너무 철저했기 때문에 현실적으로 약간의 타협을 허락한 데서부터 철저한 친일주의자가 되었다고 해설하기도 한다. 그가 겉으로만 훼절한 것이지 내심까지 일제에 판 것은 아니라는 견해로부터 가령 김붕구 교수의 분석처럼 눈에 보이는 것만을 믿는 일차적 사고양식밖에 없기 때문에 일본 군국의 우월성에 쉽게 승복한 것이란 해부에 이르기까지 다양한 편차의 춘원 훼절론들은 우선 한 지식인이 훼절하기까지, 마치 장사꾼이 이윤만의 조건으로 물건을 사고팔듯이 단순한 과정을 밟지 않는다는 것을 말해주며, 따라서 긍정적이든 부정적이든 춘원의 행상에 내면적인 이해 또는 동정을 허용하게 만든다. 그것은 비단 춘원뿐 아니다. 일제 말기의 숱한 지식인 작가들이 춘원 이상으로 맹렬한 친일행각을 벌인 사실은 잘 알려지고 있다. 그러나 몇몇 맹목한 사람들 외에 대부분의 식자들은 그 나름의 괴로운 동기를 갖고 있었다. 친일잡지에 글이라도 써야 호구를 유지할 수 있었다든가, 대학을 졸업하고 겨우 얻은 직장이 불운하게도 총독부 관리였다든가, 보다 심각하게는 징병이나 징용에 끌려 나가지 않기 위해서 문인보국회에 가입하지 않을 수 없는 경우도 있었다. 시골에 생활 근거가 없는 탓으로 서울에 여전히 잔류하다가 조선문인협회의 회유에 조금씩 말려든 경우도 있을 것이며, 대동아공영권의 이론으로 제시된 동양문화론이 서양문화에 식상한 지식인들의 귀를 현혹시킨 경우도 있었을 것이고, 보다 치졸한 사람들의 경거망동한 친일행위를 견제하기 위해 참여한 '양심적인' 친일 지식인도 있었을 것이다. 그 당시 일제에 협조하라는 강요와 회유를 받지 않을 수 있었던 사람 중 대부분은 갓 문단에 등장한 신인들이었다. 그들은 시골에서 순경의 자질구레한 간섭은 받았을망정 학도병 권유 강연을 해달라는 부탁을 받을 존재도 아니었으며, 혼자서 글 쓰는 일에 방해를 심하게 받을 위치에 있는 것도 아니었다. 물론 이런 신인급 중에도 황도문학皇道文學을 자청한 작가도 있었다. 하지만 그들이 조용히 침묵하며 정절을 지킬 수 있었던 것은 가혹하게 말하면 선배들보다 늦게 태어난 행운 때문이기도 했다.

그러나 춘원을 비롯한 많은 친일작가 지식인들이 그들의 부역 동기가 이해된다 해서 역사에 대해, 그리고 후배인 우리들에게 충분한 변명이 성립하는 것은 결코 아니다. 오히려 그 반대다. 우리의 안타까움은 왜 그들이 냉철하게 현실을 파악하고 역사의 교훈을 생각하며 세속적인 고통을 참아내지 못했느냐는 것이다. 그들이 지식인이며 정신사의 문맥을 가장 잘 이해할 수 있는 지적 상류층이었던 만큼 그것은 권리이자 의무였다. 따라서 그들이 친일로 훼절한 것은 역사와 정의에 대한 민족적 반역이며 그들은 개인적으로도 권리를 사양하고 의무를 회피한 자격상실의 지식인이었다. 가령 춘원처럼 "민족을 위해 친일했다"는 논리가 전혀 성립할 여지가 없는 것은 아니지만, 그것이 구차한 변명이라기보다 그러한 희생욕은 다른 사람의 것이 되어야 한다는 게 지식인의 사명감이다. 특히 작가의 경우 그의 작업과 거기서 얻어지는 명예는 자기 개인의 것이며 따라서 역으로 작가로서 행하는 모든 오류도 그의 개인적인 책임으로 귀속하게 마련이다. 순수히 개인적인 노력으로 자신을 구축하는 작가가 동지들 혹은 민족의 이름으로 자신을 타락시킬 근거는 전혀 없는 것이다.

 이것은 작가의 즐거운 고역이며 괴로운 특권이다. 기실 일제 말기의 면장쯤이면 도장 하나에 몇십 가마의 쌀이 공출되고 수십 명의 젊은이가 징용과 징병에 끌려 나갔다. 실질적으로 저지른 죄악은 입이나 붓으로 떠든 작가들의 그것에 비할 바가 못 된다. 그럼에도 불구하고 면장들은 '상부 명령'이란 알리바이로 자신의 무죄를 입증하고 가난한 문인들만 매도하고 있다. 그러나 환언해보자. 공출과 징병에 반대하여 사표를 낸 면장의 이름이

일문日文의 붓을 꺾고 침묵한 작가의 명예만큼 알려질 이유가 없다. 그리고 좋은 상황에서 좋은 작품을 낸 작가에 대한 경의는 장관의 그것보다 더 널리 더 오래 전해지고 있는 것이다. 작가가 현실을 뛰어넘고 상황을 타개하여 독창적인 존재가 되면 될수록 현실에 타협하고 상황에 굴복하는 것이 더욱 치명적인 과오로 드러나는 것은 당연한 일이다.

「문단 반세기」에서 친일 활동으로 거명된 어떤 분이 "그 당대에 살아보지 않고 그 시절의 분위기를 체험하지도 못하면서 친일작가 운운하는 것은 무책임한 객기"라고 비난했다는 이야기를 간접적으로 들었다. 어느 만큼 설득력 있는 비난이다. 그러나 정말 그대로라면 역사학과 전기학傳記學은 어떻게 가능할까. 후대의 분석가들에게 필요한 것은 어떤 시대의 분위기를 그대로 체험하고 그 체험 속에 나타날 수 있는 당대인의 행동방식을 긍정하는 것이 아니라, 당시의 여건 속에 생각될 수 있는 많은 가능성을 검토하고 당대인이 왜 A 대신 B를 택했는가, 거기에는 어떤 잘잘못이 있는가를 평가하는 일이다.

가령 내가 춘원과 똑같은 상황 속에 똑같은 입장, 똑같은 생각을 갖고 있었다면 —이란 가정은 단순한 동어반복이며 여기에는 어떤 평가나 교훈, 혹은 정당한 이해마저 개입될 여지가 없는 것이다. 비평하고 의미를 부여하는 것은 후대인의 권리이며 당대인의 소유격으로부터 해방되어야 한다.

이상과 같은 설명들은 이미 내게 오래 전부터 예비되어 있었고 따라서 이정화 씨의 편지를 받은 이후 구체적인 질문으로 내게 떠오른 문제들이 논리적으로 나를 당혹케한 것은 아니었다. 그럼에도 불구하고 일제 말기의 지식인들에 대해 서슴없이 비난만 할 수 없게 만든 일말의 감정적 유보는 집요하게 나를 괴롭히고 있었다. 논리적으로는 그렇다 하더라도 아무런 단서 없이 그처럼 명백하게 그들을 몰아붙일 수 있을 것인가. 나는 처음부터 분석의 과정을 다시 밟았고 그 결론은 역시 똑같은 모습으로 나타났다. 그렇다면 나의 미흡한 판단 태도는 어디서 생겼는가.

  그러던 어느 날 나는 제주도로 낙향해버린 M군의 소식을 들었고 M군을 생각하면서 나의 구석진 응어리의 원인을 문득 발견해낼 수 있었다. 그것은 내게 진통처럼 엄습하는 『성서』의 한 대목이다. 마리아에게 돌을 던지려는 사람들에게 예수가 던진 말이었다. "죄 없는 자는 이 여인을 쳐라!" 엄격히 말해 M군이 기독교 신자이기는 하지만 예수의 이 말을 내가 발견하는 것과는 특별히 관계가 없다. 그러나 나는 잘 알고 있었다. 그가 낙향한 이유, 그리고 내가 친일문인들에 대해 미결의 감정 상태로 시달려야 했던 이유는 마리아에게 돌을 던지지 못하고 슬금슬금 피해 달아난 사람들의 자책감과 동일한 선상에 놓여 있었다. 그것은 우리가 우리 시대를 정직하게 살지 못한다는 고통스런 자기 인식이며 우리가 부당한 생존 양식, 지적 분위기에 안존하고 있는 나태감에 대한 수치스런 자기 고백이고 마땅히 단죄해야 할 훼절자들에게 냉혹한 마지막 선고를 유예하게 하는 거추장스런 양심의 끄나풀이며 언젠가 머지않아 우리 후배들이 마치 일제 말기의 지식인들에 대해 우리가 그랬던 것처럼 우리를 단죄할지도 모른다는 서글픈 자기 패배 의식이었다. 진실로 침묵이 상황의 압력에 저항할 수 있는 최상의 가능한 표현 방법이라고 생각될 때 그 누가 군국 일제 시대의 친일작가를 향해 반역자라고 무자비하게 돌을 던질 수 있을 것인가.

사실 자기가 살고 있는 시대의 오욕을 분명히 인식하면서 그 오욕을 오욕이라고 비난할 수 없는 무력감을 동시에 깨달아야 하는 지식인, 그들만큼 비굴한 분노를 갖기도 힘들 것이다. 그것은 자기를 확인할 수도 부정할 수도 없으며 어떻게 자기의 존재 이유를 설명할 것인가에 대해서도 맹목하며 무엇이 현명한 행동인가, 어떤 행동이 보다 정당하고 정직한 것인가에 대해서조차 판단은 혼란스러워진다.

마치 상황은 거대한 어둠의 뭉치 같아서 우리는 방향에 갈피를 잡지 못한 채 맥없는 유영을 계속하고 있으며, 그 어둠의 뭉치는 끝이 없고 줄기가 없고 그리하여 밑으로 함몰되는 함정으로 보인다. 이때처럼 지식인이 자기에게 부여된 권리와 의무가 증오스러울 적이 없다. 만 2년 전 나는 M군과 결코 우연일 수 없는 계기로 본회퍼에 대해 토론한 적이 있었다. 잘 알려진 바와 같이 신학자며 목회자였던 본회퍼는 히틀러의 암살 음모에 연루되어 독일의 항복 직전에 사형당했다. 우리의 토론은 그 암흑의 시기에 거의 무모하게 보이는 본회퍼의 실천적 행동을 어떻게 해석

해야 하느냐는 문제로 집중되었다. 독일의 지식인들은 나치가 집권할 때, 그리고 나치가 조금씩 조금씩 만행을 저지르기 시작할 때, "여기까지는…"하고 저질러진 사태를 기정의 것으로 치부해두었다. 그렇게 양보를 계속한 그들은 어느새 자기들이 절망적인 벼랑에 와 있다는 사실을 깨달았지만 이에 정당한 행동을 취할 시기는 너무 늦어 있었다. 이때 음모가 발각된 본회퍼의 행동에 대한 평가는 두 가지로 해석될 수 있다. 하나는 적극적인 긍정 논법으로 비록 실패는 했지만 그는 지식인의 가장 통절한 양심의 움직임에 따라 행동했으며 독일이 좀더 일찍, 좀더 많은 본회퍼 유의 저항을 볼 수 있었더라면 제2차 세계대전과 같은 비극과 히틀러의 단말마적인 만행은 예방할 수 있었으리라는 것이다. 그것은 또한 적어도 역사의 교훈 그 자체가 되어 무력한 지식인이 포악스러운 권력에 대항했다는 하나의 전철로서 후배 지식인들에게 양심의 채찍이 될 수 있다. 우리는 본회퍼의 지적 양심과 행동적 용기를 조금도 의심하지 않으며 그것이 우리의 나태감을 교란시키는 선의의 작용을 하고 있음을 확신한다.

그러나 소극적인 부정론도 무시할 수 없는 논리를 갖고 있다. 역사와 사회는 거대한 흐름으로 막힘없이 진행되는 것이어서 히틀러란 망령된 통치자가 주도하는 대세적인 흐름에 용해되지 않을 수 없듯이 본회퍼 등의 개인적인 저항의 행동으로도 그 흐름은 달라질 수 없다는 것이다. 사실 본회퍼의 음모와 관계 없이 역사는 진행되었고, 그의 무모한 행동은 하나의 상징으로 기록될 뿐이었다. 그렇다면 본회퍼에게 좀더 현명한 저항의 양식은 끈덕지게 삶을 지속시켜 오욕의 시대를 증언하고 다음 세대에 올 변혁의 공백에 이념적·현실적 지침을 제공하는 방법일지도 모른다. 그가 좀더 오래 살아서 자신의 기독교 윤리학 체계를 대성시켰다면 인류의 유산은 그만큼 더 풍부해질 것이며, 영광된 시대에 충족된 삶을 향유하는 인구는 더 많아질 것이다. 어떤 민족의 어떤 문화든 그것은 순간적인 찬란함보다 끊임없는 생존 위에 전통과 명예를 확보하며 다른 민족의 지배나 포악한 압제자의 만행에도 살아남는 가장 큰 저력이 되는 것이다.

  나는 본회퍼에 대한 M군과의 토론에서 어떤 선택의 판단도 내리지 못했고 그 유보는 지금껏 계속되고 있다. 솔직히 고백하자면 이 유보에는 본회퍼의 행동이 자극하는 소영웅주의의 매력에 끌리고 있는지도 모른다는 상반된 감정이 음험한 갈등을 일으키고 있음 또한 사실이다. 그러나 그 같은 개인적인 혐오와 욕망에 관계없이 나는 여전히 지식인의 상황에 대한 행동양식에 주관적인 가치판결조차 내리지 못하고 있다.

  가령 일제 말기 한국인 작가들의 행동양식을 검토해보자. 이광수·박영희 등과 같이 친일 행각을 노골적으로 편 사람들과 이육사·윤동주 등 왜경에 체포되어 옥사한 저항의 본보기를 남긴 사람들, 두 극단 사이에 김동인 등 마지못해 친일적 행사를 벌인 작가들, 염상섭·변영로·오상순 등 외지 또는 벽지로 숨어 침묵한 사람들로 나뉜다. 여기서 이광수 유의 친일파에게는 굳이 변명의 여지를 둘 필요는 없겠지만 나머지 세 행동군에는 모두 그 나름의 장단점을 지적할 수 있다. 즉 해방 후 한국문단의 여전한 중심세력이 된 김동인 유의 행동은 기본적으로 비난받아 마땅하지만 그들이 그 같은 존재양식으로나마 살아남음으로써 해방 후에 필연적으로 다가올 문학의 공백과 혼란을 어느 만큼 제어해준 게 사실이다. 이것은 그들이 약간이나마 저지른 부역을 부정해주는 것이 아니라 더 많은 손실을 막아준 데 대한 어쩔 수 없는 수긍이지만 이 점을 무단히 무시해서는 안 될 것이다. 이런 논리는 이육사·윤동주에게 역으로 적용될 수 있는데 그들이 살아남음으로 해서 해방 후의 문학을 좀더 윤택하게 살찌우며 시인으로서의 역할에 보다 충실하여 대성할 수 있었다면 한국문학을 위해 더욱 행복한 일이었으리라. 절필한 침묵의 저항 작가에게도 두 가지 측면에서 이의를 품을 수 있다. 하나는 용서할 수 없다는 상황판단이 섰다면 신채호처럼 독립운동에 직접 투신하며 식민지 체제를 근본적으로 부정하든가, 육사나 동주처럼 죽음을 걸 만큼 철저하든가. 또 하나는 문인으로서 최소한의 저항 양식은 모국어를 지키는 일일 텐데, 왜 그 모국어의 원고나마(발표하지 못할 것을 전제로 하더라도) 쓰지 않았나 하는 것이다. 그러나 이상 찬반의 지적들이 지식인의 양식, 시민으로서의 저항, 애국심과 인간의 한계라는 상식론을 환기하면 무력해지는 것이 사실이다. 그리고 또한 나는 우리에게 좋은 교훈을 남겨준 선배들을 굳이 헐뜯을 생각은 아니었다. 다만 판단에서의 혼란은 여전히 계속되고 있다는 쓰라린 시인是認을 통해 해답은 없이 숱한 질문만이 아우성치고 있음을 고백하고 있는 것이다.

M군은 지난 2월 완전히 솔가率家해서 제주도로 내려갔다. 집을 정리한 돈으로 산 약간의 초지에 희망을 걸고 서울 생활을 청산한 것이다. 어느 날 내게 문득 사표를 냈다고 말한 그는 최소한 석 달 이상 고민한 끝에 내린 결단이었다고 술회했다. 나는 같은 동료였던 M의 이 같은 결정을 충격적으로 받아들이기는 했지만 뜻밖이라고는 생각하지 않았다. 뒤늦은 만류나마 할 생각이 없었고 잘했다고 부러워할 마음도 나지 않았다. 우리는 그것이 피차 의외의 기정사실로 묵인한 셈이었다.

그가 제주도로 떠나기 전날 밤 몇이서 송별연을 해주었고 그 끝에 내 집에서 얼마쯤 미진한 이야기를 계속할 수 있었다. 여기서 내 나름으로 미진하다는 것은 이제부터 그와 나 사이에 갈리기 시작한 삶의 양식이 어떻게 진행될지 그 해결 없는 예측과 판단에 대한 이야기였다. 그것은 이렇다.

그는 도시 문명, 소비문화, 공해 사회에서는 파멸밖에 기대할 것이 없다는 일반론적인 전제에서 출발하여 오늘의 지식인은 지식인다운 정직성과 용기를 상실하고 있으며, 따라서 이러한 상황 아래서는 땅에 뿌리박은 끈덕진 삶의 태도만이 현실을 부정하고 오래 살아남을 수 있는 유일한 길이라고 말한다. 실로 지적 파탄을 목격하고 스스로 지식인의 맹목과 허위를 파탈擺脫할 수 없다는 잔인한 결론에 도달했을 때 지식인으로 자부하는 사람에게 택할 수 있는 길은 아마 그것이 가장 정직한 선택이리라. 나는 그 의견에 충심으로 동감했다. 우리는 같은 직장에서 그 같은 허구를 수없이 목격하고 여기에 자신을 방치할 때 지식인으로서의 존재 이유를 거의 상실하고 만다는 데에 공감하고 있었다. 그럼에도 불구하고 내가 그의 결단에 찬양만 보내지 않고, 또 내가 내 자리를 그대로 버리지 않은 것은 그 같은 상황을 감내하는 방법에서 견해가 서로 다르기 때문이었다. 내게는 두 가지 이유가 있었다. 하나는 현실의 허황함, 사회의 모순성, 지식인의 위선(나의 그것을 포함해서)을 잘 알고 그러한 부정적 현상들에 끊임없이 도전을 받고 마멸당하고 있다는 사실을 부단히 깨닫기 위해서는 그런 현실의 현장을 지키고 있어야 한다는 것이다. 실로 내 초라한 자리는 그것을 보장해주고 있다. 이 자리를 떠나 장사로 혹은 농사로 방향 전환을 한다고 부조리한 현실이 비켜나는 것은 아니겠지만 그 현상들이 지적 테마로 다가오지는 않을 것이다. 더구나 정보는 막혀 있고 언론은 폐쇄된 상황이다. 우리는 신문에 나지 않는 사실을 몇 가지 주워들을 수는 있겠지만 제주도의 야산에서는 신문의 행간을 놓치기 십상이다. 두 번째 이유는 지식인의 허위가 노골화되면 될수록 지식인의 허울을 고수함으로써 지식인의 파탄을 끝까지 밀고나가 그것의 허망한 위선을 철저히 체험해보자는 것이다.

  아마 이것은 너무 현학적인 말일는지도 모른다. 지금 정치적으로나 경제 사회적으로뿐 아니라 지식인 사회 자체에서도 지식인에 대한 불신과 무용론이 팽배하고 있다. 대학에 이르기까지 교육은 충직한 기능공 양성을 목표로 하고 있으며(학자도 일인일기 一人一技를 가져야 한다!) 지식인에 대한 존경심과 보수는 상대적으로 형편없이 낮아지고 문학 비평계의 일각에서는 문학이 민중의 것, 그 수준이 되어야 한다는 외침이 나돌고 있다. 이런 상황 속에 지식인이 지식인으로 되겠다는 것은 현실에 대한 대담한 부정否定의 선언이며 자기의 일생을 내거는 엄숙한 결단이다. 그렇다 해서 내가 지식인의 성실과 용기, 통찰과 정직을 액면 그대로 믿는다는 것은 아니다. 오히려 그 반대다. 나는 오늘날처럼 지식인이 무기력하고 우둔하며 허위에 차 있는 시대는 그리 많이 보지 못했다. 더구나 일제 시대의 지식인들보다 더 불행한 것은 오늘의 지식인이 저항의 정통성을 갖지 못하며, 국토의 경계는 나뉘어 폐쇄된 상황에 놓여 있다는 것이다. 그럼에도 불구하고 내가 지식인연하려는 것은 역설이다. 허위로 무장하는 비극을 통해 지식인의 십자가를 지자는 것이다. 그것은 열망이다. 부정에 대한 열망이며 파탄을 향한 열망이며 허위를 향한 열망이며 그 자체가 열망의 허구다. 그러나 오늘날 이 같은 역설적인 방법 외에 지식인이 어떻게 자기의 존재 이유를 입증할 수 있겠는가.

  나는 내가 들고 있는 두 가지 이유가 사실은 오히려 더 추악한 몰골을 내게 가져다줄지도 모른다는 위험을 잘 알고 있다. 아무리 새로운 각성, 거듭 다짐해보는 확인으로 자신을 깨어 있게 만들려 해도 일상적인 나태감, 시간이 흐르면서 굳어지는 기정사실화, 그리고 체념으로 해서 우리의 의식은 혼미 마비되고 마침내 현실 순응주의의 함정에 빠져들 것은 명약관화하다. 그것은 어리벙벙한 상태로 나치의 독재가 가능해진 독일의 경우나 친일의 무드에 협조한 일제 말기의 경우처럼 지식인이 그 어느 면으로든 지탄을 받고 무용화되는 예까지 상기할 필요 없이 우리의 나날의 체험에서 깨달을 수 있는 함정이다. 그러나 그럼에도 불구하고 그 함정을 기다리는 것은 좀더 후에 내 자신의 파멸까지 고백해야 한다는 숙명적인 절망을 이미 계산했기 때문이다.

나는 오늘날 정직하게 자기 삶을 지키는 두 가지 유형을 발견한다. 소설에서 그 예를 찾자면 박태순의 '외촌동'外村洞 시리즈에 나타나는, 부조리한 삶을 부조리한 형태로 받아들여 밑바닥 생활에 철저히 투신하는 사람과, 최인훈·이청준 등의 지식인 소설에 등장하는, 삶의 근거를 질문하고 상황의 의미를 천착하며 자아를 끊임없이 환기시키는 사람들이다. 그들의 삶은 속된 소영웅주의자가 비난하는 것 같은 일상에의 함몰도 관념에의 도피도 결코 아니다. 행복한 시대의 사람이라면 그 두 가지가 한꺼번에 가능했을 것을 불행한 시대의 사람들이 극화시켜 진행해가는 일방적인 삶의 양식이다. 양자를 종합하고 조화시킨다는 것은 논리적으로만 가능할 뿐 현재 우리 사회의 구조와 상황은 결코 그처럼 행복한 황금의 노선을 허용하지 않고 있다. 내게 주어진 문제는 실질적인 삶의 태도를 어디에 두느냐는 것이다.

나는 앞서 지식인의 길을 택하리라 호언했지만 그것이 허망함을 느끼면 느낄수록 M군이 택한 길에 그만큼 많은 선망을 두게 된다. 결국 나는 두 극단을 동시에 받아들일 수도 없고 그중 하나를 택하긴 하지만 그것이 안존할 충분한 것이 못 됨으로 해서 마음의 반쪽은 허황하게 비어 있다.

나는 이제 분명히 깨닫고 있다. 내가 내심으로밖에 현실을 비난할 수밖에 없는 한 이광수마저 비난할 자격이 없다는 것이 솔직한 고백이다. 이것은 어떤 면으로든 비굴한 일이다. 그러나 비굴함밖에 선택의 여지가 없을 때 우리는 어떻게 해야 할 것인가. 오히려 나는 비굴함을 비굴하게 드러냄으로써 나 자신을 파멸시키는 것이 좀더 솔직할지 모른다. 오해 없기를 바란다. 그것은 결코 춘원이나 동인의 행동 양식에 동조하자는 것이 아니라 그 반대다. 춘원을 변절자라고 냉혹하게 단죄할 수 없는 상황 속에서 고의로 그를 변절자라고 몰아붙임으로써 지식인에게 남은 가능한 길을 넓혀보자는 것이다. 그러면서 언젠가 나와 정반대의 길을 선택한 M군과 화해의 웃음을 지을 수 있을 때까지 가난하게 기다려보자는 것이다. 〔1973. 11〕

p.s. ≫ 동아일보 기자로 근무하던 1973년 4월에서 7월까지 '문단 반세기'(책으로 나올 때 『한국문단사』로 제목을 바꾸었다)를 연재했다. 당시 나는 춘원 이광수에 대해 1회분을 썼고, 만해 한용운에 대해서는 2회분으로 크게 다루었다. 그렇게 비중을 달리한 까닭은 그들의 문학적 공헌보다 내 나름으로 판단한 친일 행위에 대한 분개와 항일정신

에 대한 경의에 따른 것이었다. 나는 그처럼 당근과 채찍에 압도당한 지식인 세계와 권력을 향한 훼절에 분노했고, 지조와 저항에는 깊은 존경심을 가지고 있었다. 나는 한국 근대문학의 창시자로서만이 아니라 소설가로서도 이광수의 업적을 높이 평가하고 있었지만, 당시 꽤 예민하게 훼절 문제를 생각하고 있었던 듯, 그 아픔으로 유예 없이 그를 비난하고 있었다. 그러면서 "허위로 무장하는 비극을 통해 지식인의 십자가를 지자는 것이다. 그것은 열망이다. 부정에 대한 열망이며 파탄을 향한 열망이며 허위를 향한 열망이며 그 자체가 열망의 허구"라고 탄식하고 있었다. 나는 무척 절망하며 자학하고 있었던 듯하다. 그러고서 이 글에 소개된 대로 춘원의 따님인 이정화 씨에게 편지를 받았다. 그 편지는 춘원이 생애에 남긴 업적과 그럼에도 저지른 훼절에 대해 착잡한 마음이 들게 했다. 따지고 보면 이광수의 문제이기보다 나 같은 프티 인텔리의 문제였을 것이다. 그 후 한국에 와서 나를 찾은 이정화 선생과 식사한 기억이 난다. 그녀는 조용하면서도 분명했고 자신의 생각을 바꾸지 않으면서 상대의 말을 수용하는 관대한 분이었다고 회상된다. 요컨대 그녀는 내가 당시의 한국 내에 유령처럼 떠돌던 지식인의 훼절에 대한 저항이 그런 식으로 드러났다는 내 솔직한 고백을 받아준 것이다. 시인 이승훈도 이 글에 공감을 표했던 것이 또한 기억난다.

얼마 전 오랫동안 『이광수 전집』 편집과 발행을 주관한 노양환 선생을 뵌 참에 이정화 선생 안부를 물었다. 춘원의 미망인 허영숙 여사로부터 받은 수십 통의 편지를 잘 보관하고 있다는 노 선생은 이정화 선생이 춘원 심포지엄을 위해 이따금 방한했다며 그의 안부를 전해주었다. 나보다 몇 해 연상인 그분의 소식이 반가웠지만 내 청대로 귀국하면 나를 만나줄는지……. 〔2019. 1〕.

왜 기자로 남아 있는가
한국 신문기자에 대한 주관적 성찰

/

이제 기자들에게 던질 수 있는 질문은 "왜 기자가 되었는가"가 아니라 '왜 기자로 남아 있는가'이다. 그것은 선택의 결단이 아니라 포기의 결단이며 가능성에 대한 전망이 아니라 비가능성에 대한 점검이다. 그리고 이 질문은 스스로 기자이기를 원하고, 아직껏 기자임을 자부하는 많은 기자들에게 너무나 가혹하고 역설적인 자학의 테마다. 물론 '왜 기자로 남아 있는가'란 자문은 기자에게만 해당되는 것은 아닐 게다. 교수는 왜 연구실에 남아 있는가, 학생은 왜 강의실에 들어가는가, 작가는 왜 글을 쓰는가—오늘의 모든 지식노동자들은 육체노동자와 다름없는 탄식으로 질문한다. 모두가 이 참담한 현실을 생각할수록 자기의 존재를 전망하기보다 존재 이유에 회의하며 자기의 하고자 하는 일에 기대치를 두기보다 의미감을 확인하려 든다.

그렇다 하더라도 다른 지식 직종은 기자보다 행복한 탈출구를 찾을 수 있을 것이다. 가령 정치학과 경제학 같은 현실 학문을 전공하는 교수라면 자기의 보람을 순수 이론과학으로 한정시켜 오늘의 상황적 의미를 원격 조정할 수 있을 것이며, 학생들은 거리 대신에 도서관이 기다리고 있고, 작가들은 상징과 초월의 언어를 계발할 수 있다. 기자들은 여타의 모든 직종이 유보하거나 포기하는 현실의 현장 속에 남아 있지 않으면 안 된다. 그들은 추상화시켜도 안 되고 회피할 수도 없으며 더구나 그 현장으로부터 물러나서는 안 된다. 그들은 대상들과 항상 대면하지 않으면 안 된다. 대상은 늘 구체적이고 직설적이며 정직하기를 요구한다. 기자는 이 요구에 응하지 않을 때 기자이기를 중단당한다.

 물론 모든 사물은 은폐되기를 원하고 스스로의 형태를 무질서하게 만듦으로써 자신이 드러나지 않도록 최대한 회피한다. 학자·작가·대학생들은 이 감춰진 것을 밝혀내고 무질서한 것들에 질서와 의미를 부여한다는 점에서 기자와 동일한 고민을 갖고 있다. 그러나 기자가 더 많은 좌절과 회의를 느끼게 되는 것은 은폐된 사물의 본질을 탐구해야 하는 데 더하여 그 탐구과정 자체가 또 한 번 은폐되기를 강요당한다는 점이다. 이런 강요는 구상적이고 물리적이며 '벌거벗은 힘'이다. 또한 현실적이며 불가피한 것이다. 기자는 바로 여기에 도전한다. 오늘의 기자가 '왜 기자로 남아 있는가'라고 자신의 근원적인 레종 데트르를 부정적으로 바라보는 것도 이 때문이다.

 물론 한국의 신문기자 3,000여 명이 모두 이 같은 근원적인 질문으로 자기를 학대한다고 생각하지는 않는다. 혹은 단념하고 혹은 연기하고 상당수는 그 질문의 의미조차 생각하지 않는다. 일찍이 생각을 돌려 신문사를 떠나기도 하고 아예 그런 자기 학대로 스스로를 괴롭히느니 경쾌한 마음으로 지식 기능인의 역할에 안주하기도 한다. 73년 봄 10여 명의 기자들(일선기자가 아닌 후선들이지만)이 정부 각 부처의 공보관으로 자리를 옮겼을 때 그 반응은 다양했다. "기왕 이렇게 된 바엔 잘 택했다"고 반색하는 찬성부터 "그래도 이제껏 비판해오던 정부 쪽으로 돌아선 것은 일종의 배신"이라는 신랄한 반발에 이르기까지, 혹은 자신이 선택되지 못한 데서 오는 시기와 선망부터 이제 드디어 신문기자로서는 출세할 수 없음이 입증되었다는 체념과 실의에 이르기까지. 그러나 이 착잡한 반응들의 밑바닥에는 신문 혹은 신문사에 대한 환멸과 기자는 입신이 불가능하다는 인식이 도사리고 있다. 이것은 어제 오늘에 있었던 일이 아니라 지난 60년대 후반부터 싹터 이제는 기자사회 전반에 미만된 감정상이며 독자나 신문사 외부에서도 널리 감지되고 있는 사실이다. 기자들은 직업인으로서 그리고 지식인으로서 자기의 존재에 최소한 불만을, 최대한 절망을 느끼고 있으며 실제로 한 동료는 스스로 사표를 쓰고 솔가해서 낙향해버렸다.

한국의 신문기자는 독자와 대중으로부터, 동료 지식층과 지도층으로부터 분외分外의 임무와 기대를 받아왔으며 이 분외의 사명 때문에 분외의 책망과 자학을 하는 것도 사실이다. 직업인으로서 기자는 자기 향상과 발전을 도모해야 하고, 현실을 이해하고 분석하는 능력을 길러야 한다. 취재 활동에서는 신변보장 등의 요건이 갖추어져 있어야 한다. '충실한 직업인'과 '자기 일에 전념할 수 있는 지적 분위기'는 상보적이다. 그러나 한국의 기자들은 역사적으로 직업인으로서의 안전은 돌볼 수 없었고 지식인으로서의 역할은 신문기자 이상의 것으로 확대되었다.『독립신문』『황성신문』『동아일보』와 같은 한말 식민지 시대의 신문의 사명과 역할 이상으로, 당시 신문기자의 작업과 활동, 개성과 영역은 넓고 깊었다.

그들은 박은식·장지연처럼 지사적 민족주의자이기를, 김성수·장덕수처럼 경세적 사회운동가이기를, 최남선·이광수처럼 근대문화의 개척자이기를, 문일평·정인보처럼 사상가이자 학자이기를 대중으로부터 요구받았고 그들 스스로 그렇게 되기를 원했으며 실제로 그런 전통을 이어왔다. 한국 근대사는 실로 신문기자의 활동으로 이루어져 왔다고 해도 과언이 아니다. 「한국신문기자 100인의 얼굴」(동아일보, 1964. 4. 10~22) 중 순수한 직업적 신문인은 극히 적고 그 대부분은 정치사·경제사회사·문화사의 주역으로 더 잘 알려진 사람들이다. 혹은 이렇게 말할 수 있으리라. 정치적으로 봉쇄되고 사회경제적 구조가 너무 취약했으며 문화 교육 연구시설이 불모의 상태였기 때문에 신문이 차선의 그리고 유일한 입신의 통로여서 그들은 기자가 되었을 것이다.

그러나 그들은 기자였고 비기자적 작업까지 기자 본연의 영역으로 포섭하였다. 그것은 오늘날의 선진국 신문기자들처럼 대기자 시스템에서 이루어진 것이 아니라 지식의 미분화 상태에서 발생된 것이다. 어떻든 지사적·경세가적·문학가적 전통은 직업적 수준 이상의 것으로 기자직을 대하게 만들었다. 그 전통은 자유당 독재에 대한 반항으로 이어졌고 60년대 후반에는 두려움으로 감당한 육체적·심리적 고통에 대해 기자들에게 자부심을 갖게 했다. 이 같은 기자상은 오늘의 모든 부정적 상황에 대한 가장 큰 주범이 신문과 신문기자에게 있다는 비판을 받아들이게 한다. 기자들의 절망적인 책임감도 여기서 비롯된다.

그러나 오늘의 기자 대부분은 과거의 선배들이 자랑하는 사명과 영광을 잃었기 때문에 괴로워하는 것은 아니다. 그들은 현대사회가 훨씬 복잡해지고 분화되어서 기자의 영역도 그만큼 좁아졌다는 것을 잘 알고 있으며 일제 시대의 민족운동가처럼 가정과 생활을 돌보지 않고 뛰어다닐 수 없음을 깊이 느끼고 있다. 신문사의 보수, 인사, 문화사회 활동 등 모든 면에서 기자는 이제 자신이 직업적 기자일 수밖에 없다는 사실을 명백히 인식하고 있다. 그들은 가정에서는 소시민적 안락을 바라고 직장에서는 공손한 사원이어야 하며 맡은 업무는 '보도' 혹은 잘해야 '해설'이지 정치사회 일선에 참여해서는 안 된다는 한계선을 지키고 있다. 다만 기자로서 이제 자기 직업에 깊은 회의를 느껴야 하는 것은, 이처럼 그 역할이 축소되거나 본래적의 역할을 수행하지 못하여, 따라서 직업에서 오는 보람을 얻을 수 없을 뿐만 아니라 나아가 직업인으로서의 당위와 현실 사이의 괴리가 남의 책임이 아니라 자신의 잘못이란 양심의 문제로 남아 있다는 점 때문이다.

　기자의 박봉은 잘 알려져 있다. 소득 2만 원이 면세였을 때 대학 출신의 기자가 이 수준을 넘겨받을 수 있었던 것은 극히 최근의 일이다. 신문사 중 가장 대우가 좋다는 곳에서 10년의 경력을 가진 기자의 월급은 일반 기업체의 초봉과 비슷하다. 그 봉급의 과소함에 대한 보상은 음성적인 수입 또는 취약한 현실의 구조에서 배어나온 기자적 특권으로 챙기기도 했다. 그러나 이는 극소수 내지 일부였고 대부분은 이류 출판사 사원 봉급의 대우로 자신을 감내해야 했고 또 그래왔다. 몇 년 전만 해도 기자들은 스스로 보도한 사건이 사회적 문제의식으로 확대되어 바라는 바대로 해결되어나갈 때, 그리하여 이 사회의 어떤 모순과 부조리가 조금이나마 시정되는 모습을 발견할 때 흐뭇해하고 속수무책인 생활에는 아랑곳없이 직업의 보람을 느낄 수 있었다.

　그러나 이제도 그런 보람을 찾을 수 있다면 그것은 환상이나 자기도취 아니면 극히 우연한 행운일 뿐이다. 오히려 핵심적인 문제를 회피한 채 지엽적인 문제에 안주하여 진정한 문제점을 다른 곳으로 유도하여 더 큰 잘못을 범하고 있는 것이다. 기자들의 막다른 심정은 기성 지식인으로서의 기능을 상실한다면 최소한의 '월급쟁이' 대우는 받아야겠다는 것이지만 그 '최소한'도 아직 허용되지 않고 있다.

　그렇다면 "왜 기자로 남아 있는가." 기사 쓰는 것 외에 특별한

'재주'가 없고 다른 돈벌이를 하는 데 필요한 '밑천과 수완'이 없어서 그럴 수도 있고, 중년기에 들어선 무기력한 소시민으로서 매너리즘에 빠져 있어 전업할 용기마저 갖지 못해 그럴 수도 있을 것이다. 그러나 어떤 직장으로 가든 현재보다 더 나은 보수를 받을 수 있는 기자들, 그동안 얻은 '안면'과 '수완'으로 지금보다 훨씬 좋은 자리에서 능력을 발휘할 수 있는 숱한 기자들이 아직도 허술한 신문사 책상을 지키고 있다.

그들은 왜 신문사를 떠나지 않는가. 기자직에 어떤 미련이 남았는가. 나는 왜 가난한 기자의 길을 감수하는가.

나는 지난 몇 년 동안 한국의 지식인은 그들의 역할이나 실적보다 오히려 그가 서 있는 자리의 상황적 의미에서 평가가 되어야 한다는 생각을 해왔다.

지식인은 지식 사회인으로서 자기 능력을 '탁월하게'가 아니라 '최소한으로나마' 발휘할 자유를 잃어가고 있다. 그 능력을 절대적 수준에서 가늠할 수 없게 된 이제 그가 어떤 유의 공적인 일을 하는가로 비교될 수밖에 없다는 것이다. 가령 한 명의 공무원이 아무리 능력 있고 양심적이라 하더라도 그 공무원 사회가 구조적으로 비리에 차 있다면 그의 '능력'과 '양심'은 존경의 대상이 될지언정 무의미한 것에 불과하다. '도덕적 인간의 부도덕한 사회'에서 차지하는 그들의 존재 이유는 오히려 해악일 수도 있다.

이것은 환언하면 설령 무능력한 학자라 하더라도 그가 공무원이 되기를 거부하고 대학에 여전히 남아 있다면 그의 존재는 대학 지성의 일부로 수락되어야 한다. 같은 거수기擧手機지만 그가 여당이냐 야당이냐에 따라 국회의원으로서 그의 역할과 평가가 달라진다는 사실을 떠올리면 될 것이다. 오늘의 사회풍토는 가령 그가 지성인이기 때문에 교수이라기보다 교수이기 때문에 지성인이라고 보는 것이 보다 정확한 판단일지도 모른다.

 이 같은 지성인 판단 방법이 "왜 기자로 남아 있는가"라는 서두의 질문에 원용되기를 바란다. 한국의 신문기자들은 기사를 씀에 있어 스스로 어떤 비굴한 모습을 자인하든, 자신의 기사가 얼마나 허위에 가득 차 있는가를 괴로워하는 신문기자라는 자리를 지켜냄으로써 자신의 윤리적 결단을 보여주려고 한다.

 그들은 공무원이 아닌 것을 다행으로 여기며 차관업체의 사원이 아닌 것을 자부함으로써 자신의 존재 이유를 설명하기 원한다. 소극적인 혹은 부정적인 논법을 통해 그들이 열망하는 것은 자기들이 지성인이며 비판자로서의 가능성을 항상 잠재시키고 있는, 자랑스러울 수 있는 기자이다. 그들은 그 자리를 지킴으로써 지성과 비판의 본연의 기능을 발휘할 때를 맞이하리라는 신념을 갖고 있다. 신념뿐만이 아니다. 톱 자리의 기사감을 1단으로나마 보도하기 위해서 30여 명의 기자가 철야 숙직을 하고, 은폐되어서는 안 될, 그러나 조금이라도 내비칠 수 없는 이야기를 쓰기 위해 시에 못지않은 상징어를 사용하며, 독자가 주목해주기를 바라는 기사를 위해 어떤 방법으로든 눈길이 잘 닿도록 레이 아웃을 하고…… 이 같은 노력들은 기자들만이 알고 기자들만이 서로 격려한다.

최근 신문노조의 결성을 계기로 보여준 기자들 간의 단결과 지원은 눈물겨우리만큼 감동적이었다. 그들은 이 작은 노력과 이보다 더 작은 성과가 하나의 겨자씨가 되기를 열망하고 또 신념으로 삼고 있다.

"왜 기자로 남아 있는가"—우리는 이 질문이 부단히 계속되어야 한다고 생각한다. 그것은 좌절과 체념의 어감에서 도전과 용기의 적극적인 언어로 이해되어야 한다. 그것은 한국의 신문기자들에게 고난의 상징어이면서 자신의 신념을 거듭 재확인하는 격려사로 사용되어야 한다. 이 질문은 궁극적으로 "왜 기자가 되었는가"란 행복한 질문이 이루어질 그때를 향한 확신의 언어이다. 그리고 그 언어를 위해 자기의 마지막을 결코 양보하지 않으며 오히려 사소하지만 그 사소함을 통해 자기를 확대시킬 가능성의 언어로 받아들이지 않으면 안 된다. 〔1974. 4. 22〕

p.s. » 어느 날 내게 무심히 전달된 일본의 시사주간지 『세계주보』(1974. 6. 4)를 보게 되었다. 한자로 쓰인 목차를 훑어가다가 뜻밖에 내 이름을 발견하고 의아하게 여겼다. 서울대학교 『대학신문』에 게재된 내 글이 번역되어 실려 있었던 것이다. 「고뇌하는 한국 언론계」란 표제 아래 일본 시사통신사의 서울 특파원 기자가 쓴 한국 언론계의 억압 상태에 대한 전반적인 해설에 이어 그 '고뇌'의 예로서

내 글을 번역해 수록한 것이었다. 일본어를 읽을 줄 몰라 떠듬떠듬 한자만 짚어가며 그 기사를 훑는데, 동아일보에 출입하는 중앙정보부원이 내게 다가왔다. 차 한잔 하자는 그를 따라 다방에 가서 마주 앉자 그는 그 주간지에서 내게 사전 연락이 있었는지 물었다. 물론 나는 정직하게 그런 일이 없다고, 뜻밖이어서 나도 당혹해하는 중이라고 말했을 것이다. 그도 사정을 충분히 이해하는 듯, 글에 대해 별 조사랄 것도 없이 잡담을 하다가 일어났다. 그도 그랬을 것이, 이 글에는 정부에 대한 비판도 없고 그들이 탄압하고 있다는 노골적인 공격도 없이, 다만 이 험한 세상에 왜 굳이 기자로 남아 있으려 하는가의 문제를 따지고 있었기 때문이다. 이 글의 저의는 분명하게 읽을 수 있었겠지만 권력을 공격하는 것이 아니라 자기비판을 하는 것이기에 기관원이라 하더라도 꼬투리를 잡고 까탈 부리기에는 무리였을 것이다.

그러나 정확히 1년 뒤 나는 신문사로부터 축출당했고 기자직에서 해임되었다. 그해 가을에 기자협회장이 되었고 곧이어 전개된 언론자유운동 때문이었다. 그럼에도 지난 생애를 돌아보면 내 기자 생활은 그것으로 끝났지만, 내 눈길은 거의 언제나 기자적 시선이 아니었을까 싶다. 문학도 기자의 시선으로 보며 비평 행위를 한 것 같고, 유신 이후의 숱한 지식인 대학생들의 집요한 저항과 비판을 보는 것도 그 기자적 관점으로 해석 평가하지 않았을까 싶다. 정말 그렇다면 나는 끝까지 기자로 남아 기자의 일을 한 셈으로 자위할 수 있겠다.

이 글은 『지성과 반지성』에 「한국신문기자론 II」로 수록되었는데 이제 그 원제를 찾았다. 〔2019. 1〕

다시 왜 기자로 남아 있는가

/

신문사에서 내몰려 기자직을 떠난 지 벌써 4년, 그 사이 상당히 바뀌었을 언론계 내부를 들여다보지도 못하고 쓰게 되는 이 글은 이제 전날의 동료들 앞에서 나의 곤욕스러움을 더 크게 할 듯싶다. 내가 고언을 드린다면 그 고언이 오히려 내게 자격지심을 줄 터이고, 그렇다고 오늘의 현역 기자들이 흡족할 정도라고 말한다는 것도 솔직히 위선이 될 것이기 때문이다. 편집자의 청을 사양 끝에 받아들인 것은, 어차피 피할 수 없이 오해할 분들에게 우리 서로간의 오해를 확인시키는 것이 분명한 태도를 밝히는 한 방법이 되리라 생각해서이다.

내가 신문사를 그만두기 꼭 1년 전, 그러니까 1974년 봄에 서울대학 신문으로부터 「한국신문기자론」을 써달라는 부탁을 받고서 생각 끝에 「왜 기자로 남아 있는가」로 바꾸어 수상을 기고 한 적이 있었다. 기자로서의 존재 이유가 거의 마지막에 이르렀다고 절감하던 그즈음 나에게 집요하게 달겨든 문제가 바로 이 질문이었다. 월급이 많은 것도 아니고 장래성이 크게 내다보이는 것도 아니었으며, 말의 정확한 의미에서 '기자'란 직분에 충실할 수도 없었다. 이런 몇 겹의 어려움 속에 수난은 유달리 많은 직업—기자로 왜 우리는 남아 있는가. 그때 내가 스스로를 격려하며 구해낼 수 있었던 대답은, 모든 것이 기자로 남아 있을 수 없는 상황에 이르러 있기 때문에 오히려 기자로 남아야 한다는, 어쩌면 비참한 반어를 통한 자기 확인이었다. 다른 기자들이 떠나버리고 혹은 자신의 직종을 이미 경멸하게 되었기 때문에, 바로 그 현장에 남아서 그처럼 참혹하게 된 고통의 실정을 수락하며 견딤으로써 기록하자는 것이었다. 그 결의에도 불구하고 나는 그로부터 열두 달밖에 그 현장을 더 지탱하지 못했고, 그래서 지금 기자사회가 어떻게 발전(혹은 퇴영)했는지, 얼마나 변모(혹은 구태의연)했는지 가늠할 수도 없는 상태로 밀려나고 말았다. 그러나 확신컨대, "왜 기자로 남아 있는가"란 긍정을 향한 질문은 여전히 오늘의 기자들에게도 유효한 주제일 것이다.

왜냐하면 어느 시대이건 그렇지만, 지식인은 자신이 왜 험난한 지식인으로서의 삶을 택했는가(혹은 버리지 않았는가)란 질문을 하게 마련이며, 이 반성을 통해 지식인으로서의 자기 생애에 보다 충실한 의미를 찾게 마련이기 때문이다. 지식인들은 대체적으로 사태의 추이에 대해서는 비관적이지만 바로 그 비관적인 성찰을 통해 쉬이 꺾이지 않을 어떤 각오와 의지를 찾는다. 말하자면 부정을 통한 긍정적 선택이 되는 것인데 기자는 상아탑이 아니라(오늘날 정말 고답적인 상아탑이 있을까마는) 현실의 현장에 다가들어 있는 지식인이다.

사실 세계의 구체적인 사건들과 부닥치며 관찰하고 보고하는, 정의와 진실이라는 각도에서는 결코 방관자일 수 없는 제3자적 행동을 통해 기자들은 비판과 개조의 역할을 수행한다. 따라서 그들에게 수반된 현실적인 곤혹스러움은 다른 지식인들보다 더 실제적이고 적극적이다. 그러므로 그들이 자신의 작업과 거기에 따르는 어려움을 재음미하고 새로운 결단으로 그것을 수락할 계기를 갖지 않는다면 지식인의 한 부류로서 기자는 스스로 존재 이유를 포기한 것 외의 다른 것이 아니다.

듣기에, 신문사의 봉급이 많이 오르고 사무실 냉방시설 설치 등으로 근무조건이 상당히 개선되었다고 한다. 물론 이와는 관계없이 기자로서의 자기 비판적인 발언, 현실 지양적인 행동, 동지적인 연대 의식은 또 많이 약화되었다는 평도 들린다. 심지어 전날의 동료 기자들이 한꺼번에 법정에 섰는데도 출입기자가 취재는커녕(보도될 수 없으니 그것은 어쩌면 당연할지도 모른다) 방청도 거의 하지 않는다고 분개하는 사람도 있었다. 이보다 더한 얘기도 들었고 그렇지 않은 해석도 물론 있다. 나는 설사 오늘의 기자들을 비난하는 말들이 사실이라 할지라도, 그 때문에 기자들이 타락했다거나 기대해볼 것이 없다고 결코 서글퍼하지 않는다. 나로서 동의할 수 있는 비판론이란 아마 기자들이 무력해 있다는 비난에 대해서일 것이다. 그렇다. 그들은 무력해 있을 뿐이다. 이런 내 변호는 두 가지 측면에서 이루어진다. 그 하나는 종적인 지속감에서인데, 어느 흐름이든 높낮이 혹은 강약의 곡선을 따르게 마련이고 그것은 인위적인 힘으로 더 조장될 수 있는 것으로, 지금이 그 곡선의 가장 아래쪽을 기어가고 있는 게 아닐까 하는 것이다. 역사의 진행을 참고로 한다면, 우리는 성급하게 오늘의 단면으로써 먼 장래까지도 헤어날 수 없는 숙명으로 받아들일 필요는 없으리라. 두 번째는 횡적인 연대감으로 과연 현재의 지식 집단 중 어느 부류인들 무력감에 빠지지 않은 곳이 있겠는가 하는 공동 책임을 묻는 것이다. 다른 이웃 직종은 꿋꿋한데 기자들만 흐트러졌다든지, 우리는 무력할 수밖에 없는데 언론계만 혼자 강경하라든지 하는 것은 독선일 뿐이다. 사실 기자사회가 무력해졌다면, 그렇게 비참해하기 전에 그들과 관계를 맺은 다른 모든 집단도 스스로 무력해져 있음을 자각해야 할 것이다.

이렇게 기자들의 무력감을 변호한다고 해서 "왜 기자로 남아 있는가"의 질문이 그들에게서 면제가 되는 것이 아님은 물론이다. 오히려 무력해져 있기 때문에, 그리고 그 무력함을 변호받고 있기 때문에 이 질문은 더욱 절실하게 다시 해야 한다고 생각한다. 자신의 존재 이유에 대한 반성은 자기의 위치가 가장 취약해 있을 때 진지하고 적극적으로 이루어진다. 안락하고 무의미한 생활에 빠져 이런 반성 작업의 수행마저 불가능해졌다면 우리는 그들에게 굳이 '기자'란 좋은 이름을 바칠 이유가 없다. 세속의 편안함 속에 자신을 무력하게 편안하게 만드는 것들과 씨름할 때 기자로 남아 있어야 할 이유를 찾는다는 것은 분명한 모험이다. 그러나 그렇기 때문에 그 모험의 의미와 가치는 한결 뚜렷해진다.『기자협회보』지령 400호의 숫자가 주는 영광과 이미지가 이런 반성 작업을 가져다준다면 나로서는 결코 새삼스러울 것 없다는 안도감을 갖게 될 것이다. 〔1979. 6〕

p.s. ≫ 내게는 기억되지 않는, 다시 읽고서야 이런 이야기를 썼지 짐작해야 했던 글이다. 앞뒤를 짐작컨대 기자직에서 밀려난 지 5년 뒤『기자협회보』지령 400호 기념호에 청탁을 받고 쓴 듯하다. 5년 전 당국의 탄압을 받아 제대로『기자협회보』를 내지 못하고 숨은 인쇄소를 통해, 급기야 '가리방'으로 긁어 기사를 쓴 기구한 역정을 거치고 난 다음 비교적 타협적인 분위기 속에서 회보를 발행하던 시절을 회고하며 부드럽게 쓴 것 같다. 이미 그때는 언론계가 탄압에 저항하며 외침을 올리던 5년 전과 많이 달라져 있었다. 그리고 몇 년 뒤 신군부에 의해 언론 정화를 빙자한 더욱 심하고 가혹한 언론계의 구조조정이 강제되었다. 그 사이 나는 통의동 자그마한 사무실에서 문학과지성사의 출판 작업에 몰두하고 있어서 더 이상 기자가 아니었다. 나 스스로 기자로 남아 있겠다고 오기를 부린 일도 잊어가는 중이었을지도 모르겠다. 〔2019. 1〕

야곱의 씨름

/

역사에 대해 몸으로 느낀 내 두 개의 경험

 1975년 2월 15일 신문들에는 거의 비슷한 장면, 그래서 거의 비슷한 감동을 일으키는 사진들이 나왔다. 그것은 어둠을 배경으로 많은 사람들이 두 손을 치켜들고 만세를 부르며 또 다른 사람들을 환영하는 모습이었다. 환영받은 사람들은 출감된 사람들이고 환영하는 사람들은 그들을 출감시키기 위해 그동안 애써온 사람들이다. 그러나 나의 감동은 그들에 의해서만 빚어진 것은 아니었다. 오히려 그 사진에는 나타나지 않은, 그러나 그 사진을 신문 독자들이 볼 수 있게끔 만든 많은 사람들의 숨은 노력에 더 큰 감명을 받고 있었다. 그렇다, 만세를 부른 사람들이나 환영을 받은 사람들의 그 감격적인 장면이 만들어지기까지 숨은 얼굴들의 애타는 노력들은 얼마나 끈질기고 굳세었던가! 그 사진의 장면이 이루어지기까지 겉으로 드러나지 않은 숱한 곡절들을 바로 옆에서 때로는 거기에 더불어 끼이면서 바라보아온 내게, 그것은 어떤 개개인, 어떤 집단들의 부분적인 힘이 아니라, 그 무엇도 가로막거나 억누를 수 없는 역사의 대세, 밑으로 자갈도 굴리고 옆으로 우뚝 선 바위도 깎고 위로 배와 구름도 띄우며 거칠 것 없이, 그러나 유유하달 수밖에 없는 대하의 흐름처럼 느껴지는 역사의 어떤 필연적인 힘이었다. 그 전해 가을, 학생들과 기독교인들은 자그마한 그러나 부산한 움직임들을 만들고 있었다. 그럼에도 그 중요한 움직임들이 공개적으로 알려지기를 거부당하고 있을 때, 그 숨은 얼굴들은 그 '무용한 정열'로 보여온 움직임들을 위해 거의 무용하게 보이는 정열들로 호응하기로 선언했다. 110일 만에 사람들이 볼 수 있었던 그 사진은 그러므로 그 두 개의 무용한 정열 속에서 갖은 시련 끝에 배태된 감격적인 장면이었다. 그 사진을 새삼스레 바라보면서, 꼭 30년 전 여름의 만세 사진을 보았을 때의 사람들이 그랬음직한, 그러나 그것이 우리 손에 의해 이루어졌다는 뿌듯한 자부심이 덧붙은 감동을 얻지 않을 수 없었다. 아아, 역사는 역시 이런 것이다!

그로부터 한 달 후, 그 숨은 얼굴들은 신새벽의 광화문 지하도와 종로를 배회했다. 작은 보따리를 들고, 얼굴은 초췌하고 그러나 눈에는 오기로 가득 차서 떠밀리는 행렬을 이루며, 행인들의 시선에 아랑곳없이 그 숨은 얼굴들이 배회하고 있었다. 그것은 그 사정을 알든 모르든, 그렇기까지의 사정에 동의하든 안 하든, 분명히 참담한 광경이었다. 그간의 곡절을 옆에서 바라보며,

그리고 그 행렬의 한 끝에 붙어 더불어 밀리며 나는 또 한 번 역사를, 답답한 역사를 느껴야 했다. 그들이 거리로 내몰려야 했던 것은 누구의 잘못일까. 틀림없이 그들의 잘못이 아니었고 그들의 바라는 바, 생각해온 바에 그릇됨이 있었던 것은 분명 아니었다. 그렇다면 누구 탓, 무엇 탓 때문일까. 나는 몇몇 사람, 힘센 몇몇 사람들의 잘못된 뜻과 행동이 얼마나 많은 사람들의 가슴을 아프게 할 수 있는가를 거듭거듭 생각하지 않을 수 없었다. 대하의 흐름을 막는, 거슬리는 몇 덩이의 바위, 정말 유유하던 강물은 유유하지 못한 것일까. 역사는 더 많은 블로크와 더 많은 본회퍼, 그리고 이름 없이 스러져간 수많은 목숨들의 희생을 필요로 한다는 것인가. 그것은 그처럼 낭비적인 것인가. 아아, 역사란 정말 이런 것일까.

이렇게 해서 나는 한 달 남짓 사이에 역사의 필연과 그것의 배반을 거의 동시에 체험하였다. 그 필연은, 어둠 속으로 깊이깊이 함몰되어가는 듯한 시대의 절망 속에서 문득 반전을 기약함으로써 얻어질 수 있는 자유를 향한 역사의 승리로서의 인식이었고, 그 승리감의 절정에서 역사에의 자부심으로 우리 앞의 삶에 기대를 하고 있을 때 문득, 시계 바늘을 거꾸로 돌리듯 다시 어둠과 침묵의 세계로 되쫓겨가고 있음을 깨달아야 하면서 그 배반을 체험했던 것이다. 한밤중의 만세 소리와 여명에서의 내쫓김 — 이 착종과 불연속을 우리는 어떻게 이해해야 할 것인가. 역사는 어둠인가 여명인가, 엄숙한 것인가 희화적인 것인가. 희망인가 절망인가, 도대체 역사란 무엇인가. 그것은 의미를 갖는가 갖지 않는가. '역사의 교훈'이라든가 '역사의 심판'이라 할 때 그것은 의미가 있을 테고 교훈의 내용이 무엇이든 심판의 기준이 어디에 있든 우리는 역사가 우리를 구원해줄 수 있다는 위안을 받을 것이다. 그러나 '역사는 반복한다'든가 '해 아래 새로운 것이 없다'는 말의 진지한 힘에 이끌릴 때 역사는 문자 그대로 무용한 정열일지 모른다. 그리고 나는 무용한 정열이 무용하지 않다는 사례를 체험했고 이 체험은 다시 그 스스로가 지닌 진실을 배반하는 것을 목격했던 것이다. 1975년의 처음 몇 달은, 이렇게 문제를 원점으로 되돌리는 혼란을 나에게 안겨주었고 그것은 나로 하여금 역사에 대한 불가지론을 만들어주었다. "역사는 역시 이런 것이다!"와 "역사란 정말 이런 것인가!"의 자부와 회의를 책에서가 아니라 실제 삶의 한 체험으로 동시에 받아들여야 했을 때 그것에의 판단은 결코 쉬울 수가 없는 것이다.

  그로부터 5년이 지난 이제도, 나는 그 난해한 문제에 결정을 내리기는커녕 앞으로도 여간해서 내게 풀릴 것 같지 않으리라는 두려움에 싸여 있다. 숱한 사학자·철학자들이 시도한 해답들이 여전히 모호한데 나의 대답이 어떻게 가능할 것인가. 그러나 한 시대가 물러가고 새로운 시대가 다가오는 역사의 전환을 자각하며, 이러한 전환이 이루어질 수 있기까지 내 시야에 들어온 일들, 그 일들이 내 몸 안에서 요구해온 생각들은 역사에 대한 적어도 내 자신의 태도에 하나의 지침을 마련해주었다. 지침이라니! 그것은 너무 과분하고 과시적인 말일지도 모르겠다. 여하튼 내가 역사에의 불가지론을 버리지 못하면서도 내리게 된 결론은, 역사란 그것이 의미 있다고 믿는 사람들에게는 그 의미를 허용해주는 존재라는 것이다. 역사에서 아무런 교훈과 의의를 기대하지 않는 사람, 도대체 역사를 의식하지 않는 사람에게 역사란 부재의 존재이며, 그런 것이 아니라, 역사의 지향에 신념을 갖고 과거의 일에서 전철을 발견하며 미래 역사에 희망을 갖는 사람들에게 그것은 실존의 결단을 요구할 만큼 삶 그 자체의 구체성과 실재성을 갖는다는 것이다. 그렇다면, 아니 그렇다 하더라도, "역사란 그것이 의미 있다고 믿는 사람들에게는 그 의미를 허용해주는 존재"라는 말은 동어반복이고 상투적이 아닌가. 이런 비판을 나는 겸연쩍게 수락하지 않을 수 없다. 그럼에도 나의 이런 겸연쩍은 생각을 지금 철회하기는커녕 오히려 더 고집하고 싶다. 왜냐하면 그것은 내 체험적 관찰에서 얻어진 것이기 때문이며, 사실 70년대 현상이라고밖에 할 수 없는 지난 10년 동안 일련의 사태 진전과 그것에 저항하는 움직임들과의 관계들은 이 상투적인 표현 속에 어떤 진실성의 힘을 부여하면서 같은 말의 반복이라 할 때에도 그 같은 말의 차원이 서로 다르다는 것을 깨닫게 만들기 때문이다. 70년대는 이런 관점에서 매우 주목되어야 할 시대일 것이다.

펜의 힘과 의식화

"의미 있다고 믿는 사람에게 의미를 허용하는 역사"라는 말을 다시 한 번 반복해보자. 펜밖에 모르는 사람에게 칼은 부재의 것이거나 무용한 것이며 반대로 칼만 쓰는 자에게 펜이란 전혀 하잘것없는 잡동사니 중의 하나이다. 펜과 칼을 동시에 쓸 줄 알았던 사람들과 그들의 행복한 시대가 있었던 것도 사실일 것이며, 불행히 펜밖에 모르는 자와 칼만 쓰는 자와의 대결이 불가피했고, 거기서 불을 보듯 분명하게 이루어지는 칼 잡은 자의 승리란 결과와 그것이 지배하는 시대가 있었던 것도 사실일 것이다. 역사가 그 어느 편에 서왔던 간에 내가 지금 여기서 강조하고 싶은 것은 칼이든 펜이든 그것의 용법과 결과를 모르는 한 무의미할 수밖에 없으며, 거꾸로 칼 든 자로부터 아무리 불신받는다 하더라도 펜을 쓸 줄 아는 사람에겐 그 펜의 위력이 칼의 위험보다 거대한 결과를 만든다는 것을 알고, 또 그렇게 사용한다는 말이다. 역사는 그 칼이나 펜처럼, 그 용법과 결과를 인식하는 사람들에게 그 자신의 중립성을 깨뜨리고 그 스스로에게 가능한 의미와 가치를 창조하도록 열어준다. 70년대의 갈등과 싸움, 그리고 거기서 빚어진 현상들은, 역사에 대한 인식으로 보자면, 궁극적으로 그것이 의미 있다고 믿는 사람과 그렇지 않은 사람들 사이에 벌어진 갈등과 싸움과 현상일 것이다. 이에 대한 뚜렷한 증거는 이 시대의 부정적인 힘들에 대항하여 싸운 사람들이 종교인·문필가·학자·학생 들이었으며 이들이 이들 나름의 영역으로 보자면 늘 역사를 인식하고 거기서 교훈을 발견하며 미래를 향해 그것을 창조하고자 하는 사람들이란 점에서 분명해진다.*

 돌이켜보면 우리의 70년대란 참으로 애매한 성격의 시대이다. 여기서 애매하다는 말은, 그것의 성격이나 본체가 불투명하고 모호하다는 뜻에서 쓰인 것이 아니라, 그와 반대로 아주 분명하고 확실한, 그러나 상반·상극되는 두 개의 성격이 공존하고 있음으로 해서 70년대의 참모습을 어느 것으로 확정하기가 힘들다는 뜻으로 쓰인 것이다. 가령 우리 눈에 가장 뚜렷하고, 또 부인하기 힘든 경제 성장의 문제를 들어도 그렇다. 어떤 반체제자도 그간의 GNP의 팽창과 절대 빈곤의 개선과 빈궁민의 감소를 부인하지 못할 것이다. 실제로 실업자의 수도 줄었으며, 우리의 일상 생활도 질에서나 양에서 현격한 개선을 보았고 "우리도 잘살 수 있다"는 자신감을 전반적인 경제관으로 보급시킨 것이 사실이다. 그러나 이런 성장에도 불구하고, 그리고 그 성장을 인정함에도 불구하고 상당수 아니면 대부분의 사람들은 오히려 더 큰 빈곤감을 느끼기 시작했으며 이러한 빈곤감을 재촉하는 경제 정책과 구조에 노골적인 비판을 가해온 것도 사실이다. 조세희의 '난장이'가 대변하고 있는, 우리 사회 계층에서 경제적 혜택이 가장

---

* 이에 대해서는 나의 글 「문화의 민주주의」(『뿌리 깊은 나무』 1980년 2월호)를 보라.

적은 도시 주변의 근로자들을 예로 들건대, 그들의 생존 방식은 60년대 이전의 농촌 사람들보다 분명히 더 나아졌음에도 그들은 자신들이 '인간답지 못한 삶'에서 허덕이고 있다고 깊이 생각하며 삶의 권리를 위해 더욱 가열하게 싸워야 한다고 믿는다. 문제는 이런 숫자가 적다는 데 있는 것이 아니라 점점 더 불어가는 데에, 그리고 '인간다운 삶'을 누리면서도 여기에 동의하는 사람들의 의식의 폭이 넓어져간다는 데에 있다. '성장에 대한 자신감' 못지않게 '풍요 속의 빈곤감'이 만연되어가는 이유는 무엇일까. 나는 그것이 많이 가진 자와 적게 가진 자의 격차가 너무 크다는 것, 그리고 그 격차에 어떤 정당성과 윤리성·공평성을 부여할 수 없다는 것, 나아가 우리의 경제·사회·문화·도덕 등등의 생활에서 경제적 부가 지나치게 큰 지표로 작용하고 있다는 것 등 세 가지 이유로 본다. 아무튼 우리가 70년대 현상의 하나로서 경제적 성장이 경제적 빈곤감을 고조시켰다는 역반응을 지적할 수 있을 것이다.

    경제 문제에서 좀더 발전시켜보자. 우리의 물량적 성장이 일면으로는 행정 관료와 권력-기업 간의 제휴로 자유와 정치를 유보하며 이룩된 것이었고 또 다른 면으로 GNP의 성장을 통치술 강화의 한 방편으로 사용될 수 있도록 유도했으리라는 것은 대충 짐작된다. 우리 사회에서 정치적 보수성 내지 체제 지지의 성향을 가장 강력히 드러내는 계층이 이렇게 해서 구성된 외형상의 중산층과 그 윗층의, 경제 정책적 혜택을 받은 사람들일 것이다.

그럼에도 불구하고 이 점은 앞으로 실제에 있어 좀더 검증되어야 할 것이겠지만, 이러한 경제적 부의 절대적 증가가 정치적 합리주의와 민주주의 혹은 자유에 대한 의식과 선호의 강화를 촉진시켰다는 것이 지목되어야 할 것이다. 그것은 체제 비판자들이 근로자를 제외하고는 대부분 경제적 혜택을 받은 중산층 출신이라는 점에서 드러날 뿐 아니라 일반적인 시민의식(예컨대 아직 미미하지만 비로소 태동하고 있는 소비자 보호 운동, 여권 운동, 압력 단체들의 운동 등)의 고조에서도 그 초보적인 양상이 발견된다. 이것은 생활의 윤택과 여가의 증가가 문화적, 따라서 가치관적 관심을 고양시킨다는 이유, 그들이 사용하는 생활의 이기와 매스컴들이 삶과 사고에서의 합리주의와 윤리성을 은연중에 고조시킨다는 이유 때문일 것이다. 다시 말하면 부의 증가와 생활의 편의화, 그래서 얻어질 수 있는 문화적 삶의 관심은 어차피 정치적 민주주의와 삶의 방법의 자유화를 유도하게 된다. 70년대의 역사는 경제적 성장을 추진하는 한, 그것의 정치적·현실적 의도가 어디에 있든 간에 통치 권력의 팽창에는 스스로의 한계를 자초하지 않을 수 없다는 하나의 범례를 보여준 것이다.

경제적 물량 증가와 정치권력의 강화에 불연속선적인 기류가 흐르고 있을 때 문제되는 것은 그것들의 구조 위에 서 있는 문화의 질과 내용이다. 그리고 지난 10년 동안의 우리 문화에 대해서 비판과 평가가 동시에 가해지고 있었음도 사실이다. 도시문화의 퇴폐성, 현실 순응적인 시민의식, 물신화 풍조에 따른 가치관 타락이 더욱 만연하여 이 시대의 풍조를 이룬 것은 아무리 지적해도 지나침이 없을 것이며, 그럼에도 불구하고 그러한 풍조에 대한 비판과 양심의 촉구가 가열해졌다는 사실 자체, 그리고 이른바 의식화 작업이 문화 각계에서 광범하게 번져갔으며, 연구와 창작에서 높은 성과를 만들어냈다는 점도 높이 인식되어야 할 것이다. 이러한 양면성은 문화 현상에서뿐 아니라 문화에 대한 태도와 방법론에서도 해당된다. 문화에서도 결코 기피될 수 없는 윤리성과 양심이 예외적으로 강조된 것이 지난 70년대이거니와 이런 도덕주의가 창조 정신에 도식적인 압력을 가했으며 그와 반대로 문화의 자유로움에 대한 집념이 현실 순응을 유도할 소지를 마련한다는 것, 민족주의의 강조가 복고주의 또는 국수주의로의 길을 열 수 있는가 하면 보편주의가 자기 포기의 가능성을 지니고 있다는 것이 그러한 예의 몇몇일 것이다. 이런 예들은 어떤 사물이든 양면성을 지니고 있다는 가치론적 개연성에서가 아니라 구체적이고 현상적인 평가에서 그러하다.

70년대의 이 같은 애매성, 이질적인 것들의 상극화를 돌이켜 보면서 나는 이 10년대를 전후반기로 양분해보고 싶은 유혹을 느낀다. 75년을 고비로 삼으면 경제적으로는 양적 성장에 대한 기대와 성취로부터 상대적인 빈곤감의 심화로, 정치적으로는 일인에의 권력 집중에서 거기에 대응하는 재야의 반항 세력으로, 문화적으로는 체제로의 순응주의에서 비판적인 의식화의 고취로 궤도 수정되는 것이 그렇다. 물론 겉보기에는 후기의 여러 세력들이 대수롭잖게 여겨질지도 모르지만 곰곰이 따져보면 70년대 후반, 위에서 취해진 제반 조처와 정책들이 밑으로부터의 제휴된 세력들을 전제로 하고 이루어진 것들이며 따라서 80년대를 예고하는 극적인 사건이 구체적으로 누구의 손에 의해 이루어졌든 현실과 이념의 역학 관계로 볼 때 그러한 사태는 조만간 필연에 가까운 일이었다.

역사의 의미와 야곱의 씨름

나는 방금 '필연'이라는 말을 썼는데, 그렇다면 역사는 예정론적인 것이며, 허무의 수렁 속에서 건져질 수 있음을 뜻하는 것인가. 결론적으로 보자면 나는 그렇다고 시인한 셈이다. 그러나 다시 반복하자면, 앞에서 쓴 '필연'이라는 말에는 70년대적 현상으로서의 애매성을 유도한 또 하나의 힘을 전제로 하고 있다. 그것은 후반기에 제휴하여 일어난 밑으로부터의 움직임—역사를 의미 있는 것으로 만들려고 노력한 숱한 사람들의 의식과 행동을 뜻한다. 나는 70년대에 뚜렷한 기미를 보이기 시작한 '문화의 민주화'를 지목하면서 그 민주화의 주역들이 정치적·경제적 민주화를 자신들의 문제로 삼은 문화인들이라는 점에 새삼스런 의미를 부여하고자 했거니와 근원적으로 이 문화인들은 역사에 의미를 부여하고자 하는—역사의 무의미성에 절망하는 아나키스트까지도 포함하여—사람들임을 강조하지 않을 수 없다. 그들은 4·19의 패배를 인정함에도 불구하고 그 정신과 의의의 패배를 허용하지는 않았던 것이다. 그들의 집요한 노력과 희생은 무용한 정열로 보일 만큼 가혹한 것이었으나, 밤새 야훼와 씨름하며 구원을 얻어낸 야곱처럼, 침묵하고자 하는 역사로부터 교훈과 의미를 뜯어내는 데 성공한 것이다. 역사는 그것을 요구하는 자의 부대낌에 견디어내지 못하여 다시는 밟지 말아야 할 전철을 내주지 않을 수 없었던 것이다. 그것은 다시 말하자면 역사를 감추려는 자들, 역사에의 의미를 포기하도록 요구하는 사람들과의 다툼에서 역사를 소중하게 인식하는 사람들의 역사의 성취를 뜻한다.

역사를 감추려는 사람들일수록 역사를 더욱 밖으로 내민다. 그 내민 역사는 이청준이 『당신들의 천국』에서 말하는 바의 동상銅像으로서의 역사이다. 위엄 있고 화려한, 그러나 움직임과 말이 없는 차디찬 동상, 그 뒤에서 그들은 역사를 화석화시킨다. 그렇게 굳어가는 역사에 온기와 생명을 불어넣기 위해 블로크와 본회퍼의 생명이 필요했을 것이다. 그리고 보면 역사는 동상을 내미는 자와 그 뒤에 숨은 역사에 생명을 불어넣으려는 자들과의 싸움의 역사일지도 모른다. 그러므로 "언제든 역사는 바뀐다"는 경고 속에 역사는 희망과 두려움을 느끼게 된다. 희망의 한순간에 절망이 오는가 하면 끝없는 어둠의 미로 속을 헤매는 듯하다가 어느새 여명을 발견하게도 된다. 이것은 우리가 역사와 더불어 살고 있음을, 또 그렇게 해야 함을 깨우쳐주는 것이고 이 깨우침이 우리 삶의 양식이 되어야 함을 강조하는 것이다. 깨어 있는 삶에서 역사는 깨어 있고 잠자는 사람에게 역사는 잠들어 있다. 그리고 그 깨어 있음은 자유로움이고 자유로움을 위한 것이며 자유로움에 의한 것이다. 우리의 삶이 이렇지 못할 때 역사는 하나의 돌멩이로 굳어질 것이며 이렇게 굳어질 역사에의 우려가 우리의 앞날에 결코 걷히어 있는 것은 아니다. 왜냐하면 역사는 우리가 만들어야 하는 것이고, 우리가 거기에 뜻을 새기는 것이기 때문이다.

뜻을 새긴다는 것, 이는 스스로의 가슴을 새긴다는 것이며 자기의 생각과 행동을 역사와 더불어 존재하게끔 만든다는 것이다. 이 말은 물론 우리 개인을 지나치게 과신한 것이리라. 그러나 과연 개인 없는 역사가 있을 것이며 역사에 의지하지 않는 인간의 삶이 있을 수 있겠는가. 한 작은 생명의 빛과 광막한 어둠과의 대결! 그것이 파스칼적 고뇌이며 뫼르소의 결단이라면, 그리고 그 고뇌와 결단에 의해 허망스러운 우주에 삶의 의미가 부여될 수 있다면 우리가 역사에 대해 가지는 것도 그런 것이 아니겠는가. 실존적 결단—한 세대 전에 유행했던 이 말의 세대들이 4·19의 주역들이라는 생각에 미친다면, 뒤늦게나마 침묵의 역사로부터 몇 마디 말을 건져올리려는 노력들의 귀중함을 깨닫게 되고 그 귀중함이 자신을 귀중하게 끌어올리며, 더불어 거기에 끼일 역사의 귀중함을 깨닫는 기쁨을 얻게 되는 것이다.

〔1980. 2〕

p.s. ≫ 1974년 10월, 동아일보 기자들은 언론자유를 선언했고 그 실천운동을 뜨겁게 벌였다. 그 열기로 잠시 '서울의 봄'이 왔다. 신문들은 당당히 기사를 쓰고 보도했으며 그런 중에 수감 중이던 김지하도 석방되었다. 그러나 봄은 길지 않았다. 월남이 패망하던 즈음에 언론자유에 대한 역공이 시작되었고 정국은 다시 무거운 억압 체제 속으로 갇히기 시작했다. 반전의 반전이 잇따르는 역사가 진행된 것이다. 나는 그 사건 직전에 한국기자협회장이라는 과분한 직책을 맡았고, 거기에서 다시 반전이 일어나 어둠으로 내려가면서 기자협회장의 자리에서도, 직장인 신문사에서도 쫓겨났다. 그 반년 동안의 상반된 경험이 역사의 무거운 무게를 생각하게 했고 희망과 절망을 느끼지 않을 수 없게 했다. 이 글은 그 체험에서 우러난 내면의 독백이다. 나는 끝내 절망할 수 없었던가 보다. 역사란 그것을 포기하는 사람에게는 허망한 것이지만, 그를 위해 부단히 씨름하는 자에게는 의미가 부여된다는 것을 믿어야 했다.

편집 과정에서 원래의 글에 없던 중간 제목을 넣었다. 그 제목들에서 내 30대의 고뇌를 읽어주기를 바라는 심정이 돋아난 듯하다. 감회에 젖은 무게 때문에 나는 이 글을 산문집이 아니라 비평집 『지성과 문학』(1982)에 수록했었다. 그만큼 무겁고 진지한 글로 여겼다. 그것은 젊은 시절의 고뇌에 대한 나의 예의일지도 모른다. 〔2019.1〕

오리말 버리기

'오리말' 버리기

/

　조지 오웰의 『1984년』에 '오리말'이란 신어가 나온다. 오리처럼 꽥꽥거리다, 라는 뜻인데 머릿속에서 생각하여 나오는 말이 아니라 입에서 그냥 줄줄 기계적으로 흘러나오는 말을 가리킨다. 그런데 이 말은 적이나 이단자에 대해 쓰이면 오리처럼 그렇게 나쁜 말을 주절거린다는 비난이 되고, 정통파에 사용되면 그처럼 열렬한 애국자란 찬사가 된다. 한 어휘에 대한 이 같은 상반된 내포에 당황할 필요는 없다.
　가령 공공요금의 '현실화'라면 국민의 입장에서는 그것의 인하를 바라는 것이겠지만 실제에 있어 그 말은 당국이 사용할 인상의 대체어일 뿐이다. 말과 실제를 뒤바꿔보면 이 예는 보다 선명하게 이해될 것이다. 이를테면 어떤 일에 부닥쳐 머뭇거릴 때 그것을 좋게 말하면 신중하다고 하고 나쁘게 보면 우유부단하다고 말하며, 그 일에 과감하게 대들 때 그것을 환영하면 용기로, 못마땅하면 만용이라고 평가한다.

그러고 보면 우리는 하나의 어휘, 혹은 사태에 대해 우리의 판단과 선호에 따라 얼마든 상반된 내포 또는 표현을 갖게 된 셈이다. 한 친구는 '남이 하면 스캔들이고 내가 하면 사랑'이란 재담을 해서 우리를 한참 웃겼지만 입장에 따라 우리의 평가와 의미 부여가 얼마나 달라질 수 있는가를 그 친구는 거듭 생각하게 만든 것이다.

같은 사태라도 입장에 따라 얼마든지 달리 표현될 수 있다는 것, 그것은 자연스런 일이기도 하고 나아가 우리의 다양한 견해를 보장하는 심적 구조를 보여주는, 그래서 바람직하기까지 한 것이지만, 그러나 사태가 항상 그렇게 긍정적인 것만은 아니다. 협조란 말로 재조정을 요청받고 우리가 그 요청을 거부할 수 없을 때 그 협조란 말은 지시를 뜻할 것이며 우리의 신고가 반려당할 때 그 신고는 허가 사항으로 바뀔 것이다. 이런 경우 말은 말의 바른 뜻으로 쓰이는 것이 아니라 반대의 뜻으로 전용되는 것이며 이때의 의사소통이란 말과 실제와의 엄청난 거리를 전제하고 의사적擬似的인 상태에서 진행되는 꼴이 된다. 이 거리가, 그러니까 입장과 입장의 거리가 공적이고 집단적인 관계를 벌려놓고 거기에 경직된 사고와 절대주의적 윤리성으로 둘러싸여 있을 때, 그리고 특히 정치적 언어일 때, 그것은 극히 심각한 양상을 빚는다.

이런 대표적인 예를 우리는 70년대에 즐겨 사용된 현실 '참여'

란 말에서 찾을 수 있겠다. 참여란 말이 가령 권력층의 권고로 발언되었다면 그것은 일반적으로 국민들의 협력과 순응을 가리켰다. 그러나 같은 말이 권력의 비판자들에 의해 주장되었다면 그 참여는 물론 현실 부패의 폭로와 저항을 촉구하는 말이 된다. 그래서 지식인이 평가 교수단에라도 '참여'하면 그가 현실의 개선을 주장했다 하더라도 비판 세력에 의해 '어용'이 되며 현실을 비판하는 주장은 실제 그 내용이 다르지 않다 하더라도 권력자에 의해 '불순분자'로 경계의 대상이 된다. 같은 '참여'의 역설이 이처럼 흑백의 상반된 불상용의 관계로 찢어놓은 것이다.

이런 예는 물론 '참여'란 말에만 그치지 않는다. '민족주의'란 말이 얼마나 다른 용법으로 사용되었으며 '민중'이란 개념이 얼마나 엇갈려 쓰이고 '자유'가 그 주창자들 간에 어떤 충돌을 빚었으며 '민주주의'가 그 실천자들 간의 갈등을 야기했고 '발전'이란 말이 얼마나 많은 사람들을 대립케 하였으며 '평등'의 주장이 얼마나 상반된 반응을 일으켰던가!

우리는 공적인 언어가 사적인 입장과 이해에 의해 분열되어 말의 바른 뜻이 뒤틀리는 경우를 숱하게 보아왔으며 커뮤니케이션의 기호로 전제가 되는 공통성을 우리의 말이 얼마나 자주 잃어버렸는가를 어렵지 않게 경험해왔다. 공통의 분모가 없는 언어, 그러므로 공약될 수 없는 언어를 우리는 사용하고 있기 때문에 우리의 발언은 거의 언제나 회의당하고 불신받으며, 그래서 이청준이 그의 소설에서 말하듯이 우리가 언어를 배반했기 때문에 이제 언어가 우리를 배반하고 복수하는 사태에 부닥치게 되었다. 그리하여 가령 모두가 수긍할 수 있는 어떤 지당한 말이 발언되어도 우리는 그 발언자가 어떤 입장에 서 있는 사람인가 따져야 하고 어떤 문맥에서 그 말이 나왔는가 살펴야 하며 그 말의 앞과 뒤가 어떤 모습인가를 섬세하게 가려보아야 했다.

 말에 대한 이 같은 의혹은 따라서 윤리성과 절대성을 요구하게 된다. 이를테면 내가 참여라든가 발전이라든가 평등이란 말을 쓸 때 그 말의 적합성이 어떻게 수립될 것인가의 문제는 뒷전에 놓이고 나의 의도로 그 말이 실천·관철되어야 한다는 윤리적 결단을 강조한다. 그리고 여기에 비판적이거나 회의적이거나 무관심한 것까지도 모두 불순분자로 혹은 도피주의자로 도덕적 비난을 당해야 한다.

 언어의 공통분모가 없기 때문에 그 말의 의미는 무한히 외연되어 예컨대 나의 '민족주의'가 옳기 위해서는 상대방의 민족주의가 틀려야 하고 혹은 '반민족주의'로 되어야 한다. 그러므로 그 주장은 근본주의적인 맹목성을 띠게 되고, 맹목이란 남을 볼 수 없듯이 자신에 대한 반성도 허용치 않는 것이기 때문에 '전부 아니면 전무'란 가장 간명한 구호를 택하게 된다. 이 택일적인 입장은 상대적인 것임에도 불구하고 그것이 상대주의가 갖는 상호존중, 공동의 기반 위에서의 토론과 같은 미덕의 실천을 불가능하게 하기 때문에 서로의 관계는 서로를 용납할 수 없는 단절의 상태로 굳어버린다.

70년대의 현실이 결과한 가장 나쁜 현상이 아마 이런 측면일 것이다. 우리 사회는 다스리는 자와 다스림받는 자, 가진 자와 못 가진 자, 순응하는 자와 거스르는 자, 결백한 자와 더러운 자로 분명하게 갈라져 있어 그 사이는 깊은 심연으로 단절되었다. 10여 년 전, 지식사회에서 한참 논의되었던 이른바 사회적 양극화가 뒤에 의식의 양극화, 판단의 양극화, 가치의 양극화로 극단화되었던 것이다. 마치 막대자석으로 휘저어져 두 개의 자장으로 나뉜 쇳가루처럼 우리는 어느 한쪽으로의 편듦을 요구받았고 그 양극의 다른 어느 자리에 놓이게 되면 안절부절못하고 불안해했으며 이 모호한 위치에 선 사람은 회의주의자나 기회주의자로 힐난당했다.

 그러나 진실은, 다시 『1984년』의 용법을 빌리자면, '좋다'와 '안 좋다'의 단 두 마디 반대어 중의 하나를 택하는 데서 드러나는 것이 아니라 그 극단의 선택지 사이의 넓은 편차 안에 무수히 널려 있는 다양한 표현법을 자유로이 찾아내는 데서 실현된다. 우리 정신의 풍요로움은, 그리하여 조화로운 공동체적 언어를 획득할 가능성은 검은색과 흰색도 섞인, 그러나 그 사이의 오만가지 색깔들의 펼쳐짐 속에서 기대되는 것이다.

 우리 사회가 결코 자석이 되어서는 안 되기 때문에, 그리고 자석처럼 양극화되면 사회적 아노미가 극도에 이르고 그래서 입장만 다를 뿐 경직성은 마찬가지로 작용할 것이기 때문에 중간색이 두터워야 함을 더욱 강조하지 않으면 안 된다. 그 두터움이 곧

문화이고 지성이며 자유로움이 아닐까. 한 세대를 보내고 80년 대의 중턱에 이른 이제 우리가 해야 할 일이 정치적 언어를 문화적 언어로 수정해나가는 작업이어야 한다는 논리는 여기에서 출발되는 것이다. 〔1984. 1〕

p.s. ≫ 글쟁이이기에 자연히(아니 마땅히!) 같은 뜻을 전하면서도 어휘와 구절을 가리게 된다. 가령 쉽게 인사할 경우에도, 전한다, 드린다, 올린다 등등 무엇을 쓸지를 가린다. 상대의 연령과 사회적 위치에 따라, 친소관계에 따라 다를 뿐 아니라 그 내용으로도 표현을 달리 해야 한다. 그래서 문장과 어휘에 민감해지지 않을 수 없다.
그런데 근래의 신문, 방송, SNS에 갖가지로 소통 전달되는 언어를 보면 안타까워진다. 말의 용법과 예의를 모르기도 하고, 어떻게 하면 상대에게 자신의 뜻을 강하게 전할 수 있을지에 지나치게 신경을 쓰기 때문인 듯하다. 가장 뚜렷한 예가 정치인들의 논평이다. 그들은 '내로남불'일 뿐 아니라 상대에게 강렬하게, 혹은 국민들에게 인상적으로 호소하기 위해 앙칼진 말투를 쓴다. 그 앙칼짐은 정치적 민주주의가 아니라 저급한 지도력의 소모전일 뿐이다. '오리말'은 『1984년』의 '신어'와 함께 배운 말이지만, 그 글을 쓸 때보다 사람들의 의식과 생활수준이 더 높아진 한 세대 뒤인 지금 더 곤혹스럽게 느껴진다. 그래서 '언어의 품위'란 말을 거듭 생각하게 된다. 〔2019. 1〕

1984년에 읽는 『1984년』

/

 소설 『1984년』은 맑고 쌀쌀한 4월 어느 날의 "시계가 13시를 쳤다"는 말로부터 시작하고 있다. 여기서 열세 번의 종을 치는 시계가 없다는 사실을 깨닫게 된다면 독자들은 소설이 처음부터 기이하고 낯선 세계로 우리를 끌고 들어가고 있음을 쉽사리 간파하게 될 것이다. '증오 주간'이니 '대형'(빅 브라더)이니 '텔레스크린' 같은 이상한 용어들, 더럽고 낡고 어설픈 아파트의 모습과 대조를 이루며 300미터나 높이 우람하게 서 있는 건물의 어울리지 않는 정경들, 그리고 우리가 마침내 부닥치는 "전쟁은 평화/자유는 예속/무지는 힘"이란 멋진 글씨로 씌어진, 그럼에도 해독하기 어려운 슬로건—. 그러나 이 모습들에 불균형감과 이질감을 미묘하게 느끼는 것은 독자들만이 아니다. 소설 주인공의 배회를 묘사하면서, 작가는 "그는 괴상한 세계 속에서 자신도 괴물이 되어 해저의 숲속에서 헤매고 있는 기분이었다"고 쓰고 있는 것이다.

 사실 그렇다. 오웰은 1948년에 완성한 이 『1984년』에서 인간의 미래를 '괴상한 세계'로 그리고 있다. 이 세계는 지구가 세 개의 초국가로 정립하여 끊임없이 전쟁을 하고 있다. 그중 하나로서 이 소설의 무대인 '오세아니아'는 다른 초국가와 마찬가지로 완벽한 일당 독재로 통치되고 있으며, 그 체제를 유지하기 위해 숱한 감시 장치를 만들고 '이중사고'와 '신어'를 강요하고 과거를 날조하며 국민들의 자유로운 생각을 원천적으로 봉쇄한다. 개인의 일탈은 물론 일체 허용되지 않고 남녀 간의 사랑도 금지되며, 그래서 소설의 주인공 윈스턴 스미스처럼 이 체제에 조금이라도 비판하거나 회의하는 사람이 생기면 무자비한 고문으로 세뇌한 후 '증발'시켜버린다. 이 소설은 그리하여, 읽는 사람들에게 불쾌감을 넘어 미국의 비평가 어빙 하우가 말하듯이 악몽에 시달리게끔 만든다. 적어도 1984년에 이른 오늘, 오웰의 소설이 실재를 왜곡시키고 지나치게 비관적인 관점으로 인간의 선량한 양심에 당치 않은 겁을 주고 안도감을 흔들어놓는다는 비난에 대해 대부분의 독자들 — 그들이 어느 사회 정치체제에 속하든 — 은 동의할 것이다.

 현실을 매우 비판적인 눈으로 보더라도, 36년 전의 오웰의 미래 구상이 실제에 있어 그대로 들어맞는 예언은 그리 많지 않다. 오늘날 국제 세계의 모습을 어떻게 진단하든, 오웰이 그린 지도와 양상으로 그것을 대치시키기는 어려우며, 오세아니아처럼 철저한 전제주의가 지금에 이르러 가능하지도 않을뿐더러, 지구상에 많은 독재 국가와 가혹한 정권이 있는 것은 사실이겠지만, 소설처럼 완벽한 통제가 이루어진 곳은 없다. 통제된 정치체제보다는 그래도 자유롭다고 말해야 할 시민 생활이 더 보편적인 현상이다. 절대 빈곤 속에서 허덕이는 인구는 상당히 줄어들었으며 쥐가 아기를 뜯어먹는 참상은 일부 후진 지역에만 해당되는 것이고, 적어도 이 소설의 배경인 런던이 몇 세기 전으로 퇴보한 것도 아니며 많은 사회가 더 좋은 모습으로 개선되었다는 것이 올바른 지적이리라. 남녀 간의 자유로운 사랑과 가족 간의 신뢰는 더욱 보편적인 것이 되어가고 있다. 중남미를 비롯한 여러 국가에서 여전히 고문이 자행되고 있지만, 인간의 기본권에 대한 인식은 계속 확대되고 그 실천도 폭넓게 이루어지고 있다. 무엇보다 오늘날, 권력이 과거를 날조하고 국민들의 문맹화를 의도적으로 자행하는 예는 그리 없다고 봐도 좋을 것이다. 사회주의자였던 오웰의 예상처럼 노동자층이 전체 인구의 85퍼센트를 점유하는 게 아니라, 그 숫자의 상당 부분은 중산층으로 편입되었고 남은 노동자 계층의 생활수준도 상당히 개량되었음을 인정해야 할 것이다. 그렇다면 오웰은 이제 완전히 효력이 정지된 작가인가? 또한 오웰의 극도의 비관주의적 전망은 이제 전혀 무의미한 관념인가? 소설 『1984년』은 말 그대로 허구이며, 1984년에 이르러 허위로 판명된 한갓 우울한 어느 몽상가의 악몽에 불과한 것인가?

그러나 실제로는 그렇지 않다. 세계 곳곳에서 오웰은 다시 지식인들의 관심의 대상이 되고 소설이 재평가되기 시작했으며 그의 구상과 비전에 대한 검토가 진행되고 있다. 그의 생애와 문학은 새로이 연구되고 그가 소설에서 사용한 여러 용어와 개념들에 대한 분석이 이루어지고 있다. 그가 예상한 미래 세계의 어떤 모습들은 현실의 양상과 대조되기도 한다. 가령 83년 말의 미국 시사주간지 『타임』이 오웰을 표지인물과 함께 특집으로 다룬 것을 비롯하여 구미의 많은 잡지들이 오웰과 『1984년』을 오늘날의 시선으로 재조명했다. 어빙 하우가 편집한 『1984년 재론: 우리 세기에 있어서의 전체주의 1984 Revisited: Totalitarianism in Our Century』 (이 책은 우리나라에서도 한태희 역으로 『전체주의 연구』란 제목으로 출간되었다)가 나오기도 했다. 『신동아』 등을 비롯한 우리나라의 신문·잡지에서도 『1984년』의 세계를 특집으로 다루었으며 그 문제의 소설은 무려 20여 종으로 경쟁 간행되는 가운데 베스트셀러가 되었고, 『1984년으로 가는 길』 『오웰과 1984년』 등의 연구 번역서들이 출판되었다. 이러한, 전폭적이라 말해도 좋을 관심들, 그리고 연초의 TV쇼 「안녕하십니까, 오웰 씨」에게 표명된 매우 낙관적인 견해까지 포함한 숱한 의견들과 관심들은 오늘의 현대인이 오웰의 비관적인 비전들로부터 결코 자유롭지 못하다는 양상을 보여주고 있다. 오웰과 그의 『1984년』은 현실적으로나 이념적으로 실재와 다르거나, 적어도 지나치게 가혹하다는 데 거의 모두가 동의하면서도, 그의 상상력으로부터 우리는 왜 자유롭지 못한가? 무엇 때문일까? 현대인의 심리 상태가 오웰의 절망을 감당하지 못할 정도로 나약한 것인가?

그러나 자세히 들여다보면 오웰의 악몽에 대한 우리의 두려움은 우리 자신의 심리적 나약함에서 빚어진 것이라기보다는, 그가 악몽을 통해 전시한 세계의 파탄이란 예언이 우리에게 현실화될지도 모른다는 종말론적인 위구감에서 비롯된 것임이 분명하다. 우리는 구약 시대의 이사야 같은 선지자들로부터 20세기의 슈펭글러와 오늘의 로마클럽에 이르기까지 지구가 파멸할지도 모른다는, 인간이 선사시대의 파충류처럼 멸절될지도 모른다는 경고를 숱하게 받아왔으며 실제로 역사는 여러 차례 문명의 멸망을 보이기도 하고 인류가 종식될 위기를 치러왔음을 입증해주기도 한다. 오웰은 바로 그 같은 음울한 예언자의 전통에 서서 제2차 세계대전을 체험하고도 인류의 장래가 마냥 행복하리라고 안이하게 낙관하는 사람들을 깨우친다. 그리고 인간이 예비책을 마련하여 공동으로 실천하지 않는다면, 개인적인 삶과 공동체적인 삶이 어떻게 타락하고 무기력한 양상으로 몰락할 것인가를 『1984년』을 통해 예시해주고 있는 것이다. 우리는 물론 그의 예언이 틀렸다는 것을 알고 있다. 하지만, 그러나 그가 묘사하는 모습들이 안고 있는 문제성을 통해 현대 사회와 현대 문명은 그의 사정거리 안에서 그리 크게 벗어나지 못했음을 확인함으로써 그와 그의 소설의 의미가 오히려 지금 더 강하게 되살아나고 있음을 느낄 수 있다. 그것은 그의 예언이 실재와 어긋난 데서 보다 분명해진다.

『1984년』에서 그의 예언이 현실과 가장 구체적으로 맞지 않는 부분은 생활 영역에 관한 것이다. 가령 그 세계에서는 먹을 것, 입을 것의 질도 형편없이 떨어질 뿐만 아니라 그나마 그 절대량이 매우 부족하다. 아마도 만년의 오웰 자신이 2차 세계대전 당시와 전후의 사회주의적 배급정책 속에서 겪어야 했던 생활상의 어려움을 미래소설 속에서 조금도 미래화시키지 않고 그대로 반영시켰던 것 같다. 그의 이런 묘사들은 아프리카를 비롯한 몇몇 지역에만 해당될 뿐, 지구 전반에서는 맬서스의 예측에 반하여 더 많은, 더 좋은 식량을 생산하고 공급하고 있으니, 예상이란 관점에서 전혀 틀린 것으로 보인다. 그러나 시선을 조금만 돌려보면, 오웰이 제기한 문제성은 더욱 적절한 시효를 얻는다. 가령, 지나치게 과식하고 지나치게 많은 영양을 섭취해서 생기는 인류의 질병들, 나아가 농약과 비료로 인해 이미 나타나고 있는 오염 식품과, 더욱이 자원의 낭비, 토지의 산성화, 환경 파괴에 생각이 미친다면, 과연 우리의 세계는 안도하며 자족할 수 있는 땅과 생활로 이루어졌다 할 수 있을 것인가. 과학의 발전은 빈곤 문제를 해결하고 있지만, 그리하여 오웰의 우려를 전도시키고 있지만, 그러나 인류사의 진전에 있어 더 큰 그림자를 드리우고 있으며 잘못된 오웰의 예언성이 품고 있는 진정한 문제성을 제기해주고 있는 것이다. 그것은 부족에서가 아니라 오히려 풍요에서 우리에게 전도된 비관적 관점을 일깨워주고 있는 셈이다. 마찬가지로 이것은 국가의 통제에 의해 섹스의 쾌락을 금지하는 경우에도 해당된다. 오늘날 사회는, 성의 억제를 강요하기보다 오히려 해방을 유도하고 있는데, 그 무절제하고 탐욕적인 성의 자유는 성도착과 난잡함, 반윤리성과 사물화를 통해 『1984년』의 주인공이 과거에 그랬던 것처럼, 성에서 쾌락이 제거되는 결과를 낳고 있다.

 오웰의 묘사를 반전시켜볼 때 문제성이 여실하게 드러나는 현상의 뚜렷한 예 중 하나가 소설 속의 증오에 대한 갖가지 행사이다. 이 세계의 주민들은 매일 2분간 적국과 배반자에 대한 증오와 '대형'에 대한 예찬을 반복하는 텔레스크린의 프로그램을 보면서 분노의 함성과 감사의 찬가를 부르짖는다. 그리고 매년 며칠간 증오 주간이 전국적인 규모로 실시된다. 이와 같은 맹목적인 증오감의 배양과 지도자 숭배의 직접적인 대응은 개인을 신격화하는 북한쯤에서나 있을 일로 짐작될 뿐, 오늘날 같은 개방된 사회에서는 실제로 찾아내기 힘들 것이다. 그러나 우리가 대상을 바꾸어 지도자 대신 상품을 떠올리고 증오 대신 구매를 유혹하는 광고를 대입시키면 어떻게 될까? 우리는 하루에도 몇 시간씩 TV에 빠져들고 그중 몇십 분씩 화장품·음료수로부터 자동차에 이르는 숱한 광고들을 통해 소비심리를 자극받고 있다. 수없이 반복되는 상품 선전에 말려들고 대중매체 프로들에 정신이 마비되며 안이한 사고 습성과 소비적인 생활 패턴으로 용해되고 있다. 문제는 물론 여기서 그치지 않고, 에리히 프롬이 지적하고 있는바 우리 자신이 가짜 만족, 대리 만족의 허위의식에 지배당하고 있으며 유행에 급급하게 뒤따르는, 그래서 집단 히스테리로 진단해도 좋을 현상들을 만들어낸다는 데 있다. 나치나 스탈린 시대와 같은 권력 독재자에 대신하여, 이제 현대 사회를 사는 우리는 물신화 풍조 속에서 상품 광고의 엄청난 억압에 무방비 상태로 노출되어 있다. 그것이 반세기 전과 같은 정치적 야만주의로 전용될 때 닥칠 공포를 아무도 부인하기 힘들어진다.

소설 『1984년』에서 증오에 대한 프로그램들은 정치적 야만주의를 수행하는 숱한 장치 중의 하나일 뿐이다. 보다 직접적으로, 오세아니아 체제로부터의 일탈을 방지하기 위해 주민들에게 가하는 억압 수법들은 매우 다양하면서도 치밀하다. 거리 곳곳마다, 집안 방방마다 그리고 화장실까지, 텔레스크린이 설치되어 있어 세세히 감시하고 지시한다. 시골 구석구석에는 도청 장치가, 하늘에는 헬리콥터가, 사람들이 모인 자리에는 사상경찰이 사찰하고 수사하며, 그것도 모자라 아이들에게 부모를 고발할 수 있는 스파이단을 조직시킨다. 인간의 역사에서, 그리고 독재를 강행하는 권력의 역사에서 우리는 이처럼 철저하고 치밀한 사찰 체제를 발견하지 못했다. 더군다나 정치적 영역에서 근대 시민은 이러한 감시와 억압으로부터 해방되어가는 과정을 경험했다. 그러나 우리의 우려는, 아직까지도 많은 사회에서 이 같은 감시-억압 장치가 강력한 통제 수단으로 사용되고 있다는 확인에서가 아니라(왜냐하면, 그 확인과 거기서 제기된 비판은 수없이 이루어져왔기 때문이다) 자유롭게 보이는 선진국 시민들이 새로운 형태의 감시-억압 체제 속에 놓이기 시작하고 있다는 진단에서 생긴다.『1984년』에서, 과학의 발달이 가장 크게 기여하는 분야가 주민들의 억압-감시 기구 개발이듯이, 실제 세계에서 가장 급진적인 과학 기술의 진보를 이룬 컴퓨터가 개개인의 신원과 활동을 기록·감시함으로써 인간의 자유로울 수 있는 권리를 근원적으로 봉쇄할 가능성을 지니게 되었다. 가령, 한 사람이 운전면허를 신청한다든가 도서대출 카드를 제출한다면 그것은 모두 기억 장치에 수록되어 그의 신원이 기록되는데, 서독의 한 르포에 따르면, 이런 식으로 900만 독일 시민의 행적이 중앙정보센터에 기록되고 있다고 한다. 그것은 4만 피트 상공에서 사진으로 자동차의 움직임을 찍는다든가, 크레믈린 앞 백화점에서 반경 500미터 이내의 거의 모든 소리가 도청될 수 있는 기술 등의 개발로 근대 시민의 기본권으로 존중된 프라이버시의 권리를 원천적으로 무너뜨릴 수 있는 힘을 갖는다.『1984년』의 주인공이 스스로는 안전하다고 믿었던 일기장이 사실은 면밀하게 관찰되고 있었음을 전혀 짐작할 수 없었듯이, 우리는 현대인에게 발각되지 않을 비밀이란 없다는 사실을 인식하지 못한 채 안심하는 허상 속에 살고 있는 것이다.

  오웰이 매우 중요한 개념으로 사용하고 있는 '이중사고'도 마찬가지의 해설이 가능하다. "과거를 지배하는 사람은 미래를 지배한다. 현재를 지배하는 사람은 과거를 지배한다"는 당의 슬로건 아래 오세아니아의 체제는 완벽한 과거 날조와 역사 왜곡을 수행한다. 가령 배반자가 하나 있어 그를 적발해서 숙청(소설에서는 '증발'이란 용어를 쓰고 있지만)해버리면, 그 인물에 대한 일체의 기록이, 공문서나 신문·영화 등 모든 증거물들의 수정과 새로운 편집을 통해 삭제되어 그는 '무인화無人化'된다. 더 나아가 이 체제는 그를 아는 모든 사람들에게, 그의 존재를 망각하기를 요구하고, 망각했다는 사실 자체까지도 망각하기를, 끊임없이 망각하기를 강요한다. 이 현란한 반복, 그래서 망각이 무의식으로 되는 사고방식이 이중사고이다.

　인간의 역사는, 특히 현대의 역사는 물론 이와 반대의 길을 걷고 있다. 숨겨진 것을 캐내고 모르는 것을 알게 하고 모든 것을 기록하고 기억한다. 그러나 『1984년』의 세계에서 외부 당원으로서 과거 날조와 역사 왜곡의 사무를 보고 있는 주인공 윈스턴 스미스가 자기 세계를 관찰하는 눈으로 바라본다면, 우리 역시 집요한 이중사고의 체제 안에서 배회하고 있는 것이 아닐까. 그것은 우리가 기록하고 기억하는 일이, 진상에 있어 기록하지 않은 부분을 부단히 기억에서 제거하는 일과 다름 아니란 뜻에서가 아니라, 물신주의의 가치관 안에서, 자기에게 불리하고 무용한 것들은 의식의 바깥으로 쫓아내려는 우리의 안이한 사고 형태, 이기적인 판단 방법이란 사실적인 차원에서도 그러하다. 진리란, 오늘의 우리에게, 대체로 우리를 초월해 존재하는 것이 아니라 우리가 편리한 쪽으로 선택하는 데에 있다는 것이 그것이다. 그것을 프롬은 한 작가의 용어를 빌려 '유통적 진리'라고 부르고 있는데, 진리란 내가 설정하는 데에 따라 얼마든 변할 수 있다는 내용을 품고 있다.

이중사고의 실제적 표현이 이 소설에서는 '신어'라는, 오웰의 독창적인 고안물로 나타나고 있다. 그는 소설의 끝에 부록으로 '신어의 원리'를 붙여 상세히 설명하고 있는데, 그 요지는 오세아니아가 2050년까지 완성하려는 신어 체계는 어휘 수를 줄이고 그 뜻을 삭감하며 거기서 관념적 내포는 완전히 제거함으로써 언어를 통해 정치적 통제를 근원적으로 실천한다는 것이다. 어떻게 해서 그렇게 되는가 하면, 가령 자유·평등·박애와 같은 말을 없애면, 장기를 모르면 장기말의 용도를 알 수 없듯이, 자유와 평등과 박애를 향한 정신적·정치적·사회적 가치 추구를 도모하기는커녕 그런 관념까지 떠올릴 수 없게 되기 때문이다.

오웰의 이와 같은 신어에 대한 구상은 아마도 환상일 것이다. 실제에 있어 인간의 사용 어휘는 점점 늘어가고 그 뜻도 다양해지며 그 용례도 구체어에서 관념어로 발전하고 있으며 이러한 추세는 문화의 진전에 따른 필연적 현상이라고 보아도 좋을 것이다. 그러나 오늘날 언어 현상을 면밀하게 살피는 사람들은 오웰의 신어 개념이 조금도 환상이 아니라는 것을 확인한다. 윈스턴 스미스에게 진리성이 사실은 거짓을 만들어내는 곳이듯, 실제 세계에 있어서도, 공격용 핵무기의 이름이 '평화의 문지기'이고 자유라는 고상한 관념어가 '프리덤'이란 여성 생리대의 상품 이름으로 선전되고 있는 것이다. 그러나 문제는 이보다 더욱 심각하다. 문명과 과학기술의 급속한 진전으로 생겨난 숱한 전문용어들의 남발로 말미암아 새로운 문맹들이 대거 배출되어, 가령 핵무기 제작의 필요성과 제작비용에 대한 전문적인 술어 사용은 그 예산을 심의하는 국회의원과 투표자들을 완전히 무력하게 만든다. 이 현상은, 한편으로 더욱 우려되는 언어의 타락화 추세와 더불어, 새로운 지배 집단으로 형성되는 테크노크라트의 통제에 우리가 갇힐 가능성이 있음을 시사하고 있다.

현대 문명에서 기술관료가 출현하고 그들이 정치·경제·사회에서 진짜 권력자가 될지도 모른다는 예상은 이마 1940년대부터 있어왔다. 그리고 그 이후 오늘에 이르는 역사는 과학 기술에서뿐 아니라 정치공학과 기업 경영에 이르기까지 이 테크노크라트가 급증하고 있고 그것의 영향력이 점점 급속히 커지고 있음을 보여주고 있다. 『1984년』의 오웰이 이념적으로나 실제에 있어서나 가장 미숙했던 부분이 여기에 있다. 그는 현대 사회가 이처럼 급진적이고 문명적으로 발전하리라고는 감히 상상하지 못했던 것 같다. 『1984년』의 세계에서는 노동자들이 85퍼센트를 이루고 있으며 그들의 빈곤과 무지는 앞세대의 모습을 보는 것 같은데, 사실은 순수 노동자의 구성비는 상당량, 그리고 꾸준히 줄어들고 있으며 노동계급을 빠져나온 사람들이 중산층으로 편입되고, 사회적으로 기술 전문인·공무원·자유업 등의 신중산층이 새로운 비중으로 부상하고 있다. 오웰의 예측이 빗나간 것은 사회 인구의 구성에서뿐 아니다. 소설에서는 노동자들의 봉기가 불가능했지만, 현대사는 그 수가 점점 늘어나는 민중 봉기를 헤아리며 기록하고 있다. 체코와 헝가리에서, 그리고 80년대 폴란드에서, 또는 미국의 민권 운동과 반전 운동에서, 유럽의 대학생 시위에서, 그리고 한국의 4·19에서 우리는 진정한, 그리고 성공적인 민중 봉기를 발견한다. 정치적·경제적·사회적·문화적 지배 세력들에 저항해서 인간의 자유와 인류의 양심을 확대하고 거기에 비추어 새로운 가치 체계를 형성하고자 노력했던 것이다. 뿐만 아니라 고문 끝에 세뇌당하여 대형(빅 브라더)을 사랑하며 죽음을 기다리는 윈스턴 스미스의 운명과는 달리, 죽음을 사양하지 않고 혹은 굴복을 용납하지 않고 정의와 자유를 위해 완강히 저항한 사람들의 예를 우리는 자주 보아왔다. 실제 세계에서, 윈스턴 스미스는 오웰의 주장처럼 '유럽 최후의 인간'은 아니었다. 우리가 대충 검토해본 가운데에서 이 마지막 항목이야말로 오웰의 비관적인 전망을 극복할 수 있는 자산이 될지도 모른다.

『1984년』에서 오웰이 제기하고 있는 현대적 제 양상들은, 어떤 측면에서는 사실적인 차원의 적중성을 갖고 있고 다른 측면에서는 소설의 예시를 발전시킴으로써 그가 두려워하는 문제성의 효력이 나타나는 것을 볼 수 있다. 앞의 경우는 대체로 독재 국가와 후진 사회에 적용될 수 있고 뒤의 경우는 자유민주주의 국가와 선진 사회에 해당된다. 그러니까 한쪽은 정치적 억압과 빈곤을 통해, 다른 한쪽은 과학과 상업주의의 억압과 풍요를 통해, 『1984년』의 세계가 결코 비현실적이기는커녕 사실적인 위구의 대상이 되고 있으며 그리하여 현대 문명과 현대 인간의 존속을 위한 경고를 가하고 있는 것이다. 그것이 운명이 아니라 경고이기만을 희망할 수 있는 마지막 기대를, 바로 오웰의 빗나간 예상에서 발견할 수 있다. 그 기대는 민중은 결코 윈스턴 스미스가 환멸을 갖게 되는 잠자는 군중이 아니며, 체제의 타락에 저항하는 눈뜬 인간들이 있어왔다는 사실에서 획득된다.

  이런 사실은, 오웰의 『1984년』이 1984년에 시효를 상실하는 경고를 내리는 것이 아니라, 지금부터 시작되는 세계에 대한 경고를 우리에게 가하고 있는 것으로 보게끔 한다. 신어가 완성되는 것은 1984년이 아니라 2050년인 것이다. 당대의 사회와 인간에 대해 늘 절망적인 시선으로 투시하고 그런 상황과 싸우기 위해 제국경찰을 사임하고 빈민가에 뛰어들어 민중의 세계를 관찰하며 스페인 내란에 몸을 던져 전투를 치르고 제2차 세계대전에 나치들에 대항하기 위해 노력했으며 냉전의 절정기에 마침내 결핵으로 숨을 거둔 오웰의 지성과 정열은 한 세대 후의 우리에게 종말론적인 각성과 선택을 요청하고 있다. 오늘의 인류가 과연 절멸을 향해 치달을 것인가, 자유와 평등의 이상적인 사회를 향해 진전할 것인가는 우리의 선택에 달려 있다. 오웰과 그의 『1984년』은 이러한 선택을 위해 우리 앞에 놓여 있고 그에 응답할 과제로 제시되고 있는 것이다. 〔1984.4.〕

p.s. 》 내가 1967~68년에 오웰의 이 소설을 번역한 것은 그저 외국소설을 소개하기 위해서나 번역 고료를 탐낸 까닭이 아니었다. 지금도 생생히 기억되지만, 나는 내 옆에서 갓난아기가 포대기에 싸여 잠든 모습을 바라보며 이 아이가 성인이 되어갈 때의 세계상을 상상하며 한밤 창밖의 어두움을 향해 전율하고 있었다. 그럴 만했다. 오웰의 악몽이 5·16의 군부 정권 속에서 기자 생활을 시작한 지 얼마 안 된 나의 자유민주주의적 사유 세계를 괴롭혀오고 있었던 것이다. 나는 두려웠고 절망적인 기분에 젖어 이 작품을 번역했다.
그리고 16년이 흘렀다. 영원히 오지 않을 것 같던 '1984년'이 어김없이 다가왔고 군부 권력의 억압과 정보기관의 횡포는 더욱 심해졌다. 그런 공포감이 여전히 굼실거리며 내 안을 긁적거릴 때 이 글을 썼다. 사태의 양상은 많이 달라졌지만 그 근원적인 공포구조는 여전했다. 특히 우리의 억압적인 상황은 오히려 더 심해진 듯했다. 문명화되고 선진화된 사회에서도 역으로 그 현상은 작용하고 있는 것 같다. 그 두려움 속에서 쓴 글이다. 그리고 이 글과 함께 레이먼드 윌리엄스의 글을 포함한 여러 글을 옮기며 더 길게 쓴 내 글(「『1984년』이 진단한 1984년」)까지 별도로 넣어 『오웰과 1984년』(문학과지성사, 1984)을 편역했다. 이후 한겨레신문 칼럼을 시작할 때(2013)의 첫 번째 글도 「2013년에 만나는 빅 브라더」였다. 내가 얼마나 오웰의 악몽에 짓눌렸는지 이 정도면 스스로도 심했다 싶다. 이 글도 그 한 가지 예로, 컴퓨터를 비롯한 디지털 문명으로 바뀐 오늘의 세상에 대한 인식에도 여전히 참조가 되지 않을까 싶다.

p.p.s. 》 내가 오웰의 이 미래소설을 처음 알게 된 것은 중2 때 친구네 집에서였다. 그 당시만 해도 이 엉뚱한 세계가 지닌 의미를 알

아차릴 수 없어 그 읽기도 건성이었다. 그로부터 15년 뒤 이 소설을 번역하기로 하고 당시의 옛 책을 구해 보았다. 표지를 그대로 옮기면 '現代名作/1984年/죠-지·오-웰 著/羅萬植譯'이다. 판권에서 '단기 4290년 11월 10일 발행/精硏社/HW 1,200'이라는 내용을 확인했는데 「譯者小記」는 1950년 3월 15일로 되어 있었다. 이 번역본을 본 때가 1953년쯤일 테니 내가 구득한 책은 4290년(1957년) 판으로 6·25 전쟁 후에 중간된 것이리라.

내가 여기서 참으로 궁금했던 것은 다음 두 가지다. 오웰이 『1984년』을 집필한 것은 1948년이고 영국에서 출판된 것은 그 이듬해인 1949년이었다. 그런데 국제적인 벽지인 우리나라에서 소통이 어려운 그 시대에 어떻게 발행한 지 1년도 안 되어 그 책을 구해 번역할 수 있었을까 하는 점이다. 참으로 수수께끼 같은 일이다. 이어 궁금해진 것은 역자 '나만식'의 존재다. 어디에서도 그 이름을 찾아낼 수 없었고, 아는 이도 없었다. 그래서 짐작으로는 혹 한국전쟁 중에 희생된 분이 아닐까 싶다. '소기'에 적힌 "절대한 후원을 아끼지 않은 金亨植, 東大의 洪順鐸 선생, 그리고 지도와 편달을 주신 金灝旼, 韓東三, 이 책 원서를 구해주신 池英淑 씨, 외우 千重植 형의 협력, 본서를 알게 동기를 지어준 玉光輝 형의 은혜"를 열거하는데 그 이름들을 내가 알아낼 수 없었다. 물론 오웰의 『1984년』의 첫 번역자와 출판은 이분들에게 돌아가야 하는데 정작 신원을 알 수 없음이 안타깝다. 나도 번역하면서 한자가 병용된 이 책을 참조했음을 계제에 밝혀둔다. 〔2019. 1〕

실의를 이기기 위하여

/

다다익선과 과여불급

1986년을 기점으로 하여 우리의 국제 수지가 흑자로 돌아섰다는 사실은 아무리 강조해도 지나치지 않을 의미를 갖는다. 그 흑자가 어떻게 이루어졌는가, 그 질적 구조는 얼마나 든든한 것인가, 그 흑자가 우리의 국민 생활에 어떻게 기여할 것인가 등등의 여러 중요한 문제점들을 심각하게 안고 있다 하더라도 무상원조에서 차관경제와 적자무역을 거쳐 수출 초과의 경제 상태로 진입했다는 그 동안의 경과는 우리의 근면성으로부터 경영과 기술의 합리화·선진화의 정도를 보여주는, 그리고 그것이 가능하도록 만든 정신적·문화적·교육적 배경의 힘을 드러내주는, 우리 민족사의 가장 주목할 계기가 되리라는 것은 틀림없다. 그것은 일본을 누르고 중공과 맞선 아시안 게임의 결과보다 더 중요한,

아니 그것이 이루어질 수 있는 원천이 되었고, 혹은 정치와 정치가가 어떤 동떨어진 짓을 하더라도 우리에게는 희망이 더 많다는 자부심을 자랑할 근거가 된다.

아마도 우리의 경제 성장이 이러한 전기를 획득할 수 있었던 중요한 동력의 하나가 외국 매체에서도 지목한 '하면 된다can do'는 강인하고 패기 어린 자신감과, 그것이 목표로 하고 있는 '많을수록 좋다'는 가치 체계가 아닌가 싶다. 수출은 많을수록 좋다, 돈과 재화는 많을수록 좋다, 기술 개발과 교육 기회는 많을수록 좋다, 출세와 성과의 정도가 많을수록 좋다……. 이 '다다익선多多益善'의 정신이 무한한 획득과 성취와 상승과 발전의 힘이 되었던 것이다. 대대로 누적되어온 가난, 더구나 피식민 통치와 전쟁으로 말미암은 굶주림의 경험, 그리고 사회의 혼란과 발전의 과정 중에 환금력換金力의 위력과 상대적 빈곤감의 절실함을 확인하게 되면서 '많을수록 좋다'는 생각은 무엇보다 당연하고 확실한 인식 체계가 되지 않을 수 없었을 것이다. 실제로 우리가 '엽전은 별수 없다'는 저 50년대의 패배주의적 자학감을 떨쳐버리고 자동차 왕국에서 국산차가 대로를 질주하는 모습을 보며 새삼스런 감회를 느끼게 된 데에는 '하면 된다'와 '많을수록 좋다'는 도전적인 정신의 구체적인 실현 과정이 놓여 있었던 것이다.

그러나 우리 경제가 무역 흑자국으로 전환하고 투자보다 저축이 더 많아져 말 그대로 '자립 경제'가 가능한 이제에 이르러서도 '하면 된다'와 '많을수록 좋다'의 정신이 여전히 추구하고 고

집해야 할 가치 체계가 될 수 있을까 반문해볼 일이다. 그것은 몸은 커졌는데도 수척했을 때 걸쳤던 작은 옷을 꽉 죄게 입은 꼴, 배는 부른데도 계속 허기증에 젖어 있고 포만감에 빠져 있는데도 더 먹고 싶어하는 기이한 꼴을 보여주는 것은 아닐까, 되새겨볼 일로 닥쳐오는 것이다.

그리고 보면, '하면 된다'는 전투적인 자신감에는 '몰염치'란 말에서 연상될 수 있는 갖가지 추악한 몰골이 숨겨져 있고 '많을수록 좋다'는 탐욕스런 가치관에는 '무절제'란 어휘가 줄 수 있는 온갖 타락한 양상이 감추어져 있다. '하면 된다'는 왕성한 행동 속에 얼마나 많은 '못할 짓'을 했을까. '많을수록 좋다'는 박력 있는 욕망 속에 얼마나 잦은 '못된 짓'을 저질렀을까. 화려하고 힘찬 겉모습을 한 꺼풀 벗겨냈을 때 숱한 '못 볼 것'들이 득실거리고 있는 듯한 느낌이다. 너무 먹어 붙은 살을 다시 빼기 위해 헬스장을 다녀야 하는 일로부터 살 자리 주지 않고 철거민들을 몰아내고 거기에 커다란 빌딩을 짓는 일까지, 안방에 따로 침실과 화장실을 마련하는 일로부터 겨우겨우 일구어가는 중소기업을 거대기업이 도산시켜 먹어치우는 일까지 우리는 얼마나 많은 못할 짓, 못된 짓, 못 볼 짓을 치러왔던가. 도시 지나침은 모자람과 같다는 말의 추태 그것이다.

피원조국에서 원조국으로, 차관국에서 무역 흑자국으로 돌아섰다는 사실의 중요성이 강조될수록 이제 우리가 '다다익선'의 체계에서 '과여불급過如不及'의 체계로 바뀌어야 한다는 점을 숙고

해야 하는 것도 이 때문이다. 많은 것이 좋기는 하지만, 그 많음을 감당할 수 있는 능력과 품위가 있어야 한다는, 그래서 많음이 아니라 적정함을 보여줄 수 있는, 수용 주체의 그릇 키우기 작업이 있어야 한다는 것이다. 벼락부자의 허황한 몸짓이나 너무 먹어 뒤룩뒤룩 찐 살을 주체 못하면서 탐욕으로 번들거리는 때문은 얼굴을 벗겨내야 한다는 것이다.

그것은 양식良識이 있어야 하고 가진 재산만큼의 사회적 책임을 느껴야 하며 이웃과의 연대적인 참여를 추구하면서 자신의 자아를 성취하는 데 노력해야 하고 그래서 삶을 양으로서가 아니라 질로서 운영해야 한다는 것이다. 이러한 삶이 윤리와 문화에 의해 이루어지는 것이라면 우리는 이제 경제적 '동물'로부터 도덕적 '인간'과 예술적 '이상'의 상태로 존재론적 전향을 도모하지 않으면 안 된다. 그래서 작은 것에서 아름다움을, 할 수 없음에서 고결한 의지를 만들어내야 하고 범람에서 타락의 가능성을 발견하고 성공에서 회의를 느낄 수 있어야 한다.

그러나 이 '멋진 충고'가 과연 쉽사리 실행될 수 있을까. 그렇게 할 수 있도록 가르쳐야 할 사람들이 그렇지 않은 쪽으로 솔선수범하고 있는 무리 중에 끼여 있는, 이 글을 쓰는 나 자신부터 근본적인 반성에 이르지 못하고 있으니! 〔1987.1〕

고문의 정황

 박종철 군의 억울한 죽음을 추도하기 위한 '3·3대행진' 행사가 당국에 의해 원천 봉쇄되는 뉴스를 신문과 텔레비전을 통해 보면서, 나는 삼엄한 거리의 긴장된 장면에서 섬뜩한 인상 하나를 떠올리지 않을 수 없었다. 이른바 로마 병정 차림으로, 그리고 방독면으로 얼굴을 가린 채 철제 입상들의 대오처럼 열을 지은 경찰과, 마구 무리를 이루어 분노의 고함을 외치고 돌을 던지며 아우성치는 시위 군중들 간의 극단적인 대조가, 바로 젊은 생명을 숨지게 만든 '고문' 현장의 그 모습으로 연상시켜주었기 때문이다. 밀폐된 공간이 아니라는 점, 혼자나 두엇이 아니라 다중이라는 점, 자백이 아니라 항의이며 공격이 아니라 방어라는 점이 다르기는 했지만, 침묵과 함께 기계적일 만큼 부동자세를 지키고 있는 경찰과, 격렬한 외침과 몸짓으로 자신의 분노를 폭발시키는 군중의 대척적인 모습들, 그 아래 숨겨진 심리의 구조와 입장의 정황들이 자백과 변절을 강요하고 강요당하는 물리적 폭력의 주조와 정황들에 방불한 것으로 보이지 않을 수 없었다. 사랑과 화해, 이해와 관용은 없이, 정의와 진실은 덮어둔 채 벌거벗은 힘만이 난무하는 장면, 이것이 고문의 진면이라면 우리는 이날 다시 한 번 문명사회의 스캔들을 공공연하게 목격한 것이다.
 나는 지난 가을, 한 잡지사의 청탁으로 우리 소설에 나타난 고문의 양상들을 정리해본 적이 있었다. 길지 않은 우리 소설의 역사에서 의외로, 정말 의외로 고문 이야기기 많이 나오는 것은 식민지 시대와 분단 시대, 유신 시대의 정치적 이데올로기적 억압의 역사로 우리 현대사가 이어져왔다는 점에서 충분히 해명 가능했지만, 좀더 뜻밖이었던 것은 고문을 가하는 사람이나 고통스럽게 당한 사람이, 그러니까 고문자와 피고문자가 동일인일 수 있다는 사실이었다. 최인훈의 유명한 소설 『광장』의 주인공 이명준은 젊은 자유주의자 지식인이지만, 이곳에서 월북한 아버지 때문에 경찰로부터 받은 고문을 6·25 때 인민군으로 돌아와 자기 친구에게 고스란히 되돌려준다. 마찬가지로 김은국의 대표작인 영문 소설 중의 하나인 『심판자』에서 지식인 장교 민대령은 자기에게 지독한 매질을 가하던 인민군 장교로부터 그 회초리를 빼앗아 그에게 반격을 가하며, 이 희한한 장면에 박장대소하는 소련군 장교에게도 대들어 그를 함께 죽여버린다. 틀림없이 비폭력주의자였을, 적어도 상대에게 육체적 고통을 가한다는 것은 비인간적이라는 신념을 굳게 가졌을 이 두 지식인들도 타인에게 고문을 가한 것이다.

무엇이 이들을 고문자로 바꾸어놓았을까, 혹은 이들이 피고문자로부터 고문자로 변신토록 한 기제는 무엇이었을까. 내가 이 소설들에서 확인할 수 있었던 것은 이들이 개인적으로 사디스틱해서도 아니며 '이에는 이'라는 복수의 윤리를 정당하다고 믿어서도 아니고 오직 그 '정황'이, 짐승 같은 정황이 고문을 재촉하고 가능하게 하며 즐기게까지 만들었다는 점이다. 정황이 사람을 변신시킨 것이다. 신문에 사진이 나오지 않았다고 많은 분노를 산, 박종철 군의 고문자들도 머리에 뿔이 돋은 괴물이 아니라, 집에 돌아가면 자칫 실수하여 못에 손가락이 찢긴 아들의 아파하는 얼굴에 안쓰러운 표정으로 달래줄 것이며, 때로는 일찍 일어나 집 앞을 청소하다가 이웃집 사람을 만나 다정하게 인사를 나누는, 그런 평범한 인물일 것이다. 수백만의 유대인을 학살한 나치의 고문인들이 집에서는 얼마나 자상한 아버지이며 모차르트 음악을 즐기는 문화인이었던가. 그 자상한 예술 애호가, 다정한 이웃집 아저씨가 잔인한 집단 살인자, 냉정한 괴물로 변할 수 있게 만든 것은 인간은 모두 악하다는 순자의 주장이나 인간은 타인에 대해 이리라는 홉스의 이론에 앞서, 심문자와 피심문자를 대면시키는 정황의 원천적인 부도덕성과 불의성 때문이다.

고문이 일어날 수 있는 경우는 아마도 세 가지일 것이다. 심문자가 변태적인 폭력 애호자여서 그런 것은 개인의 악덕으로 수렴될 수 있는, 그리고 실제로는 그런 변태자가 많지 않으리라는 점으로 무겁지 않게 넘길 수 있는 경우가 그 하나이며, 둘째는 중세의 이단 심판처럼 제도적으로 일탈자를 처벌하여 개종시킬 공권력을 가진 것으로 도그마가 인정되지 않는 현대의 문명사회에서는 과거의 것으로 치부할 수 있는 경우이다. 세 번째가 제도적으로는 인정되지 않지만 수사상의 이유나 교화의 목적으로 고문을 사실상 허용하거나 유인하는 경우로서 도덕적 명목과 부도덕한 실제 간의 이중 구조에서 빚어지는 것이다. 라틴 아메리카를 비롯한 헌법적으로는 자유민주주의 체제이지만 실제 통치에서는 정치적·이념적 비판자를 침묵시키는 데 권력을 행사하는 오늘날의 정치적 후진국에 대체로 해당되는 이 경우는 지배권의 정통성 상실, 통치의 무능력과 부정의, 그리고 의식 구조의 비관용성이 고문의 야수적인 현장을 만들어낸다.

  내가 말한 고문의 정황이란 결국 이 같은 권력 구조와 실제의 의롭지 못한 조건들을 가리킨다. 그러므로 고문을 근절시키기 위한 노력은 헌법을 개정하고 법률 구조책을 마련하며 고문 항의와 반고문 운동의 실천이란 실제적 방면에서만이 아니라, 권력의 정통성과 도덕성 회복을 향한 원천적 작업에서도 이루어져야 한다. 고문의 관행이 근본적으로 제거되도록, 정황의 구조적 개혁에 대해 우리는 관심을 가져야 할 때에 이른 것이다. 〔1987. 3〕

다시 4·19를 맞으며

  화사하게 줄지어 핀 개나리꽃들이 지기 시작하고 분홍빛 라일락들이 향기롭게 피어나, 4월 한가운데에 우리가 들어서서 봄의 '잔인한' 생명력에 감동될 무렵이면 나는 어김없이 대학 시절의 싱싱한 캠퍼스를 회상하게 되고, 그 꽃들 사이의 벤치에 앉아 한없이 착잡해지는 심정으로 동료 젊은이들이 거리로 뛰쳐나가는 장면을 바라보기만 하던 19일의 그때가 기억된다. 그때 내가 착잡할 수밖에 없었던 것은, 군중시위에 대한 소심한 엘리트주의적 혐오감과, 부패한 독재 정권에 대한 당당한 비판이 갖는 정의감의 당착적인 머뭇거림, 그리고 그 머뭇거림에 대한 자기 자신에 의한 비난이 뒤섞여 있었기 때문이다.

그로부터 27년이 지나고 김광규의 시가 자조한 것처럼 '부끄러운 중년'이 된 이제 4·19를 맞는 내 심중은 20대 초의 그것과는 다른, 그러나 여전히 그 질감은 마찬가지인 착잡함 속에 다시 갇히게 된다. 4·19는 과연 성공했는가, 아니면 실패였는가. 그것은 우리에게 어떤 의미를 남겨주었는가, 혹은 실패로서 우리 비망록에서 지워져야 할 것인가. 아니 그것은 혁명이었는가, 의거였는가, 운동이었는가. 지난 20여 년 동안 공적으로 그리고 내 자신의 문제로서 끊임없이 때가 되면 제기되어온 이 문제들이 지금 다시 똑같은 방식으로 환기되면서 어떤 형태로든 그 답을 내게 요구해온 것이다.

이 질문들이 올해 유달리 다급하게 내게 다가온 것은 근 한 세대 전에 그처럼 뜨겁게 외치던 '민주화'의 간절한 열망이 헌법 개정 논의와 더불어 다시금 우리 앞의 현실적 과제로 놓여 있기 때문이며, 그럼에도 지난해의 4월호 월간지들이 4·19 주체들의 정치적 행로를 다분히 비판적으로 추적했던 것에 비해 올해에는 그나마의 관심도 보여주지 않기 때문이다. 사실, 지난해까지만 해도 내가 대학 4학년 때 목격했던 그 4월의 이상이 실패한 것이라고 부정적으로 판단해왔다. 4·19혁명이 의거로, 다시 운동으로 그 역사적 의미가 축소되어온 사실이 시사해주듯이, 그것은 그 이듬해의 5·16 이후, 정치적 폐쇄성과 민주주의적 이념과 실제의 패배 과정을 거듭 환기시켜주는 역할로 그치고 말았던 것이다. 60년 4월 19일이 상징하는 진정한 민주주의의 정치적 실현, 남북 간의 단절 해소, 건강하고 참여적인 시민 정신의 함양, 주체적이며 정통성을 자부할 수 있는 주권의 성립, 그리고 평등과 박애 정신에 기반한 공동체적 연대성 등, 이 고귀한 이상들이 한 걸음 더 성취되어 왔다기보다는 제자리걸음이거나 오히려 뒤로 밀려난 후퇴의 양상을 보이고 있다는 데에 나로서는 이의를 제기하기 힘들기 때문이다. 그러므로 4·19란 오히려 나에게는 사치스런 기억이었고 차라리 그것이 없었더라면 환상이나마, 우리 자신의 힘에 의해 우리 권력 체계를 선택하고 현재의 잘못된 구조를 타파하며 새로운 미래를 향해 나아갈 수 있다는 희망을 환상적으로나마 가지지 않았을 것이다. 그만큼 나는 아마도 실의에 빠져 있었던 것 같다.

   그러나 이제, 지지부진한 민주화 과정, 초미의 관심사인 헌법 개정 작업의 유보, 사실은 권력 구조보다 더욱 중시되어야 할 언론 자유와 사법권 독립, 지방 자치제 실시 등 민주주의의 보다 실천적인 제도화에 대한 무관심 등등에서 빚어지는 조바심과 염려에도 불구하고 4·19에 대해 더 이상 패배주의에 젖어서는 안 된다는 생각을 하기 시작했다. 이런 생각은 역사는 그것에 의미를 부여하는 결단과 노력에 의해서만이 의미화한다는 자각에서 얻어진 것이다. 다시 말하면 이렇다. 가령 4·19가 실패한 혁명이고 이제 아무런 의미도 찾을 수 없는 정치적 사건으로 치부해버리면, 4·19는 정말 실패하고 무의미한 사건이라는 성격을 지니게 될 것이다. 그러나 그것이 부활할 수 있는 이상이며 어둡고 주눅들린 시대에도 결코 스러질 수 없는 지하수맥이 되어 다시 싱싱하게 분출할 무한한 잠재력의 원천이라고 생각한다면, 그렇다, 제2의 4·19, 제3의 4·19가 현실화될 것이다. 그 의미는 우리가 재생시키는 것이고 활력을 불어넣는 것이지, 결코 그 자체로서 운명적으로 고착되는 것은 아니다. 그 힘은 우리가 길러내는 것이며 꽃피워내는 것이고 그 스스로는 키우지 않으면 자라지 않는 한갓 씨앗에 불과한 것이다.

그렇게 한다면, 4·19란, 1960년이란 과거의 어느 한 시점으로 괄호 안에 집어넣을 죽은 기억이 아니라, 지금 다시 이곳으로 끌어내어 길러내고 키워내며 오늘 우리 자신의 의지와 결단의 힘으로 살려내야 할 살아 있는 꿈이 될 것이다. 그 꿈은 오늘의 무기력을 이겨내고, 현재 우리를 감싸고 있는 의혹과 아집을 벗겨내고, 자칫 또다시 전날의 구렁텅이로 빠져들지 모른다는 불안과 회의로부터 건져내어, 현상을 타개하고 미래를 전망하는 지남성指南星으로 모셔야 할 것이다. 그 별빛을 향해 정치하는 사람들도, 경제와 문화와 과학을 위해 노력하는 사람들도, 그리고 그들의 잘잘못을 날카롭게 관찰하면서 가장 현명한 선택을 하도록 초조하게 주시하는 우리 모두도, 함께 걸음을 맞추어, 그 진정한 의미를 키우도록 옷깃을 여며야 할 것이다. 역사는 분명 자기 스스로에게 의미를 부여하는 사람들에게 의미 있는 역사를 실현시켜주는 것이다. 〔1987. 4〕

역사에의 실의와 기대

　30년 전 내가 치른 대학 입시의 사회과목에 고려 시대의 금속 활자에 대해 쓰라는 문제가 출제되었었다. 그 답을 어떻게 썼는지 기억되는 바가 없지만 그로부터 한참 뒤에 고려 시대에는 그처럼 발전된 그러니까 세계 최고의 인쇄술을 자랑했는데, 조선 시대에는 보다 후진적인 목판 인쇄술로 후퇴하게 된 이유가 무엇일까 하는 물음이 우연찮게 생겨났다. 역사를 항상 진보하는 것으로 순진하게 믿어온 내게, 다른 것은 몰라도 기술이 시대의 변화와 더불어 후퇴하고 때로 망각될 수도 있다는 점이 도저히 납득되지 않았다. 도저히 납득되지 못한 채로, 그러나 기술은 물론 역사 자체도 얼마든지 퇴영하고 악순환으로 반복될 수 있다는 사실을 인정하지 않을 수 없게 된 것은 60년대 말의 삼선개헌 통과를 보고서였다.
　그 후로 나는, 아니 나뿐만 아니라 우리 모두가, 후퇴할 수 있는 역사의 예를 숱하게 목격해왔다. 유신 선포가 그렇고 12·12가 그랬고 80년 봄이 그러했고 올봄이 또 그렇게 되리라는 조짐

이 이미 나타났다. 최근의 신문 보도를 보니 미국의 한국 문제 청문회에서 한국에 과연 민주주의가 가능하리라 보는가라는 질문에 어떤 참석자가 정부 수립 초기에 한국은 상당한 자유와 민주주의를 누렸다고 답변했음을 전하고 있었다. 이 답변이 바로 우리의 정치사 혹은 자유의 역사가 실제로 시계를 거꾸로 돌려 퇴보해왔음을 입증해주는 말이어서 20년 전의 내 우문을 회상하고는 쓴웃음을 지을 수밖에 없었다.

그러나 돌이켜보면 역사는 전진한다기보다는 후퇴하거나 답보하는 예가 더 많다는 것이 옳을는지도 모른다. 우리가 알고 모르고 간에 태어났다가 사라지거나 한때 화려한 영광을 누렸다가 비천한 상태로 몰락한 예가 얼마나 많은가. 아널드 토인비의 작업이란 것도 결국 숱하게 사멸한 문명권의 생애를 조사한 일이었다. 그리고 그 연구 끝에 고통스럽게 제기한 질문이, 그가 속한 오늘의 서구 문명도 몰락할 것인가라는 것이었다. 이미 서양의 몰락을 예언한 슈펭글러를 기억하는 한, 토인비의 질문은 그냥 호사가의 것만일 수는 없었다. 실제로 무한히 지속될 것으로 보였던 20세기 전반기까지의 서구 문명은 50년대 이후 그들이 경멸해 마지않던 미국에 그 주도권을 넘겨주었고 현대 세계에서 최대의 부강을 자랑하던 미국도 이제 그들이 경제 원조를 해주던 일본에 밀리기 시작하며 가장 만만하게 보던 한국에 대해서도 막대한 무역 역조로 당황해하지 않는가. 이런 변화 과정을 훑으면 역사란 봄-여름-가을-겨울 사계절의 전환처럼 생기-

융성-조락-멸망의 자연 질서를 따른다는 고대 그리스의 헤로도토스 역사관이 그리 어긋나지도 않을 듯 보인다.

내가 이런 거창한 역사관에 그것도 허무주의적 역사관에 감히 용훼되었던 것은 4월 중순 뉴욕에서 읽은 4·13조치 보도 때문이었는데, 그것은 내가 어떻든 가져보기를 열망한 역사에의 기대를 위해서나 혹은 자연의 사계라는 질서를 벗어나려는 현대사의 독특한 구조를 살려내기 위해서나 한없이 안타까운 일이 아닐 수 없었다. 아마 내가 너무 빨리 실망하고 있는지는 모르겠다. 하지만 적어도 역사가 퇴보하거나 반전될 수도 있다는 위협에 심각하게 빠져 있다는 위기감을 떨쳐버릴 수는 없었다. 그렇다, 역사란 자칫하면 엉뚱한 길로 미끄러져 넘어질 수도 뒤집힐 수도 있으며 되돌려질 수도 중단될 수도 있다. 우리가 허무주의에서 벗어나지 못하는 한, 역사는 그 고삐를 쥐고 있는 오만한 손에 의해 얼마든지 뒤바뀔 수 있다. 그렇다면 우리는?

독일 철학자 카를 뢰비트가 그의 『역사의 의미』에서 고대 그리스의 허무주의적 자연사관 맞은편에 있는 것으로 소개해준 것이 유대인의 구원사관이다. 역사가 메시아에 의해 구원되어 천년왕국이 성취되기까지 일관된 진행의 도정으로 해석하는 이 사관은 그러나 보기보다는 결코 기계적이지도 않고 19세기 후반에서처럼 낙관적이지도 않다. 거기에는 유대인과 기독교의 정신에 기반한 종말론이 자리하고 있기 때문이다. 내가 이해하는 종말론적 역사관은, 구원이든 파국이든 역사는 항상 그 종말을 예비하고 있으며 그 종말에 대한 위기적 인식으로 현재의 역사를 만들어 가는 것이다. 내 이해가 잘못되었더라도, 내가 지금 다시 허무주의적 역사관으로 빨려들어갈 듯한 상태에서 그것을 완강하게 막아주고 나로 하여금 버티게 만드는 것이 바로 이 사관이다. 역사는 바로 우리가 만들어가는 것이고 현재적 충실성에 의해 이루어지는 것이며 우리의 이러한 선택 의지가, 반복될 수 없는 역사의 일회성에 진정한 의미를 부여해줄 것이다…….

때아니게 내가 까다로운 문제에 어리석은 생각을 늘어놓게 된 것은 4월의 충격과 함께 5·16, 5·17을 가진 우리 5월의 역사와 뒤숭숭한 오늘의 상황으로 말미암은 것이지만, 그럼에도 우리 역사에 기대와 신뢰를 버리고 싶어하지 않는 많은 사람들에게 의미 있는 시선을 보내고 싶은 소망 때문이기도 하다. 그래, 우리가 살아 있는 한 역사를 망가뜨려서는 안 된다는 그 소망을 실천적인 힘으로 바꾸기 위해서 말이다. 〔1987. 5〕

다시 6·25를 맞으며

며칠 전, 6·25문학 특집 좌담을 방청한, 기자이기도 한 젊은 작가 한 분이 내게 그 소감으로, "분단 문제가 우리의 중요한 주제이기는 하지만 유일한 주제로 진단하는 것은 무리가 아닐까" 하는 회의를 제기해왔다. 6·25 후에 태어나 전쟁과 피란의 기억이 전혀 없는, 그리고 분단 체제를 이미 주어진 삶의 조건으로 굳혀 살아온 그로서는, 6·25와 분단이 관념적으로는 극히 심각한 문제적 상황임에 동의하고 있었다. 그러나 그 실감에 있어서는 공허하고 혹은 억압적으로 느껴지는 것이 사실이며 적어도 그것은 여러 중요한 주제 중 하나여야 한다고 솔직하게 털어놓는 그의 발언에서 나는 매우 새삼스러운 반성을 갖지 않을 수 없었다.

나의 새삼스러움은 그가 지적하고 있는 바의 발언 내용에 있는 것이 아니라, 그렇게 생각할 수 있는 사고 방법에 대한 대응의 새삼스러운 각성이 우리에게 요구될 단계에 이르렀다는 점에 있다. 10대 초반에 6·25를 경험하여 그 기억이 아직도 생생한 나에게 있어서도, 그 전쟁은 30여 년 전의 소년기 기억으로 후퇴하고 있고 우리의 개인적·사회적·국가적인 많은 문제들이 분단 사태와 남북 간의 대치 상태에 그 연원을 두고 있음을 충분히 인식하고 있음에도 우리의 숱한 문제성을 그것으로만 단일하게 수렴시키는 것에는 회의적이기 때문에 그 작가의 소견은 나로서도 먼저 깨우침 받고 싶은 점이었다. 그러므로 젊은 급진파들이 분단 해소를 제일의적 과제로 삼는 것까지는 수락할 수 있지만, 유일무이한 과제로 설정하는 데는 전적으로 수긍할 수 없음이 나의 솔직한 고백이다.

그러나 내가 앞서 새삼스러움을 느꼈다는 것은, 6·25를 체험한 기성세대들 스스로도 마찬가지 논점에서 통일의 성취를 제일의적으로 제창하는 젊은 세대들에 대응해온 것이 아닌가 하는 새삼스런 반성 때문이다. 20대의 젊은 이념가들이 급진적인, 때로는 좌파적인 주장과 구호를 내세울 때, "너희들은 6·25를 겪어보지 못했으니 모르고 떠드는 소리"라고 야단치고 그 발언을 무시해버리는 것이 그렇다. 그들 나름대로 반성하고 토론하며 검토하고 제기한 제언을 '6·25 미경험자'라는 한마디로 묵살하고 혹은 불온시하는 것이 경험과 현실, 과거와 현재를 혼동한 채 모든 문제성을 '경험'이란 것에 단일하게 환원시키는 안이한 발상법이기 때문이다. 그러니까 전쟁과 가족 이산과 고향 상실, 그리고 피란살이와 굶주림과 혼란 등등 6·25에서 치를 수 있었던 모든 경험적인 것들로, 오늘의 젊은이들에게 입막음하려는 태도를 우리 기성세대는 보이고 있는 것이 아닌가 하는 것이다.

그런데 젊은 학생들은 바로 그런 경험을 가져본 적이 없기 때문에 부모 세대들이 주입하는 그 수난의 기억들이 관념적으로 들려오거나 혹은 그 경험담들의 실재성을 받아들인다 하더라도 그들에게는 많은 실재적인 것들 중의 하나에 불과하게 된다. 절실한 6·25 경험담들에 아들들이 탄식하며 귀를 기울이고 동감하여 추체험까지 하게 되었다 해서, 그것만으로 반공의 이데올로기로 삼을 수는 없게 되었다는 것이다. 그러니까, 우리 사회가 지향하는 체제 이념이 옳고 공산주의 사회의 그것이 나쁘다고 생각하도록 젊은이들을 설득한다 하더라도 경험 논리만으로는 먹혀들 수 없는 단계에 우리는 이른 것이다.

6·25와 그 후유가 일단은 4·19로부터 벗어난다고 치더라도

60년 이후의 출생자들은 이미 우리 인구의 반 이상을 차지하고 있다. 이들에게 6·25에 대한 직접적 공감을 만들어줄 수도 없거니와, 그렇기 때문에 6·25 때의 고리타분한 냉전적 논리로 현실 생활의 문제성에 대응하기를 바랄 수도 없을 것임은 이제 분명하다. 경제는 성장하면서 개방 체제를 구축해왔고 이 개방주의에 이념적 개방성도 부수하게 되었으며 전형적인 농업 위주였던 우리 사회는 도시 노동자와 도시 중산층이 주도하는 계급으로 사회적인 변화를 이루었으며 우리의 이념적 학문, 문화적 탐구도 마르크시즘과 종속이론, 자본주의 비판론으로까지 확대되고 다양해졌다.

그것은 상황에 대한 인식과 미래 추구의 탐색에 있어, 경험 논리 하나만으로 결정될 수 없고, 다양한 관점과 방법론, 접근법과 결론 도출이 필요해졌으며, 젊은 세대들은 여기서 제안될 수 있는 다기한 대안들을 대비와 유추, 지양과 종합의 변증법적 사고로 취사·극복하려 한다. 이런 실정에서 기성세대가 '6·25 체험'을 유일한 밑천으로 '미체험 세대'를 설득하려고 한다면, 말 그대로 한물간 사람들의 신경질적인 윽박지름에 불과하게 될 것이다. 요컨대 6·25 논리에 대해 우리의 인식 태도와 대응 방식은 현재적이며 과학적이고 개방적이며 민주적으로 변화되어야 한다.

10년이면 강산도 변한다는데, 더욱이나 우리의 1년은 세계의 10년이라는데, 1세대 이전의 논리로 오늘의 세대를 교육하겠다는 어리석음은 이제 분명 벗어날 때가 되었다. 소년기의 그 고통스럽던 경험과 상처를 이제 오히려 감미로운 향수감으로 되돌아 볼 나이에 이른 구세대로 비켜나서 80년대의 젊은이들이 무엇을 생각하고 어떻게 실천하려는지, 이 시대에 대한 주인공의 신뢰받을 만한 진지한 탐구와 수행의 행위를 지켜보며 그들의 노력에 맡겨 격려해주어야 하지 않을는지, 그럴 수 있도록 우리의 자세를 재정리할 때 민주주의를 향한 그들의 뜨거운 열의도 성취될 수 있을 것이다. 37년 전, 사흘 걸린 기차로 겨우 부산에 닿아 난을 피하던 소년기의 내가 어느덧 구세대로 밀려나 있음을 문득 깨달으면서 이제 오늘의 6·25를 그 같은 감상으로 대하기에는 너무 많은 세월과 변화를 우리는 겪고 있음을 의식하며 오늘의 세대가 겪는 6·25의 참뜻을 새삼스럽게 다시 발견해본 결과가 내게는 이런 것이었다. 〔1987. 6〕

p.s. 》》 기억이 나지 않는 연재 칼럼을 묶은 글이다. 이 글들이 씌어진 1987년 상반기는 대학생들의 항의 시위가 가열되고 그 진압세력과 전두환의 호헌 선언이 치열하게 맞붙어 정국이 이전의 어느 때 못지않게 뜨겁던 시절이었다. 이때 나는 경제적 성장의 의미뿐만 아니라 고문 문제로부터 역사의 퇴행에 이르기까지 여러 착잡한 고민에 빠져 있었던 듯하다. 그 고심의 모습들이 이 글들에서 환기된다.

p.p.s. 》》 '고문의 정황'에서 나는 최인훈의 『광장』 주인공 이명훈이 고문받는 사람에서 고문하는 인물로 바뀌었다는 말을 했다. 나

는 이 소설에서 어색하여 참 이해하기 힘든 장면이 이 점이라고 생각했다. 최인훈도 후에 그 점을 깨달았는지 『광장』 마지막 수정본 제7판(2010)에서 이 고문하는 장면을 환상으로 처리하고 실제로는 그런 일이 없었던 것으로 대폭 수정했다. 이에 대해서는 나의 비평집 『이해와 공감』에 수록된 「텍스트의 진화와 그 의미의 확장: 최인훈 전집 제3판을 보며」를 참조해주기 바란다. 〔2019. 1〕

책으로부터의 도피

작가의 뒷모습

/

글의 뜻

글은 이 세계와 인간에 대한 인간 스스로의 진술이다. 이 진술이라는 말에는 있음 그 자체에 대한 설명과 있어야 할 것에 대한 주장의 두 가지 뜻을 포함하고 있다. 실제로 우리는 있음으로부터 분리된 있어야 할 것, 또는 있음이 궁극적으로 지향하고 있는 있어야 할 것의 두 세계의 갈등을 흔히 발견한다. 세계가 이렇게 존재와 당위 사이의 갈등을 내포하고 있는 것이라면 그것을 진술하는 글 역시 이 두 세계의 갈등을 내포하지 않을 수 없다. 글의 실상은 그러므로 존재와 당위 어느 한편에 대해서만 언급하는 양상을 지니는 것이 아니라 두 가지 갈등적 요소들을, 한쪽에의 편중은 있을지언정, 교묘하게 뒤섞어 반영하게 마련이다. 우리는 설명과 주장이란 말을 썼지만 설명하기 위해서는, 그 설명이 가능할 수 있는 글 쓰는 이의 숨은 주장이 전제되어야 하고, 또 그 설명은 읽는 이의 발전적인 사고를 통해 저 나름의 주장으로 유도되기도 하며, 주장 역시 언급되지 않은 설명 위에서 행해지며 그 주장을 해체할 때 이 세계에 대한 글 쓰는 이의 설명을 발견해낼 수 있게 된다. 그러므로 우리가 글을 쓴다는 것은 진술한다는 행위를 통해 세계와 인간에 대한 설명과 주장을 동시에 행하는 셈이 된다.

그렇다면 우리가 글을 통해 진술한다는 것은 무엇을 뜻할까. 우리는 생활에 필요한 편지와 자기 고백인 일기로부터, 현실을 떠난 듯한 상상, 나아가 환상, 그리고 쓴 사람도 이해하기 힘든 고답적인 이론과 시에 이르기까지 많은 글을 쓴다. 그러나 우리의 글에 대한 관심이 일상 언어가 아니라 문학 언어일 경우, 그 글 또는 진술은 이 세계와 인간에 대한 재구성의 작업이라고 말할 수 있을 것이다. 이것은 설명과 주장 두 측면에 모두 해당된다. 우리는 설명이란 말을 쓰면서 그것이 있음에 대한 해석의 내포를 부여했지만 그러나 우리의 해석은 존재의 겉핥기, 그것도 부분적인 겉핥기임을 명백히 해야 한다. 우리의 설명은 우리가 관찰하고 생각한 끝에 이루어진 것이지 존재 그 자체가 될 수 없다. 설명이든 해설이든 그 동사가 대상을 전제로 한 타동사임이 분명하며 따라서 설명하는 사람과 설명되는 존재, 즉 주체와 객체 사이에는 뛰어넘을 수 없는 심연이 가로놓여 있는 것이다. 그러므로 글 쓰는 이가 세상은, 혹은 인간은 이렇다고 설명하는 것은 그가 시간적으로나 공간적으로 또는 체험으로나 상상으로 분명히 한계를 지닌 한 인간의 나름으로 본 세상과 인간이다. 그럼에도 불구하고 글 쓰는 이와 그 글을 읽는 이가 세계와 인간은 이렇다는 설명에 동의하고 공감 또는 배척하는 것은 있음에 대한 글쓴이의 재구성을 공인하기 때문이다. 이 공인은 원래의 있음과 글쓴이에 의해 재구성된 있음 사이의 거리를 무시하는 것이 아니라, 오히려 그 거리를 인정함으로써 원래의 있음에 대한 그럴 듯함을 확인한다는 것이다.

진술을 통한 주장의 행위에도 우리는 비슷한 말을 할 수 있을 것이다. 주장을 하는 사람의 눈에는 지금 이 세계와 사람에게 무언가 잘못된 것이 있고 그것은 고쳐져야 하며 또 그럴 수 있다고 생각한 사람이다. 그는 있는 그대로의 세계에 만족하기를 거부하고 보다 좋은 세계, 보다 인간다운 삶이 가능하다고 믿는다. 말의 그 정확한 의미에서 그는 세계와 인간의 재구성을 요구한다. 그러나 여기서의 재구성에 숙고가 필요하다. 하나는 그 글쓴이의 설득력과 그를 위한 인간들의 실천력이 아무리 강하더라도 있음의 세계가 글쓴이의 희망에 완벽하게 부합할 만큼 일치되기 어렵다는 점이다. 세상은 절대로 그렇게 될 수는 없을 것이다. 둘째로 설령 글쓴이의 주장대로 세계가 변모했다 해서 그것으로 세계는 완성되는 것이 아니라 여전히 그리고 새로운 잘못들과 우리는 만나게 된다. 왜냐하면 이 세계 자체가 천국이 아니기 때문이다. 그러므로 주장을 통해 세계의 재구성을 요구하는 글쓴이는 그대로 현실적으로 끊임없이 패배하는 이상주의자일 수밖에 없다.

이렇게 볼 때, 글이 의미하는 진술이란 존재 그 자체가 될 수 없는 심연을 발견하는 한편 당위에도 도달할 수 없는 이상과의 뚜렷한 거리를 확인하는 것이며 글 쓰는 이는 위와 아래 이 두 한계 속에서 그 한계와 싸우는 사람이 된다. 글이 설명과 주장, 묘사와 재구성, 존재와 당위, 현실과 이상 사이의, 그들 간의 복합적이고 복잡한 갈등과의 씨름이란 데에 우리는 더 긴 말을 붙이지 않아도 되리라. 그리고 여기서, 글은 마침내 그 자체로서 또 하나의 존재라는 사실에 이른다. 그것은 곧 글이 현실도 아니고 이상도 아니며 존재만도 아니고 당위만도 아닌 '제3의 있음'이라는 생각이다. 그것은 현실에 근거하여 생각되었지만 이상을 지향하며 독자적인 세계의 존재도 아니고 종말에야 완성될 당위도 아닌, 그럼에도 인간에 의해 창조되고 수용되는 또 다른 있음이다. 이 글의 있음을 통해 세계의 부단한 변화와 당위를 인식하고 도모하게 되며 우리가 안주할 수도 없는 현실과 도달할 수도 없는 이상과의 거리와 갈등을 확인하게 된다. 사람은 따라서 글의 있음을 통해 극복되어야 할 현실을 파악하고 지향할 세계로 초월한다. 글 쓰는 이의 현실적인 패배를 끊임없이 보여줌으로써 글은 이 세계가 우리에게 결코 바람직하지 못한 것이며 인간과 사회는 변혁되어야 한다는 것을 확인시킨다. 그러므로 글은 있는 것과 있어야 할 것의 관계를 교묘하게 내포하고 있는 또 하나의 세계이다. 그것은 우리가 거부해야 할 것과 희망해야 할 것을 대비시키며 선택하게끔 하는 전폭적인 준거의 틀로서 구성된 세계이다. 우리가 한 줄의 시와 한 편의 소설을 읽으면서 감동을 느낀다는 것은 세계와 인간의 있음과 있어야 할 것의 확연한 거리와 갈등을 발견하고 일상의 안이한 습성에서 깨어나 두려운 선택을 자발적으로 요구당한다는 것을 뜻한다. 글의 존재는 그렇게 해서 자기 있음의 이유를, 인간이 창조할 수 있는 가장 위대한 이름임을 스스로 드러내는 것이다. 〔1979〕

작가와 허영심

작가란 허영심 때문에 글을 쓴다고 말한다면 대부분의 글 쓰는 사람들로부터 매몰찬 욕을 먹기가 십상일 듯싶다. 그들은 아마, 천만에! 우리는 진실을 위해, 현실의 부정을 폭로하기 위해, 혹은 순수한 예술에의 사랑 때문에 문학을 한다고 대답할 것이다. 물론 이런 대답이 거짓은 아니다. 정말 이처럼 뜨겁고 성실하고 고상한 욕망이 아니라면 그처럼 지겹고 힘들고 가난한 작업을 할 수 없으리라. 그러나 진정 이렇다 하더라도, 그들에게 허영심을 완전히 빼버린다면 작품에 쏟는 그들의 열정과 탐구의 고통을 얼마나 감당할 수 있을까. 그것은 어쩌면 권력에의 의지가 없는 정치가와 같을 것이다. 정치가들이 국회의원이 되겠다는 데에는 그들의 선거 공약처럼 뚜렷한 명분과 봉사 정신을 내세우고 있지만 단순한 공복이 되겠다는 것이 아니라 권력의 쟁탈에 참여하여 승부를 내겠다는 집권에의 집념이 숨어 있다는 것은 눈치 못 챌 사람이 없을 것이다.

알렉상드르 뒤마가 나폴레옹 동상 앞에서 "그대가 칼로 세계를 정복했다면 나는 펜으로 이 세계를 지배하겠다"고 외쳤다는 것은 그 방법이 물리적인 권력과 정신적인 힘의 차이에 있을 뿐 작가가 정치가처럼 세계를 장악해보겠다는 야심을 똑같이 노골적으로 드러내 보인 것이리라. 우리는 그 야심을 허영심으로 보자는 것이다. 이 허영이 당대에 이루어질 수 없는 야심만만한 작가라면 가령 스탕달처럼 "내 소설의 독자는 지금이 아니라 1세기 후에 얻어질 것이다"라고 후일에 기대를 걸 수 있을 것이다. 사실 창조의 고된 작업에 매달리는 문학인이 당대든 미래든 자기의 그 고통 어린 진실이 이해되고 사랑받으리라는 허영 없이는 결코 그 정신을 지탱하기 어려울 것이다. 그것은 어쩌면 정치가의 고독한 결단과 다를 바 없을 것 같다. 따라서 이런 허영이라면 얼마든지 칭찬·격려해줄 만한 것이고 또 그렇게 해야 한다.

우리의 현대 문학이 이런 허영심에 크게 힘입었다면 그도 당연한 일일 것이다. 여기서 김동인을 인용해보자. 그가 약관 20세의 일본 유학생으로 우리 최초의 동인지 『창조』를 주재 창간하면서 「약한 자의 슬픔」이란 단편을 발표하는데, 그때 그는 이 소설이야말로 세계적인 명작이라고 자부하는 것이다. 그에 의하면 빅

토르 위고는 대중소설가인 만큼 아예 제쳐놓고 도스토예프스키는 이미 낡은 시대의 것으로 물러나 있다고 하며 현대의 리얼리즘과 순수예술의 지상적인 로맨티시즘이 결합된 이 소설은 가히 명작일 것이다, 라고 자화자찬한다. 그로부터 2, 3년 후『창조』5호를 간행하면서 그 후기에서 "지금 우리나라에서는 별것이 다 소설을 쓰랴 한다"고 꼬집으면서 신문이나 잡지에 몇 줄 글을 썼다고 문사 행세를 하며 이런저런 행패를 다 부린다고 개탄하고 있다. 동인의 이 말에는 자기가 이미 문사로 뽑힘 받았다는 선민 의식과 그것은 천부적인 것이며 아무나 그렇게 되려고 한다 해서 되는 것이 아니라는 일종의 자기도취적인 허영심이 깔려 있다. 이러한 동인의 허영을 젊은 야심가의 치기라고 볼 수도 있지만 이 치기에 의해『창조』며『폐허』같은 잡지가 발행되고 그래서 우리 현대 문학의 싹이 움튼 것이다.

여하튼 작가의 심상 밑바닥에 숨어 있는 이런 허영이 이청준의 최근 단편소설「지배와 해방」에서 다시 은근히 내비친다. 그러나 이 허영은 동인의 그것처럼 망상에 가까운 치기도 아니고 스탕달처럼 후일의 독자를 기다리는 안타까운 심정에서 빚어진 '인정'이라는 상대적인 희망도 아니며 뒤마처럼 현실에서 유명해지고자 하는 욕구도 아니다. 자신의 실제 강연을 옮겨「왜 글을 쓰는가」의 진의를 술회한, 소설가를 위한 이 소설에서 이청준은 "작가란 이 세계를 지배하기 위해 글을 쓴다"고 분명히 말하고 있다. 그러나 그에게 있어 '지배'란 다음 두 가지 뜻에서, 가령 정치가나 지도자처럼 현실적인 지배 욕구자와 다르다는 것을 밝힌다. 그 하나는 작가가 지배하려는 것은 인간이나 세계 그 자체가 아니라 인간과 세계를 억압하려는 힘을 폭로하여 거기서 자유로워지도록 지배의 욕망을 거꾸로 변형시킨다는 것이다. 따라서 그 둘째는, 억압으로부터의 해방을 얻기 위해 작가는 하나의 지배 이념을 제시하고 그것의 실천을 다른 현실적인 지배 욕구자들에게 맡긴 후 다시 새로운 지배 이념의 탐구로 들어간다는 것이다. 그러므로 작가는 지배의 욕망을 가지고 인간과 세계의 해방과 자유를 향해 부단히 고통과 싸우는 존재라는 것이다. 따라서 그들은 운명적인 이상주의자들인 것이다. 이 짧은 요약으로 더 상세한 설명이 불가능하지만, 요컨대 이청준의 작가로서의 자부심은 인간과 세계를 지배하고 또 하려는 권력에 제동을 가하고 그 억압에서 벗어나게끔 하는 유일한 장치가 문학(혹은 예술)이라는 데에 있다. 현실의 권력을 억압하겠다는 작가의 허영심, 우리는 이 허영에 참된 만세를 외쳐야 할 것이다.

작가와 유작

근년 우리나라 학계에 활발하게 번역 소개되고 있는 프랑스 박물학자 테야르 드 샤르댕은 그가 죽은 1955년에서 10년도 지나지 않은 사이, 가령 영국에 샤르댕 연구회가 생긴다든가 그의 용어 해설집이 간행된다는 식으로 신학·철학·과학계로부터 급작스럽고 집중적인 연구 대상이 되고 있다. 이렇게 된 것은 그의 주요 저작인 『인간 현상』 『인간의 미래』 등 10여 권이 한 해에 한 권씩, 그의 사후에 간행되었기 때문이다. 북경 원인猿人의 발굴을 비롯한 20세기 전반기의 유명한 고고학 조사에 참여한 그가 생전에 100여 편의 논문을 발표하면서도 단 한 권의 단행본도 내지 못한 것은 진화론을 가톨릭에 도입한 신부라는 이단 판결을 교단으로부터 받았기 때문이다. 그는 책으로 낼 수 없는 원고를 써야 했고 사후에야 그 유고들이 출판될 수밖에 없었던 것이다.

이만큼 극적이지는 않지만 사후의 유고 간행으로 각광받은 대표적인 작가가 20세기 중반기 문학에 가장 큰 영향을 준 체코의 고독한 소설가 프란츠 카프카다. 그의 소설과 생애는 우리에게도 잘 알려져 있거니와 대표작 『심판』 『성』 『아메리카』는 그가 죽은 다음해인 1925년부터 3년 동안에 출판되었는데 이렇게 된 것은 전적으로 그의 절친한 친구 막스 브로트의 '배신' 덕택이었다. 결핵으로 죽어가는 카프카는 브로트에게 자신의 유고를 무조건 불태워줄 것을 유언으로 남겼는데 정작 이 유고의 위대성에 감동한 브로트가 친구와의 약속을 깨뜨리기로 결심한 것이다. 그의 이런 결심이 없었더라면 우리는 카프카의 세계를 빙산의 일각 정도만 알 수밖에 없었을 것이다.

그런가 하면 사후에야 소설가가 된 사람이 있다. 시칠리아의 부유한 공작 디 람페두사가 그 사람인데 젊어서는 모험 여행을 하고 다녔으며 중년에는 고향으로 은퇴해서 연구에 몰두했다. 1957년 그가 죽은 후 이탈리아의 소설가 바사니가 그의 집에서 우연히 타자로 친 유고를 발견하고는 곧 출판을 주선했는데 그 첫 책이 장편『표범』이고 두 번째가『단편소설과 회고록』으로 이들은 곧 영역되어 미국에서도 출판되었다. 1860년대 시칠리아를 무대로 전개되는『표범』은 정치적·사회적 폭동 속에서 사랑과 죽음, 아름다움과 부패, 과거와 현재, 혁명과 전통이 격렬하게 대결하는 이 세계의 소용돌이를 보여준 문제작으로 높은 평가를 받는다.

 이렇다 해서, 그러나 유고의 발표를 통한 사후의 각광이란 그렇게 흔한 일도, 쉬운 일도 아니다. 작가가 생전에 작품을 완성시켜놓고도 발표하지 않은 데에는 대체로 다음 세 가지 경우가 있다. 첫 번째가 샤르댕에게서 본 것처럼 외부의 압력이나 간섭으로 발간할 수 없는 경우인데 그것은 종교적 금기와 윤리적 억압, 그리고 정치적 검열에 따른 것이다. 참여 논쟁 중 김수영이 말한 '서랍 속의 불온작품'은 특히 마지막 정치적 검열을 가리킨 듯하다. 스탈린 치하에서 투옥된 뒤 실종된 만델스탐의 시 전집이 해방 후 남편의 시를 암송해온 부인의 기억으로 간행될 수 있었던 것이 이 경우다. 그러나 실제로 정치적 압력을 포함한 외부 억압 때문에 작가 스스로 발표를 회피한 예는 그리 많지 않다. 두 번째는 작가의 특별한 결벽성 때문에 발표를 유보한 카프카와 람페두사와 같은 경우다. 이 결벽성이란 작가에 따라 다르며 카프카와 람페두사가 자신의 대표작들을 왜 소각 또는 은폐시키려 했는지 나로서도 그 정확한 이유를 모른다. 다만 그것이 철학적·인생관적 명상에서 연유했으리라는 것은 짐작할 수 있다. 마지막은 작가 스스로 미흡한 글이란 판단 때문에 단행본에 수록하기를 사양한 경우다. 그것은 습작이라거나 무책임하다거나 혹은 책을 낼 때에 생각이 달라졌을 경우에 이루어지는 양심적인 판단이다. 작가가 많은 작품을 쓰면서도 정작 정선된 것으로 단행본을 만들고자 할 때 이런 글들은 대부분 버려질 게 분명하다.

  우리나라의 월간 문학지들은 종종 '미발표작 발굴'이라든가 '유고 공개'라는 이름으로 작고 문인의 글을 찾아내 게재하곤 한다. 그리고 채만식의 중편 「소년은 자란다」와 같은 좋은 작품을 볼 행운을 얻기도 한다. 그러나 '문학사를 고쳐 써야 할 새 자료'라든가 '작가 연구에 획기적인 유고'라는 표제와 상관 없이도 대체로 그리 주목할 작품은 없는 셈이다. 그것은 그 작가들이 정치적·종교적 이유 때문에, 철학적 결벽성 때문에 유고로 남겨둔 것이 아니라 '좋은 작품'이 아니기 때문에 발표하지 않았거나 단행본에 수록하지 않은 것이다. 어쩌면 그 작가는 그 같은 태작들이 아주 없어져 자기 이름에 먹칠하지 않기를 바랐을지도 모르며 그렇다면 후대의 '유작 발굴'이란 그에게 결코 달갑지 않기도 할 것이다. 적어도 그들은 잡지 편집자의 그 같은 센세이셔널리즘에 독자들이 속아 넘어가지 않도록 당부할 것이다.

글과 작가의 책임

황산덕이 법무부 장관에 취임하여 2·12 국민투표에 강변을 펼때, 그리고 국회에서 제기된 고문 문제에 대해 명확한 대답을 회피할 때 『동아일보』 광고란과 독자란에 쏟아진 항의·비난·야유의 대부분은 법철학자로서 그리고 10년 전의 『동아일보』 논설위원으로서 황산덕 박사 자신이 쓴 글들을 인용하고 있었다. 그가 최근까지 대학 강단에 서 있었고 그의 저서가 한국 법학계에 큰 비중을 차지하고 큰 업적을 이루어 열독된 때문이기도 하겠지만 독자들이 용케 잊지 않고 황박사의 글로 황장관을 비판한 것이다. "자기 글에 대한 두려움이여!"라는 문구가 쓰인 광고란을 보며 새삼 전율한 것은 아마 나만이 아니리라.

한 지식인이 자기의 글에 얼마큼 책임질 수 있을 것인가 하는 소박한 나의 자문은 여기서 발단이 되었지만 방만하게 떠오르는 생각들은 반드시 황박사 경우의 차원에만 맴돈 것은 아니었다. 작가는 자기 작품을 통해 숱한 거짓말을 늘어놓는다. 그의 장기는 얼마나 거짓말을 참말처럼 요령 있고 아름답게 짜느냐에 달려 있다. 그러나 그 픽션을 통해서 작가는 그 자신의 명제를 성명聲明하는 게 대부분이다. 예컨대 이웃을 사랑하라든가, 자연으로 귀의하라든가, 불의에 저항하라든가……. 그럼에도 불구하고 작가는 반드시 자기가 성명한 명제에 구속될 것을 요구받지 않는 것 같다. 작가는 상상력에 의해서 가능한 모든 명제를 제기할 권리를 용인받기 때문이리라. 그러나 작가가 한 사람의 지식인으로서 상황 문제에 대해 구체적인 발언을 했을 경우, 결코 그 자신의 글로부터 자유로워지지는 않을 것이다. 소련의 수용소에서 대량 학살이 자행되었음을 알았지만 그 진상을 은폐하려 한 사르트르에 대해 카뮈가 공격한 이유의 상당 부분이 바로 이와 관련 있으며, 말로든 솔제니친이든 그들의 글이 지시하는바 그 이상의 힘을 갖는 까닭은 오늘의 행동이 스스로의 글을 배반하지 않았다는 데 있을 것이다.

그러면 거짓말이 직업상(?) 허용되지 않는 지식인이나 사상가, 설교가들은 자기의 말과 글에 얼마만큼 책임질 수 있을까. 언행이 일치할 수 있는 사람은 예수나 공자처럼 성현으로 밀어놓고, 그럼에도 불구하고 자기의 말하는 바와 상치되는 행동과 처신에 대해 우리가 반드시 비난할 수만은 없을 것이다. 가령 자살을 권유(?)한 쇼펜하우어가 전염병이 만연하자 맨 먼저 피난갔다는 에피소드는 반드시 애교만은 아니다. 지식인은 자인Sein을 보여 주기보다 졸렌Sollen을 말하는 사람이기 때문이다. 그 자신이 밝힌 바의 당위를 완벽하게 수행해줄 것을 지식인에게 요구한다는 것은 체질적으로 약한 그들에게 너무나 큰 부담이다. 또한 그것은 지식인이란 특수한 사회적 대우 때문에 갖게 되는 그만큼 큰 억압을 이해하지 않는 가혹한 기대일 것이다. 갈릴레오가 교황 앞에서 자신이 믿는 진리와 어긋난 대답을 했다 해서 그가 배신했다고 주장할 만큼 인색할 필요는 없을 것이다. 그러나 그 갈릴레오가 돌아서면서 혼잣말로 "그래도 지구는 돈다"고 말할 때 자기의 소신으로부터 변절하지 않으려는 지식인의 용기를 발견하는 것도 사실이다. 환언하면 지식인이라는 그 존경할 명칭에는 자기의 말한 바를 그대로 실천하지 못한다 하더라도 거기에는 자기의 말한 바와 상반된 행동을 하지 않겠다는 정직과 근엄의 어감이 숨겨져 있다. 춘원이 비난받은 큰 이유는 그가 친일했기 때문이라기보다 민족정신을 주창한다면서 그에 반하는 행동을 한 데에 있을 듯싶다.

그러나 자신의 사상이 변하여 앞뒤 주장이 일치하지 않을 때는 어떻게 할 것인가. 예컨대 소련을 방문하기 전과 후의 공산주의 사회에 대한 앙드레 지드의 변화와 같은 경우 말이다. 대부분의 비평가는 지드의 현저한 변모를 비난하기보다 상찬하고 있는데, 사실 이것은 자신의 견해를 수정 또는 발전시켰기 때문이며 그가 어느 쪽에 있든 자신의 사상과 인식을 배반하지 않았기 때문일 것이다. 하지만 자신의 이론을 수차례 수정한 루카치에 대해서는 반드시 동의하지 않는 추세도 사실인 것 같다. 여기에는 초기 이론이 후기 이론보다 더 유용하다는 이유도 있겠지만, 그가 현실적인 압력에 타협했다는 비난도 잠재해 있을 것이다. 30년대에 사회주의자, 40년대 전반에 국민문학가, 50년대에 신비평론자로 변하는 평론가의 경우도 이와 크게 다르지 않으리라. 사상의 변화는 말과 글의 변화이며 따라서 반드시 현실적인 책임을 동반하는 것은 아니지만 그 말과 글의 변화 속에 논리적인 전개가 이해되지 않는다면 그는 이른바 주견 없는 지식인이란 평을 면하기 어려울 것이다. 앞뒤 말 사이에 수정·발전의 맥락이 없는 그 말을, 그리고 한 사람의 진정한 말이 어떤 것인가를 우리는 헤아릴 수 없기 때문이며 그것은 지식인의 말로 승인될 수 없을 것이기 때문이다.

이런 산만한 생각들은 작가든 지식인이든 자신의 말로부터 완벽히 해방될 수 없다는 상식적인 결론을 재확인시켜 준다. 더구나 말의 자제와 무게를 사랑하는 사람들에게 자기 말의 구속력은 더욱 근엄하게 우리를 옭아맨다. 누군가가 언제든 간에 "당신은 이런 말을 한 바 있다"고 비수를 들이대듯 내민다면 우리는 얼마나 장담코 "그건 내 행동과 관계없다"고 잘라 말할 수 있을 것인가. 이런 줄 알면서도 우리는 얼마나 많은 말을 내뱉고 많은 글을 휘갈겼던가. 아아, 말과 글의 무서움이여!

자전소설에 대하여

작가의 생애는 우리에게 두 가지 점에서 흥미롭다. 하나는 한 인간의 구체적인 삶에 대한 관찰이라는 측면인데, 그것은 굳이 작가만이 해당되는 것도 아니며 풍운의 정치가나 기구한 문제아의 것만도 아니고 우리 누구나 살며 겪어온 전기적 궤적을 말할 뿐이다. 이 점에서 작가는 평범한 우리 모두와 크게 다를 바도 없고 그들만이 특권을 누리는 생애를 가진 것도 아니다. 가령 도스토예프스키가 처형 직전에 사면되어 기적적으로 살아난 후에 위대한 작가가 되었다거나 장 즈네가 절도·사기·남색 등 갖가지 파렴치한 범죄로 형무소에 들락거렸다는 것은 평범한 사람들이 보기에 매우 극적이고 특이한 체험이지만, 그 같은 체험은 작가 아닌 사람들 가운데서 더 치열하게 이루어졌음을 발견하기란 결코 어려운 일이 아니다.

 그럼에도 불구하고 그들만의 것이랄 수 없는 생애에 우리가 관심 갖는 이유는 무엇인가. 그것은 그 체험의 주인이 바로 작가라는 데에 있다. 이 말은 분명히 동어반복이지만, 우리는 체험의 질과 양을 깎고 둔하게 만드는 범인의 차원에서가 아니라 예민한 감수성, 풍요한 상상력으로 그 체험의 폭과 깊이를 더하게 만드는 능력의 소유자로서의 작가를 만나게 된다는 점을 강조하는 것이다. 같은 체험이라 하더라도 어떤 사람에게는 무의미하거나, 의미가 있다 하더라도 상투적일 수 있는 것이, 한 작가에게는 많은 의미로 또는 근원적인 의미로 확대될 수 있다. 예컨대, 부성애가 없는 아버지와의 갈등이 카프카로 하여금, 신 혹은 인간을 비인간화시키는 현대의 거대한 관료체제에 대한 절망적인 굴욕을 느끼게 했는데 바로 그런 점에 전기의 중요성이 있다. 작가는 천부적인 재능으로 타고난 것이든, 후천적인 노력 끝에 얻어진 것이든, 하나의 민감한 공명판과 같아서 평범한 사람들이 상투적으로 지나쳐버릴 일들을 널리 확장하고 크게 소리 나게 해서 어떤 사물과 사건의 의미를 고양시킨다. 이렇게 고양된 작가의 삶을 통해서 진부한 우리 삶이 지닌 무력감을 반성하게 되는 것이다.

작가의 생애가 연구 대상이 되는 또 하나의 측면은 문학적이거나 심리적인 부분이다. 즉 한 작가 또는 그의 작품 연구를 비춰줄 전기적 자료인바, 가령 D. H. 로렌스의 작품들에서 보이는 외디푸스 콤플렉스가 그와 부모 사이에 놓인 성장기 조건에서 연유한다든가, 보들레르의 『악의 꽃』이 흑인 창부 잔 뒤발과의 관계를 빼고서는 거의 이해될 수 없다는 사실이 바로 그것이다. 많은 문학 연구가들은 작가의 생애에 대한 지나친 관심이 오류를 범한다고 지적하고 있으며, 그 오류들에 대해 우리가 신중히 배려해야 하는 것 또한 진실이다. 로렌스가 이성에의 감정으로 자기 어머니를 바라보고, 스승의 아내인 연상의 여인과 사랑의 도피를 했다는 것은 그의 작품 『아들과 연인』과 밀접한 관계를 맺고 있으며 『악의 꽃』의 반도덕적인 관능과 이국 취향이 잔 뒤발과 서로 교감하고 있음은 확실하지만, 바로 그 상응과 연관 때문에 로렌스와 보들레르 혹은 그들의 작품이 뛰어난 것은 결코 아니다. 사실 그들의 탁월함은 그런 체험 자체와 관계 있었던 것이 아니라 그 체험을 뛰어넘어 그것을 몰개인화시키는 데서 얻어진 것이다.

그럼에도 불구하고 우리는 작가와 그 작품의 이해에서 전기의 중요성을 간과해서는 안 된다. 시든 소설이든, 시인이든 작가이든, 개성 있고 좋은 문학들은 각각 그 나름의 중심개념 또는 기본

사고구조를 갖게 마련이며 그 개념과 구조들은 그 성장기의 체험이나 일상의 체험에서 얻어지는 경우가 많다. 엘리엇의 반현대주의가 훌륭한 교역자였던 그의 할아버지에게서 영향 받은 것이라든가, 생텍쥐페리의 에세이 소설이 비행사라는 자신의 직업 속에서 취해진 명상의 소산이라든가 하는 사실은 그들의 문학을 이해하고 분석하는 데 적극적인 역할을 한다. 작가의 생애는 그 작가의 문학적 신비, 상상력의 실체 바로 그것은 아니지만, 그 신비와 실체가 어떻게 이루어졌으며 그의 여러 작품들에 어떤 상관성을 갖는가를 밝히는 가장 중요한 자료가 될 것임은 틀림없다.

여기서 문제는, 한 인간으로서의 삶이 그의 작가적 상상력과 어떤 관계를 맺는가이다. 앞에서도 시사한 바처럼 기구한 운명의 소유자임에도 불구하고 범인의 회고와 생애가 결코 문학적일 수 없는 허다한 예가 어떻게 해서 일어나는가이다. 이것은 하찮은 경험, 가령 어느 날 아침에 장미꽃이 개화하는 것을 보고 우주적 질서를 느끼는 일이 어떻게 작가에게 가능한가의 질문과 같은 형태다. 이런 질문은 아마 작가와 작가 아닌 사람의 차이가 무엇이며 그것은 어디서 기인하는가의 질문이 될 것이다.

우리는 여기서 문학 원론적인 설명을 가할 필요는 없을 것이다. 다만 우리의 관심으로 한 가지 지적한다면 작가는 글 쓰는 행위를 통해 자기의 체험을 개인적인 것으로, 개별적인 것으로 고정시키는 것이 아니라 유사한 체험 혹은 전혀 상반된 체험까지로 확대시키려고 노력한다는 점이다. 작가로서는 매우 희귀하게도 비행사였던 생텍쥐페리의 문학에서 우리는 그 자신만이, 혹은 비행사만이 겪고 생각한 것을 읽는 것이 아니라 비행사가 아닌 다른 많은 사람들도 동감할 만한 것들을 읽게 된다. 그의 불시착 또는 생환에의 의지는 전혀 그런 체험이 없어도, 삶의 여정에서 낙오되었다고 생각하는 사람들의 사변적인 정서와도 교감할 수 있으며 그가 상공에서 내려다본 자연에의 경외감은 시골에서 농사를 짓는 사람, 아니 이른 새벽의 여명을 보는 도시인도 공감할 수 있는 것이다. 작가든 작가 아닌 사람이든 근원적으로는 똑같은 인간이기 때문이다.

 작가는 이제 자기의 개인적 체험을 보편적 체험으로 확대시켜야 할 문제를 안게 되었다. 그리고 그들은 두 가지 방향에서 이를 성취하려고 한다. 하나는 집단으로부터 스스로를 더욱 가혹하게 분리시켜, 자신의 것을 극도로 심화시킴으로써 이를 성취하는 것이고 또 다른 하나는 자기의 것을 집단의 그것으로 발전시켜 탈개인적 확대로 성취하는 것이다.

 우리는 이런 상반된 방법에 당혹해할 필요는 없다. 인간이 성서적인 의미로서뿐 아니라 상식적인 차원으로서도 이해될 수 있는, 신 앞에 선 독자적 존재인 동시에 아리스토텔레스의 명제처럼 '사회적 동물'이라는 진실에 상도하면 이 '심화'와 '확대'가 공존할 수 있음을 인식할 수 있다. 겉으로만 드러난 현상적인 것들을 깨뜨리고 존재와 본질의 깊은 심연으로 우리의 시선을 착반시킴으로써 우리는 모든 인간이 공유한, 모든 인간의 존재에 공통된 보편성을 발견할 수 있을 것이다. 그것은 영원한, 혹은 내적인 인간의 비밀을 탐구한다. 사르트르의 『구토』나 헤세의 『유리알 유희』 혹은 발레리나 릴케의 시들을 이런 범주에 넣어도 전혀 이상하지 않을 것이다.

그럼에도 불구하고 자신의 체험을 세계사적 사건과 관련짓는다고 해서 인간의 내재적인 영원한 테마를 포기하는 것도 아니다. 스페인 내란을 무대로 한 헤밍웨이의 『누구를 위하여 종은 울리나』나, 혹은 한 사회주의자의 동료 살인에서 동기를 얻은 도스토예프스키의 『악령』은 현대인의 절망이란 문제와 더불어 인간의 무너뜨릴 수 없는 악덕을 주제로 삼고 있다. 이 후자 계열의 작품들이 발자크적 의미에서 당대의 삶을 보여주고 있다면 『구토』 『유리알 유희』 역시 20세기 전반기의 철학과 세계관을 드러내주는 것도 사실이다. 우리가 범하기 쉬운 오류는 가령 염상섭의 『삼대』에는 사회란 집단적 체험의 관찰만 있을 뿐이며 인간 내면의 해부가 없다거나, 이상에게는 당대의 현실이 완전 탈색되어버렸다는 속단에서 빚어진다. 물론 이들에게는 집단적 체험이 두드러진다거나 당대성의 투영이 약한 것은 사실이지만, 그렇다고 해서 이 작품들이 보편적 체험으로 확대 또는 심화되어 있는 한, 그것 자체로 폄하될 수는 없다.

오늘의 한국 작가는 그의 체험과 문학의 관계에서 매우 행복한, 혹은 그 때문에 불리할 수도 있는 위치에 있다. 그들이 행복한 것은 그들의 개인적 생애가 즉각 촉감될 수 있는 우리의 참담한 현대사와 어쩔 수 없이 직결되어 있다는 점에서다. 식민지 시대의 질곡, 해방 후의 혼란, 6·25의 참화, 4·19의 감격 그리고 그 후의 정치적 진통이 그들의 가난한 삶과 기구한 체험을 연유시켰고, 그래서 진지하게 회고되는 자신의 생애가 우리 민족사의 폭넓은 틀 속에 들어앉아 있음을 발견하게 되어 있다. 안온하게 살아온 사람들은 마리 앙투아네트처럼 굶주린 대중을 알지 못한다. 그러나 6·25 때 가족을 잃었거나, 이북에서 단신 월남했거나, 전후의 퇴폐를 못 견디어 가출했거나 간에 그들의 개인적 이력은 우리 현대사의 간난과 쉽사리 접점을 얻는다. 그들은 작가적 탐구 없이도 어렵잖이 개별적 체험을 한국인의 집단적 체험으로 확대시킬 수 있는 것이다. 그러나 바로 그렇기 때문에 자신의 탐구에의 의지, 상상력의 작동에 나태해지기 쉽다. 이것은 행운 속에 도사린 함정이다. 우리가 문학의 소재(집단적 체험의)를 유례없이 풍요하게 지니고 있음에도 뛰어난 창작물을 얻기 어렵다는 것도, 나아가 체험의 문학만을 일방적으로 중시하는 위험한 경향도 여기서 비롯된다. 문제는 체험 그 자체가 아니라 그 체험을 확대·심화시키는 작가적 상상력일 뿐이다.

이 점에 유의하면서 우리는 작가들의 자전소설에서 다음 두 가지를 주목해야 할 것이다.

첫째는 우리 작가들이 현대의 개인적 체험과 집단적 체험을 어떻게 수용하고 있는가이다. 그것은 작가가 이 자전소설에서 고백하고 있는 이력들이 우리 민족의 이력들과 어떻게 밀착되어 있고, 그것을 읽는 우리 자신과 어떻게 비슷하고 혹은 다른지를 생각해보기를 요구하는 것이다. 이런 사고 훈련은 나와 우리, 개인과 집단의 상응과 소외를 검토하게 할 것이며 나 자신을 유일하고 영원한 존재로 보는 동시에 이 전체 사회의 일원이며 그들과 연대해서 살아야 할 수밖에 없다는 반성을 유도할 것이다.

또 하나는, 전문적인 독자(문학 연구가와 비평가)에게 더 많이 해당되겠지만, 작가들의 체험과 문학이 어떤 형태로 상호 관련을 맺는가를 발견하는 일이다. 이것은 한 인간의 내밀한 신비의 발견인 동시에 그의 문학을 이해하는 하나의 첩경이 될 것이다. 자전소설은 따라서 한 권의 전기보다 책임이 적고 공신력이 약한 것이지만 한 작가의 현실적인 생애와 그의 상상력의 관계를 눈치 채기에 더 없이 좋은 자료가 될 것이다. 우리가 자전소설이 흥미의 측면으로만 읽히지 않기를 바라는 것도 이런 이유에서 비롯된다. 〔1979〕

p.s. ≫ 소설가 이청준이 1970년대 후반 한 문학지 주간으로 일할 때 내게 칼럼 연재를 청탁했다. 이 글들은 이후 시인 오규원이 운영하던 출판사 문장에서 『문화와 반문화』라는 무거운 제목으로 에세이집을 간행하게 되었을 때, 「문학에 대한 몇 가지 단상」 「문학에 대한 몇 가지 시감」 「문학에 대한 몇 가지 수감」이란 비슷비슷한 제목으로 묶여 수록되었다.

여기 실린 글들은 그 책에서 다시 뽑아 모은 것이다. 문학담당 기자로, 그리고 『한국 문단사』 취재로 알게 된 이런저런 문학에 대한 일상적인 이야기들을 50년 전의 젊은 나는 참 수월하게도 늘어놓았다. 그랬기에 지금 다시 보니 잔재미도 적지 않다. 〔2019. 1〕

책으로부터의 도피

/

직장인의 책읽기

학교 졸업식장에서 가장 자주 듣는 축사 중의 한 마디는, 졸업이란 끝나는 것을 뜻한다기보다, 영어의 뜻으로 가리건대, 새로이 시작하는 것을 가리키므로 이제부터 모든 것을 일신하여 더욱 분발하라는 요지의 말일 것이다. 대체로 이 말에 충실하게, 많은 학교의 졸업생들은 졸업과 동시에 거의 모든 것을 새로이 시작한다. 상급 학교의 새 교과 과정을 배우고 새 친구를 사귀고 그에 맞추어 새로운 생활 패턴과 의식을 조금씩 익혀간다. 그 새로움은, 드디어 학교 교육을 마치고 사회로 나가 직장 생활을 시작하는 사람들에게 가장 현격히 드러난다. 이제껏 부모나 사회의 보호를 받던 입장에서 벗어나 자립하는 자리로 옮겨 서게 된 이들은 좁고, 틀에 짜이고, 주어진 대로 행동·사고하던 세계에서 넓고 개방되고 경쟁하는 세계로 던져지면서 그 급작스런 도전에 대응하기 위해 모든 행동과 사고를 새로이 시작하는 것이다.

이 신선한 감동 속에서 사회의 신참자들은 학생 시절의 버릇이나 틀들도 버리기 시작하는데, 그중 중요한 한 가지가 책 읽는 일이다. 책은 청소년 시절의 그 유치한 의식 때문에 읽은 것이었고, 입학 시험을 위해 또는 시험 공부로 뜨거워진 머리를 식히기 위해 필요한 것이었으며, 그리고 이 사회와 직장이 행동을 요구하고 바삐 뛰어다녀야 하기 때문에 책 읽는 시간과 정력이란 낭비이거나 무용한 것이라고 생각하기 때문이다. 그러나 가장 순수한 뜻에서든, 가장 현실적인 입장에서든, 책에 대해서만은 끝이니 시작이니 하는 졸업이란 말이 적용되어서는 안 된다. 그것은 책을 통해 발견하게 되는 삶과 세계가 현실의 그것들과 비유 혹은 대조되는 모습을 봄으로써 우리 자아의 안팎을 넓히고 개방시키며 경쟁시키기 때문이다. 그러므로 졸업식장에서 그 뜻을 밝히는 자리라면, 적어도 책과 책 읽는 일에는 졸업이란 말이 해당되지 않는다는 것을 유보로서가 아니라 전제로서 분명히 해야 할 일이다.

우리나라의 경우 그 점은 특히 더 강조되어야 하는데, 학교를 졸업하고 직장인이 되면 책은 무용한 정도가 아니라 유독하다는 생각이 아주 지배적이기 때문이다. 그런 생각이 든 것 역시 이 사회의 운영이 책을 무용지물로 만들고 있는 형편이어서인데, "그건 책에나 있는 이야기"라고 흔히 써먹는 말이 그런 단적인 예의 하나다. 이런 말은 책에 씌어진 진실이란 책 속에서 굳어버린 것이며 현실과는 단절된 것이란 사고의 결과이다. 이렇게 된 데에는 우선 책 속의 진실을 현실에서 죽여버리는 이 사회의 잘못이 먼저 지적되어야 하겠다. 하지만 한발 더 나아가, 책 속의 진실에 대조하여, 의롭지 못한 사회가 우리를 지배하고 있다는 사실을 깨닫게 하는 것이 바로 죽은 줄 알았던 책 속의 진실을 읽어냄으로써 가능하다는 사실을 모른 탓에서도 연유하고 있다.

학문이나 문학과 같은, 책 읽는 일을 업으로 하는 사람들 못지않게 일반 직장인들에게도 독서가 중요하다는 말을 새삼 역설하는 것은 이런 까닭에서이다. 책은 직장인으로서의 전문적 지식과 정보를 얻어내는 데도 필요하고, 가령 요즘 사회인들에게 많이 읽히는 『배짱으로 삽시다』나 『손자병법』 같은 출세학의 부교재로서 생존 경쟁에 이기기 위해서도 쓸모 있겠지만, 문학·교양·사상류의 일반도서를 더 많이 읽고 익혀야 할 필요성이 여기에서 비롯된다. 이 책들은 사회생활을 하는 사람들이 그가 실제 몸담고 있는 세상의 모습을 보다 확실하게 보여주기 위해서 세상과는 다른 책 속의 세계를 보여준다. 그 두 세계는 대조되고 유추되어, 어느 것이 옳고 진실한가를 비교하게 하고, 그래서 거기서 배어난 지혜가 우리 실제 세계의 일그러진 모습들을 알아보게 하고 그 잘못된 세계로 미끄러져 들어가는 것을 막아준다. 그러므로 책은 우리가 살고 있는 세계와 우리 자신의 삶의 거울이다. 우리의, 세계의 모습이 어떤 것인가를 우리는 책이라는 거울을 통해 바라본다. 그리고 보면, "그건 책에나 있는 이야기"란 맞는 말이다. 그 이야기가 책 속에 있기 때문에 우리의 실제 이야기들을 비추는 거울이 된다. 그리고 자신을 명징하게 돌이켜보려는 사람에게, 책이란 없어도 좋을 무관한 것이 아니라 의식과 사고 혹은 행동에까지, 요컨대 우리의 삶과 더불어 있어야 할 것이 된다.

이렇다면, 직장인의 일반 독서는 사회 속에 던져져 그것과 싸우는 사람들에게 오히려 필수불가결한 성격을 갖는다. 학생 시절이나 청소년 시기에 문학서나 교양서를 읽는 것은, 그들의 꿈과 내면을 키우기 위해 절실한 것이지만, 그 책에 씌어진 것을 대조할 현실적 삶의 폭이 매우 좁기 때문에, 책 속의 세계는 이상적인 범주에 더 많이 속해 있다. 그들의 실제 삶은 순진하고 틀에 짜인 것이기 때문에 책들이 드러내는 세계의 모습들은 비현실적인 것이 되어버리는 탓이다. 그러나 학교를 졸업하고, 세계 전체를 나와 대조하여 바라보며 그것의 숱한 모습들을 목격하고 체험하게 될 때, 비로소 책의 진의는 드러난다. 책과 현실세계가, 나와 생활세계가 대면하고 있듯이 바로 그렇게 대면하고 있으면서 그 둘 사이의 긴장에서 내가 생각하고 선택한 것이 무엇인가를 분명한 자료와 촉진제로서 제시하고 있기 때문이다.

이때, 그러니까 직장인들이, 대조 자료로서의 책을 버리고 현실세계와 일상세계로만 기울어진다면 그는 유능한 직장인, 기술 좋은 출세자가 될망정, 진정한 인간, 사려 깊은 사람은 되지 못한다. 사회 생활에서 유능한 출세자와 사려 깊은 인간 간의 경쟁은, 물론 전자의 조급한 성취로 판정이 나겠지만, 이 판정이란 일회전의 것에 그치며 삶의 전 생애, 전폭적인 존재상에 대한 평가로까지 연장되지 않는다. 현대의 문학과 영화가 치열한 출세 경쟁에서 재빠른 승리를 얻은 대가로 인간적인 지혜와 사랑을 상실하여 삶에서 패배하는 모습들을 즐겨 그리는 것은, 프롬식으로 말하자면, 존재적 삶을 버리고 소유적 삶을 쟁취하는 오늘날 인간들의 허망한 기능인-출세인적 패턴이 빚어내는 비극 때문이다. 책은 우리의 삶이 소유적 삶의 패턴으로 밀려나는 것을 저지하고 존재적 삶의 참뜻을 깨닫게 해준다. 직장인들은 소유적 삶의 패턴을 지향케 하는 타락한 환경들에 둘러싸여 있기 때문에 이 지적은 더욱 환기되어야 한다. 그래서 직장인을 인간 그 자체로 환원시켜야 한다. 그리고 참된 인간이기를 버리고 유능한 직장인만으로 길을 걸어갈 때, 책은 그것이야말로 로보트나 자동인간이라고 부르고 있는 것이다. 〔1984. 8〕

취미의 책읽기

고등학교 때 선생님 한 분은 아이들이 취미란에 으레 '독서'라고 적는 데 대해 대단히 분개하셨다. 어찌 책 읽는 일이 취미겠느냐, 하루 세 끼 밥 먹는 것이 결코 취미랄 수 없는 터에 배운 사람이나 못 배운 사람이나 모두에게 간절히 필요한 책읽기를 감히 취미라고 둘러대는 것이냐, 옛분들은 사흘 책을 못 보면 입안에 가시가 돋는다 했는데, 아무리 시절이 가난하다 하더라도 독서를 필수로 생각해야지 선택으로 가볍게 대할 수는 결코 없다—라고, 거의 침통한 표정으로 설교하시던 그 선생님의 말씀 때문에, 나는 어른이 되어서도 취미란에 감히 독서라고 쓰지 못했고 남들이 그렇게 쓴 것을 볼 적마다, 이제는 돌아가신 그 선생님의 칼칼한 목소리를 언뜻 떠올리곤 했다.

나는 지금 취미란을 메워야 할 계제에도 '독서'라고 쓰지 못한다. 이제껏 그 선생님의 말씀에 저어되어 그런 것도 아니고 책을 좋아하지 않아서도, 바쁘다는 핑계로 책 읽는 일을 게을리해서도 아니다. 책을 만드는 일, 더러는 글을 쓰기도 하는 일이 내 직업이 되어서 독서를 취미라기에는 이미 버그러져버린, 필수의 사무가 된 탓이다.

그렇다고 해서, 그 선생님의 말씀처럼 독서가 취미로 홀대되어서는 안 된다고 생각지도 않는다. 그렇기는커녕 독서야말로 가장 본격적인 취미의 본보기가 되어야 한다고 주장하는 쪽에 서 있다. 더 풀어서 말한다면, 가령 바둑을 둔다든가 꽃을 기른다든가 휴일에 등산을 한다든가 하는 것과 마찬가지로 책읽기도 여러 취미 생활의 하나이며, 책을 읽어야 문화인이라든가 책 속에 진리를 알아낼 길이 있다든가 하는 말들은, 적어도 지금 세상에서는 틀린 말은 아니겠지만 낡은 말임에는 분명하다고 나는 생각하는 것이다.

사르트르는 외갓집에서 어린 시절을 보내면서 노벨상을 받은 슈바이처 가문의 장서 속에서 이 세계를 발견하고 역사를 인식했으며 성장하는 삶을 살았다. 그러나 카뮈는, 가난한 식모의 아들로 태어나 알제리의 지중해에서 수영을 하고 축구를 하며 자라났다. 둘 다 뛰어난 사상가이고 노벨상을 받은 20세기의 대표적인 작가들이지만, 그래서 우리에게도 두루 읽히는 책들의 저자가 되었지만, 두 사람이 자신의 기질을 키우고 성숙의 계단을 밟은 환경은 서로 달랐다. 카뮈에게는 푸른 바다와 빛나는 태양이 둘러싸고 있었듯이, 사르트르에게는, 어쩌면 우연히, 물려받은 책들이 둘러싸고 있었을 뿐이다. 삶의 지혜를 찾아내고 세계를 경험하는 길 중에, 책이 그 한 가지라면, 그것은 중시될 수는 있을지언정 유일한 것일 수는 없음은 그러므로 분명해진다.

더구나 오늘날처럼 많은 선택의 방법들이 널려 있는 시대에, 독서만이 유일한 선택지로 생각한다면, 그 머리가 보통 막힌 것도 아니리라. 책은 왜 읽는가? 재미를 얻기 위해서라면, 그 재미는 프로야구에서나 연극에서도 얻을 수 있고, 지혜를 얻기 위해서라면, 그 지혜는 교회에서 목사님의 설교를 듣거나 극장에서 진지한 영화를 보고도 깨달을 수 있으며, 새로운 지식이나 정보를 위해서라면 신문이나 주간지가 있으며, 더 전문적이라면 컴퓨터 단말기를 통해 더 빠르고 간명하며 정확하게 획득할 수 있다.

책의 효용이나 독서의 기능이 더 못해진 것은 아니겠지만 적어도 다른 많은 경쟁적인 문화 산물의 효용과 기능에 해당하는 것

중의 하나가 된 것은 틀림없고, 더욱이 전파·전자 문명이 나타나기 이전처럼, 유일무이한 지적 원천이라고 자부하기에는 책의 위세가 밀려난 것을 부인할 수 없다.

그러므로 책읽기는 이제 '취미'의 수준으로나마 멈추게 된 것에 아마도 자족해야 할 것이다. 아니, 나로서는, 책이 전날과 같은 거의 독보적인 지적 원천으로서의 기능과 효용을 잃어가고 있기 때문에, 취미로서 책읽기의 의미는 훨씬 더 높아지고 진지해졌다고 생각된다. 털어놓고 말한다면, 책과 책읽기가 현실적인 용도라는 점에서 상당히 퇴색되었기 때문에, 그 진정성은 그만큼 더 승화되고 고조되었다고 볼 수 있다. 그래서 책과 책읽기를 그 자체로서 즐길 수 있게 되고, 책과 그 책을 쓴 정신과의 성실한 만남의 뜻을 높일 수 있게 되며, 책을 사랑하는 이들 간의 은밀한 동맹이 우정 깊게 이루어질 수 있게 되는 것이다. 왜 그런가? 우리는 이런 일을 여기에 비유할 수 있을 것이다. 인간이 먹고 살기 위해 사냥을 하든가 농사를 짓든가 할 때 육체적인 움직임은 고통스런 노동이었다. 노동은 가장 현실적인 효능을 지녔으나 사람에게는 지겹고 하루바삐 벗어나고 싶은 고역이었다. 그러나 가령 귀족이든가 오늘날처럼 육체적인 노동을 하지 않고도 생존의 실제적인 문제를 해결할 수 있게 된 경우, 인간의 육체 행위는 자아를 건강하게 만들며 일상의 권태로움을 떨쳐내는 스포츠로 질적인 전환을 이루게 된다. 그렇게 육체 행위는 그 현실적인 용도를 밀어내 인간 자신의 가치를 새로이 고양시키는 취미로서 또 다른 그리고 보다 진실된 값어치를 발견하게 된 것이다.

　책과 책읽기 역시 마찬가지라고 말할 수 있다. 이전에 자랑하던 책과 책읽기의 많은 기능과 효용들은, 라디오·텔레비전·영화 등 전파 매체가 빼앗아가고 카세트·비디오·컴퓨터가 대신 맡기도 하고 등산·프로야구·꽃꽂이가 나누어 받기도 하며 신문과 주간지와 단말기들이 앞서 행사하기도 해서, 보잘것없어지거나, 적어도 이전의 역할에서 상당히 위축되고 말았다. 현실적인 용도를 잃은, 혹은 위축된 책과 책읽기는, 그러므로 이제서야 그 기능 때문이 아니라 그 존재성에 의해 향유되고, 그 효과에 의해서가 아니라 오히려 무상성無償性에 의해서 초월적인 가능성을 누릴 수 있게 된 것이다. 노동에서 운동으로처럼, 필요에서 향수로, 필수에서 여분으로 질적 변환을 일으킨 것이다. 말하자면 여행의 참맛을 업무를 위해 출장 가는 데서가 아니라 일상을 떠나 한가롭게 차창 밖의 경관을 구경하며 여행지에서 의미 없이 즐거움을 얻는 데서 발견할 수 있듯이, 책읽기의 행위도 출세나 성공이나 성적과 같은 실제적인 의무에서 완전히 자유로워져, 그 책에 씌어진 단어와 구절, 묘사와 대화를 천천히 따라가며 거기서 만나는 또 다른 정신의 밀회를 즐김으로써, 세속적이고 반복적인 일상으로부터 해방되는 계기를 찾을 수 있게 된다.

　그렇다, 우리가 대가 없는 행위에서 진정성의 희열을 맛볼 수 있다면, 책과 책읽기는 한낱 취미가 되어 대가 없는 타인의 정신의 추체험 행위를 통해, 진정성의 희열을 안겨줄 것이다. 독서는 이때, 자아의 참된 성장과 삶의 깊이에 대한 올바른 통찰력을 길러줄 것이고, 그것은 이제와는 다른 새로운 모습을 지닌 교양독서의 효용으로 받아들여질 것이다. 〔1987. 5〕

책으로부터의 도피

 게으른 버릇대로, 기증받았거나 어쩌다 사기도 해서 들여온 책들을 방바닥 내 머리맡에 차곡차곡 쌓아두기를 두 달 남짓했더니 꽤 큼직한 덩어리가 되었다. 셋째 아이가 심심했던지 미련스레 그 책들을 헤아려보더니, "어마, 76권이나 되네" 하고 탄성 섞인 보고를 내게 해왔다. 그 늘어난 책수가 조금도 반갑지 않다는 투의 그 아이 말에 "그것도 내가 받은 책 중에 골라 가지고 온 것이란 말이다"라고 대답한 내 말투에도, 탄식이 섞여 있음을 나 스스로도 느낄 수 있었다.
 사실이다. 사무실에서 받는 우편물 중에는 내가 알기도 하고 모르기도 하는 문인과 저자들의 단행본이 동인지·잡지들과 함께 매일 두어 권쯤은 들어 있다. 내가 운영하는 출판사의 단행본 신간 말고도 동업자들이 보내는 책들, 더러는 언젠가는 볼지도 모르고 안 보더라도 소장해둘 만한 것이라고 해서 사기도 하는 책들로 하루 평균 세 권 가량은 새 책이 생긴다. 그중 상당수는 사무실에 놔두고 나머지를 집으로 가져오는데, 구석마다 여기저기 놓인 책꽂이로도 모자라 당장 정리할 수도 없지만, 머리말과 목차만이라도 봐두어야지 하고 머리맡에 놔두곤 했던 것이 이제 습관이 되어버린 것이다.

그런데 말이 그렇지, 내게 책을 기증한 분들에게는 대단히 죄송한 이야기지만, 머리말조차 제대로 읽지 못하는 경우도 적지 않다. 명색이 글쟁이이고 먹고 살기는 출판업인데, 책이라면 딱 질색이라면 지나친 말이고, 하여튼 짜증스러워진다고 고백하는 것이 정직하리라. 도대체 그 많은 활자들의 꼼지락거림, 그 꼼지락거림이 일으키는 숱한 말들——그것들이 나를 역겹고 지루하고 숨 막히게 한다. 아니, 내가 글을 쓰고 책을 만들기 때문에 활자와 책이 신물이 난다는 정도를 넘어 오죽 시원찮아서 글쓰는 일, 그래서 책으로 엮어내는 일밖에 할 일이 없다는 듯 열심인지 모르겠다는 사람들의 연민이, 내 자신을 포함한 글쟁이들 모두에게 가해지기까지 한다.

정말이다. 세상에 가장 따분하고 역겨운 말이 글쓰기라면, 가장 따분하고 역겹게 보내야 하는 시간이 책 읽는 동안이란 사실은, 근엄한 군자가 아닌 사람들 모두가 솔직하게 시인하는 점일 것이다. 그것도 한 삼십 년 전쯤, 텔레비전도 없고 오락실도 없고 프로 야구는 꿈도 못 꾸고 관광은 생각도 못 하던 때라면 모른다. 그런 때라면 남는 시간도 별로 없거니와, 혹 한가한 시간이 있다 하더라도 달리 즐길 방도가 없는 참에야 책으로나 시간을 죽일 수밖에 없었을 것이다. 더구나 그 즈음에는 책이 많지도 않고 살

형편도 못 되어서, 어쩌다 한 권 책을 읽기라도 할라치면 시간을 가볍게 보낼 수도 있고 또 한 가지쯤은 터득했다는 듯 으스댈 수도 있었다. 그러나 지금은, 시간을 죽이는 데는 독서가 그중 비능률적이고 지루한 방법이며, 젠 척하고 자랑하기에는 책에서 얻는 것들이 가장 맥 빠진 밑천일 것이다.

 참말이다. 조마조마하고 긴장된 스릴을 느끼는 데는 애거서 크리스티의 추리소설보다는 9회말 투아웃 만루 때 투수와 타자가 겨루는 숨 막히는 순간이 더할 것이고, 통쾌하고 신나는 장면으로는 『삼국지』의 적벽대전도 볼 만하지만 「코만도」에서 슈워제네거가 적들을 두드려 부수는 것이 더 실감나고, 흥겹기로 들면야 조용필이나 이선희의 TV쇼를 따라갈 시詩들은 없고, 로렌스의 소설이 에로틱하다 하더라도 킴 베신저의 「나인 하프 위크」보다 더하진 않다. 아름답기로 치자면야 조세희의 『난장이가 쏘아올린 공』보다 한계령이나 경포대는 고사하고 강화도 가는 국도변의 코스모스꽃들이 좋고, 격렬하기로는 대학가의 화염병이 뒤섞인 투석전이 더 생생하며, 심오하기로는 제주도 일출봉의 벼랑에서 내려다본 분화구와 남해 심연일 것이다. 새로운 사상이나 지적 정보라면? 글쎄, 그것들은 책 아닌 데서 얻어내기는 어려운 것이 사실이다. 그러나 그것도 서둘지 말고 기다리면 된다. 부지런히 공부하는 친구들의 술좌석 한 귀퉁이에 끼어 앉아 가만히 앉아 있거나, 한두 마디 미끼삼아 묻기만 하면 된다. 그러면 친구들은 최근에 읽은 책들, 문제된 글들을 줄줄이 요약해 일러주고 거기에 촌평까지 덤으로 얹어주어, 말하자면 서평까지 읽는 효과를 얻어낼 수 있는 것이다.

이렇게 해서 나는 책으로부터의 도피에 성공한다. 아직까지는, 책으로부터의 피란이란 말은 쓰지 못하겠는데, 그것은 직업상 교정지를 읽어야 하고 원고 때문에 남의 책들을 뒤적거리기도 해야 하는 탓이다. 그래서 가능한 한 책으로부터 도망치자는 내 욕구는 완벽히는 아니더라도 체면 차릴 만큼은 수행하는 데 성공하는데, 그것이 나에게 기쁜 까닭은 책으로부터의 도피가 책으로부터 축출당하는 것보다 훨씬 윗길의 고자세가 되기 때문이다. 책으로부터의 축출이라니? 아닌 것 같지만, 사실은 우리의 상당수가, 책을 팽개치는 것이 아니라 책으로부터 팽개침을 당한다는 것이 올바른 판단이리라.

어떻든 책이 몇천 권 쌓여 있는 집에 살면서 제각각 모범적인 길을 가는 우리집 식구들만 봐도 그렇다. 이른바 일류 대학을 나오고 그 대학원을 다니다 만 아내의 경우, 이미 나이도 40대를 바닥내고 있는데다 고3 뒷바라지 때문에 꼴이 말이 아니게 되었는데, 그녀가 활자를 대하는 것은, 그 자신의 고백대로, 은행이나 미장원에 가서 차례를 기다리는 동안 잠시 보는 주간지들, 어쩌다 잠들기 전에 아무데나 펼쳐 두어 페이지 보다 곯아떨어지는 종교서적 정도다. 대학을 다니는 큰아이는 중학생 시절까지는 내가 봐도 대견스러울 만큼 갖가지 책들을 꽤 많이 읽어댔는데, 입시 과정에는 그렇다 치더라도 어렵게 대학을 붙고는 무슨 서클에서 정한 책을 보는 데에도 급급하다. 그러니까 그 아이는 독서라기보다는 책읽기 숙제를 하고 있는 것이고 그것이야말로 가장 나쁜 독서일 뿐이다. 고3과 고1인 둘째 셋째는 그들대로 독서 못 하는 형편을 봐줄 수 있다 하더라도, 독후감 써오라는 숙제가 있으면 문학사전을 찾아 얼버무리는 것이 중2짜리 막내이다. 이 녀석은 초등학교 때 『삼국지』를 두어 번 읽더니, 중학생이 되어서는 영웅문 시리즈를 완독하고는, 숙제라든가 탁구치기에 시간을 들인다. 그러니까 나는, 책읽기가 다른 위락거리보다는 못하지만 그런 대로 하나의 '거리'가 된다는 것은 아는데, 나를 뺀 내 가족들은 그것조차 모르고, 그래서 자신들이 책을 대하려 하기 전에 책이 자신들을 받아들이려 하지 않는다는 사실조차 깨닫지 못하고 있는 것이다. 이런 사람들에게는 책이 제 따뜻한 속살을 드러내지도 않거니와 그들의 방문을 반가워하지도 않는다. 그러니 책으로부터의 '축출'이 아니겠는가.

하긴, 이런 무지는 우리집 식구들뿐이 아니다. 책을 안 읽어야 학교공부를 잘해서 원하는 대학에 들어갈 수 있고, 대학생이 되어서도 폭넓은 독서를 하지 않아야 문제학생으로 지목되는 일을 피할 수 있으며, 사회인이 되어서라도 책 읽는 데 쓰이는 정력과 시간을 부동산과 주식 시장에 들이면 더 많은 돈을 벌 수 있고, 직장 안팎의 사람들과 더 많이 어울려야 세상 견문도 넓어지고 현실 적응 능력도 커지며, 이런 데에서 책에 깊이 파고들고 거기서 얻은 생각을 고집하면 융통성 없이 꽉 막힌 사람이 되어버린다. 사회의 구조와 삶의 방식이, 교육의 방법과 성취의 과정이, 책을 읽으면 손해고 책대로 살면 위험하며, 책을 좋아하면 멍청해지고 책 읽은 것을 자랑하면 시건방진 사람이 되어버린다.

그런데도, 책에는 진리의 길이 있다든가, 책을 사흘만 안 보면 입 안에 가시가 돋는다든가, 독서는 마음의 양식이라든가, 책만이 진지한 인격을 만들어준다고 역설하는 사람이 있다면, 적어도 오늘날의 내가 보기에는, 그 사람은 한물간 도학자거나 정치가들처럼 능란한 변설가 또는 약삭빠른 책장사로서 정작 그 자신은 책 한 권 보지 않는 사람일 것이다. 적어도 그 사람은 우리가 책을 읽지 못하도록 만드는 실제 삶의 진상에 맹목이든가, 우리가 책을 버리기 전에 책이 먼저 우리를 버린다는 사실에 의식화되지 못한 사람이다. 정말 자기 자신의 일에 열중한 사람이라면 책보다는 책 아닌 다른 것을 더 사랑하게 마련이다. 열심히 일하다 지친 몸을 쉬기 위해서 텔레비전을 보고 주말이면 등산을 하고 휴가철이면 바다로 가고, 그래서 일의 보람과 휴식의 즐거움을 책 아닌 데서 구하는 것이 자연스럽고 또 바람직하기까지 하다.

그러나, 그럼에도, 이 말까지는 해야겠다. 텔레비전도 너무 보면 눈이 아프고, 등산을 하고 내려와서 맥주 한잔 마시고 집에 돌아오면 기분은 상쾌하면서도 잠들기까지에는 아직 시간이 남아 있고, 여행을 하며 줄곧 차창 밖만 바라볼 수 있는 것도 아니어서 무료해지기도 할 때, 그러니까 사는 일이 가끔은 피로하고 그래서 유용성의 실제 세계로부터 벗어나고 싶을 때, 혹은 막막한 그리움이나 회한에 젖어들어 이 세상 아닌 곳을 향해 꿈꾸게 될 때, 또는 더 이상 달리 할 일이 없어 하릴없는 자신의 존재의 무게에 눌려 있을 때, 문득 손에 잡히는 아무 책이라도 잡아보라는 권고는 해볼 수 있다. 이때 읽게 되는 책의 몇몇 구절은 아마도 대체로, 무료함을 더 부채질하거나 외로움을 더 깊이 해주거나 답답한 마음을 더 무겁게 만들 것이다. 이때 책을 더 계속해서 읽어도 좋고 한심스런 기분으로 다시 책을 버려도 좋다. 거기 책이 있고 언제고 내가 손을 뻗쳐 볼 상대가 있다는 생각만은 그때 다짐해 두는 것이 좋다. 이렇다면, 우리를 쫓아내던 책은 이제 우리의 눈길을 기다리는 자세로 바뀌고, 우리는 우리의 진력나는 삶의 세계로부터 도망칠 대피소가 마련되어 있다는 깨달음에 안도감을 느낄 수 있게 될 것이다. 그 안도감, 언제고 우리가 돌아갈 곳이 있다는 귀향감은, 추석을 앞두고 고향에 돌아갈 들뜬 마음으로 더 부지런히 일하는 여공들에게처럼, 우리 일의 보람에 더 큰 보람을 안겨줄 것이고 우리의 남는 시간을 더 귀중하게 만들어줄 것이다. 이때 우리를 축출하던 책이 현실로부터의 축출로 되돌아올 우리의 고향이 될 것이고, 책으로부터의 도망이 책으로의 도망이 될 것이다.

  우리가 도망해서 책을 찾아 대피할 때, 그 책 안의 대피 공간은 무한히 넓고 그 시간은 한없이 펼쳐져 있어서, 뉴욕도 가게 하고 아프리카를 방랑하게도 하며 원시인을 만나게도 하고 시험관 아기도 구경하게 한다. 우리는 거기서 공자님 말씀도 듣고 돌아가신 할머니의 옛날 옛적에를 되풀이해 듣고 파스퇴르의 실험도 보고 네루다의 마추픽추 산봉우리도 오르게 된다. 우리는 가장 작은 공간에서 가장 넓은 체험을 얻고, 가장 단순한 기호 속에서 가장 생동하는 세계를 관찰하며, 하얀 백지의 검은 활자라는 가장 단조로운 공간에서 시간을 초월한 가장 싱싱한 상상의 세계로 유영한다. 책으로부터의 도피가 세계의 무의미성을 확인하는 것이라면, 이제 책으로의 도피는 세계의 의미 있음을 확인시켜준다. 이렇다면, 때때로 책을 팽개치던 마음으로 세상을 팽개치고 가끔은 책을 잡아볼 만도 하지 않겠는가. '책으로부터의 도피가 책으로의 도피로'라는 역설은 그래서 책으로부터의 도피자나 축출당한 자나 다 같이 생각해볼 거리임은 이제 강조해도 좋을 것이다. 〔1987.11〕

p.s. ≫ 신문사 출판·문학·학술 담당 기자로 근 10년, 그러니까 내가 하는 일은 책을 중심으로 이리저리 넘나드는 것이었다. 책을 보고 소개하는 것, 읽고 기사로 쓰는 것, 다른 책과 대조하며 평을 쓰는 것, 그리고 기자직에서 벗어나 마련한 새 자리가 출판사여서 원고를 읽고 교정을 보고 편집을 한 후 책을 만들어 영업을 하는 것…. 그러니 내가 두 해 전에 쓴 글의 제목대로 '책과의 질긴 인연'들에 나의 평생이 옭혀든 것이었다. 그래서 책으로부터의 도피를 갈망했고 그럼에도 돌아온 탕아처럼 어쩔 수 없이 평생의 직업으로 되돌아오지 않을 수 없게 된다. 그 애증으로 뒤얽힌 하소연을 어디엔가 풀어놓지 않을 수

없었다. 1984년에 그 몇 가지를 연달아 썼는데 그것을 모은 것이 바로 이 글이다. 〔2019. 1〕

자유로운 책읽기에 대하여
책에 대한 '엄숙주의'와 '모범주의'로부터의 해방

/

언젠가 "요즘 무슨 책을 읽느냐"는 질문을 받고 "읽기는, 이젠 써야지"라고 대답한 적이 있는데, 지금 생각해도 참 희떠운 말이었다. 써야지라고 말한 대로 쓰지 않고 있는 것도 사실이고, 이처럼 간교하게, 읽지 않고 있음을 자백한 것도 사실이지만, 그 사실을 너무 늠름하게 말하는 것은 아무래도 시건방진 일이 아닐 수 없기 때문이다. 『책읽기의 괴로움』이란 제목으로 책을 낸 친구 비평가야말로 내가 아는 사람들 중에 가장 빨리, 그래서 많이, 그러고도 가장 재미있어하며 책을 읽는 대학교수로, 자주 만나면서도 흠칫흠칫 나를 놀라게 하곤 하지만, 그의 사르트르적인 책사랑은 그의 성격이고 나 같은 사람이야말로 책읽기란 진정 괴로움일 수밖에 없는 것이다. 화창한 날, 또는 싱그러운 밤에, 검은 벌레 기어가듯 한없이 늘어서 있는 활자들을 헤아려나가는 일처럼 지겨운 짓이 또 어디 있겠는가. 밀어내듯 글자 한 자 한 자, 단어 하나 하나 눌러가며 몇 줄 지나다보면 머릿속은 어디 엉뚱한 데 가 있고, 그동안 무얼 책에서 움켜잡았고 생각 속에 어떤 것을 새겨놓았는지 전혀 감감해지기가 십상이다.

그래도 젊은 시절에는 억지로라도 허덕거리며 북한산 오르듯 책 한 권을 보아 넘기기는 했는데, 이제는 나이든 몸에 격한 운동은 피하는 것이 좋으니, 어렵고 따분한 책을 굳이 읽을 게 무어겠는가고 스스로를 변명해줄 구실이 생겼다. 게다가 재미있고 편한 소일거리는 좀 많은가. 상대가 놀러오면 바둑을 두고, 집에서는 뉴스를 본다는 핑계로 앞뒤 프로의 텔레비전에 눈을 두거나 동네가게에서 빌려온 쿵후 비디오를 즐기다가, 아니면 컴퓨터를 더 많이 손에 익히겠다는 명분으로 그 앞에 앉아 테트리스 게임을 하다가, 이도저도 지치고 더 할일이 없을 때, 마치 날라리 학생이 하다하다 더 할일이 없어 학교에 나가보듯이, 베개를 가슴에 깔고 드디어 여러 날 전부터 넘겨오던 책장을 마지못해 떠들어보는 판이니, 책이란 나의 일상 중에 손에 들어보고 싶은 마지막 일거리인 것이다.

나의 책 안 읽음을 자학적으로 과장했는지도 모르겠다. 최소한의 체면으로 책을 보기야 하겠지만, 그러나 전날처럼 진지하고 성실하게 책 읽는 태도는 벗어난 것이 사실이다. 이 '벗어났다'는 말이 희떠운 수작이지만, 좀 정직하게 말하면, 책 읽는 데 꾀가 났다는 것이 올바른 말이리라. 그게 그렇다는 것은 살아온 생애 동안에 묻지 않을 수 없는 때[垢] 때문에, 책에 대해서도 바둑

자유로운 책읽기에 대하여 173

하수에게 그러듯이 한목 잡아주게 되었다는 데서 먼저 드러난다. 책 속에 길이 있다는 것은 물론 공자님 말씀 같은 것이지만, 길이 있다는 것과 그것이 곧 길이라는 것과는 분명 다른 말이며, 그래서 그 말은 책의 길이 삶의 길이 아닐 수도, 언짢은 길일 수도 있으며, 책 밖에 길이 있을 수도 있다는 말이 될 터였다. 책이 삶을 뛰어넘게도 하며 참된 삶을 열어주기도 하고 현실을 바로 보게 만드는 것도 진실이겠지만, 그렇다고 모든 책이 그럴 리가 없으며, 책을 읽는 모든 사람들이 그리 될 리도 없는 것이다. 아무리 양보해도, 책은 곧 삶도 아니고 또한 현실과 등식화되는 것도 아니며 책이 곧 세계의 실재일 리도 없다.

  책이란 잘해보았자 삶의 또 하나의 작은 경험이며, 현실을 바라보는 눈을 길러주며 세계를 그럴듯하게 베껴줄 뿐이다. 책에 대한 전적이며 무한적인 신뢰에 대해 이쯤만이라도 유보를 준다면, 오직 책에서만 진리를 발견하고 올곧은 삶을 가질 수 있다고 믿는 사람이야말로 골샌님의 외진 맹목임을 확인할 수 있을 것이다. 나이든 보수우파 인사가 요즘의 우리나라 책들을 조금만 읽어도 자기가 얼마나 물정 모르는 사람인가를 깨달을 것이다. 바로 그러는 그만큼 패기에 찬 젊은 지식인들 또한 책에 대한 유보로 책에서 한발 물러서서 삶의 실제를 바라본다면 지금처럼 막무가내의 고집은 덜 부리게 될 것이다. 책에 씌어진 내용이 그럴듯하게 여겨지고 거기에 빠져들 것 같을 때, 현명한 독자여, 침을 뱉고 거기에서 얼른 빠져 나오라! 책을 제대로 읽는다는 것, 책의 값을 올바로 매긴다는 것은 이렇게, 정말 사랑하는 연인에게 그러하듯이 다가서며 의혹을 두고, 도망가다가도 미련으로 돌아서고, 껴안으면서도 배신의 가능성을 결코 지워버리지 않는 데서 얻어진다. 이런 자신만만한 나의 주장에는 책에 대해 꾀를 부리는 나의 게으름을 숨기려는 꾀바른 속셈이 자리하고 있지만, 다독이니 정독이니, 밑줄 치기니 메모하기니의 머리 아픈 모범적 독서 교훈을 내팽개치고 나처럼 편하게, 책 읽는 괴로움으로부터의 자유로운 태도에 대한 옹호론이 이렇게 해서 생겨나는 것이다.

  이 독서법의 한 가지는 아무책의 아무데나를 펼쳐서 보다가, 아무 때 어디서나 덮고 싶은 대로 덮어버리는 것이다. 내가 열 살 때쯤이었는지, 맨 처음 본 소설은 장비호가 나오는 방인근의 탐정소설이었다. 나는 그 책을 처음부터가 아니라 재미있어 보이는 소제목의 중간부터 읽기 시작해서 처음으로 돌아가 결국 다 보게 되었다. 그러나 지금부터 내가 권하는 것은 좀더 개방적인 방법인데 체계적으로, 또는 줄거리를 따라 읽지 않아도 되는 경우이다. 나는 잠이 안 올 때 잠자려고 고생하기보다, 불을 켜고 머리맡의 책을 집어 아무 곳이나 펴들어, 읽다 말다 하며 졸음이 오면 그대로 잠에 맡기곤 해서 한때 내게 달겨들 것 같던 불면증을 벗어난 적이 있다. 이때 읽은 것이 여러 권으로 된 『열국지』 등등의 책이었는데, 잠결에 읽은 탓으로 기억해두어야 할 이야기나 구절을 곧 잊어버리는 커다란 흠이 있음에도, 책에 대한 억압감 없이, 그리고 시간도 부담 없이 보낼 수 있는 가장 편한 독서법으로는 이 이상 좋은 것이 없을 듯하다. 성 아우구스티누스가 탕아였을 때 피로하고 힘든 나날을 지내던 중 무심코 잡은 『성경』을 펼쳐 눈에 띄는 대로 「로마서」를 읽다가 어떤 구절에 충격을 받고 회개하여 기독교 신자가 되었다는데, 어쩌면 무심한 책읽기에서 이런 감동적인 순간을 얻게 될지도 모를 일이다.

이 방법보다 좀더 체계적이기는 하지만 마찬가지로 자유로울 수 있는 독서법은 페이지마다 몇 개의 단어만 헤아리며 빠르게 넘기는 일이다. 나는 얼마 전 한 여성작가가 쓴 흥미로운 제목의 창작집을 마음먹고 집어 들고 두어 페이지쯤을 찬찬히 보다가 곧 그림만 보는 만화장 넘기듯이 슬슬 페이지를 넘겨 한 시간 만에 근 300페이지짜리 그 책을 다 읽어버렸다. 내가 속독술을 가진 것은 결코 아니었고 그 책이 그 정도로 만만한 읽을거리, 아니 넘길거리였기 때문일 텐데, 이런 경우는 대체로 저자의 수준이 독자에게 허술하게 잡혀든 때이다. 하긴 최남선 같은 대학자는 한눈으로 6행을 읽을 수 있었다는 얘기를 들었는데, 거기에는 우선 육당의 박람博覽이 있었겠지만 한자투성이의 글들이 눈으로 재빨리 빨려들어오는 덕도 있었으리라. 그런데 이렇게 눈에 띄는 단어들만 걸어가며 읽는 것이 무책임할 듯싶으나, 실은 내용이 매우 정확하게 전달되고 신속하게 이해되는 경우가 많다. 서점에서 서서 슬쩍 책을 보는 때, 혹은 벼락치기 시험공부를 할 때, 내용이 머릿속에 잘 들어오고 오래 기억되는 것과 비슷하다. 그러나 아무래도 이 거칠은 독서법은 중요한 곳을 놓치거나 뜻을 정반대로 알게 만드는 경우가 많을 것이다. 그러나 그런들 어떻겠는가. 허술한 책에까지 정중하다면 우리의 정력 낭비가 될 것이며, 그러니 저자의 수준에 우리가 맞춰주는 것이 예의일지도 모른다.

이것과는 정반대의, 아껴 읽는 방법을 나는 흔하지는 않지만 드물게 사용한다. 일부러 책을 천천히, 마치 닳는 것이 아까워 귀한 사탕과자를 아주 조금씩 빨 듯이 그렇게 한 줄 한 줄을, 한 페이지 한 페이지를 늑장부리며 읽어가는 것이다. 나는 이 같은 책 읽기가 얼마나 감미로운 것인가를 전방의 졸병으로 근무할 때 체험했다. 김은국 씨의 『순교자』 영문판이 막 국내에서 발간되었을 때, 그것을 사들고 귀대한 후 읽기 시작했다. 정확하고도 쉬운 문장에 힘입은 그의 신학적 스릴은 후딱 읽어버리기에는 너무 아까웠다. 그래서 나는 외출나간 읍내의 다방에서 한두 장, 내무반의 취침 전에 서너 줄, 느릿느릿 읽어갔다. 이렇게 하게 된 데에는, 그 다음에 읽을 다른 책이 없었던 탓도 있다. 결국에는 다 읽고 말았지만, 이 재미에 힘이 나서 다음 휴가에는 시인 황동규에게 책을 빌려 같은 방식으로 더 읽어냈다. 바로 영문판으로 번역된 도스토예프스키의 『악령』과 『백치』였다. 물론 내가 영어를 잘할 리도 없고 사전을 찾을 계제도 아니어서 대충대충 줄거리만 엉성한 대로 걷어가는 정도에 그치고만 것이지만 책 읽는 달콤함이란 그 이전이나 이후에나 이만한 적이 별로 없었다. 김승옥의 첫 작품집 『서울 1964년 겨울』을 처음 읽을 때, 조세희의 『난장이가 쏘아올린 작은 공』을 두 번째로 읽을 때, 그리고 지금 윤후명의 단편집 『원숭이는 없다』를 보면서 나름의 방법으로 즐길 수 있게 된 것은 내 군대 시절의 경험에서 얻은 지독법遲讀法 덕분이다. 기능적인 시대에 이러한 독서법은 비능률적이고 더구나 천천히 읽는 사이에 끼여드는 분방한 상념 때문에 책과 관련 적은 것들이 이 책에 대한 기억을 혼란스럽게 만들지만, 그러면 어떠랴. 때로는 정확한 이해보다도 절실한 감정이 더욱 아름다운 지혜가 되리란 것을. 바슐라르도 아마 그래서 의도적인 오독誤讀을 바랐을 것이다.

  이 비기능적인 독서법 때문에 정작 시간 손해가 커서 책 읽는 허영을 채우지 못할 경우, 나는 물론 서슴없이 사술詐術을 쓰기도 한다. 그러니까 읽지도 않고 읽은 척하는 방법이 있다는 것이다. 이러기 위해서는 물론 그 책을 사긴 해야 한다. 사서는 목차, 서문이나 후기, 판권 등을 훑는다. 그리고 신문의 안내, 좀더 성의가 있으면 계간지쯤의 서평을 읽는다. 책 중의 한 챕터를 읽을 수 있다면 이미 사술이라 할 수 없는 양심적인 정도가 되지만, 어떻든 그거라도 본다면 더욱 완벽히 나는 한 권의 책을 읽은 폭이 되고, 게다가 그 책에 대한 서평 한 편을 더 읽은 셈이 된다. 나는 이 방법을 사술이라고 했지만 나 같은 범인의 게으름에 그 말이 해당되는 것이지, 바쁜 학자들이나 방대한 저술가들에게는 그것이 아마도 성실하고 적절한 독서법이 될 것이다.

  오늘날처럼 엄청난 정보들이 홍수처럼 쏟아져 나오는데, 며칠,

적어도 몇 시간씩이나 걸릴 정독법으로 어떻게 그 많은 정보들을 따라가겠는가. 작고한 우리나라의 대표적인 재벌 기업인은 읽어야 할 책을 비서진에게 읽도록 하고 짧은 요약을 받아 그것으로 한 권의 책을 소화해냈다는 이야기를 들은 적이 있고, 로스토라는 미국의 경제학자는 한 해에 한 권의 저술을 낼 목표로 조수에게 읽은 책을 카드로 정리케 했다는 말도 귓결에 스친 적이 있는데, 정말 그들은 그럴 수밖에 없을 것이다. 어떻든 이런 경우, 중요한 것은 독서한다는 행위 자체가 아니라 책을 통해 획득할 정보이며 기업인과 저술가는 비서와 조수에게 좋은 책을 읽게 하는 혜택까지 베푼 것이다. 나는 이렇게 바쁜 사람이 아니므로 나 같은 다른 사람에게 굳이 권할 바는 아니지만, 이것이 나쁜 일은 아니라는 것, 적어도 책에 대한 엄숙주의는 버려야 한다는 말만은 강조하고 싶다.

요즘 우리나라에도 정력적으로 소개되는 미셸 푸코 식으로 쓰자면, 책과 책 읽기에 대해서 우리는 비체계적인 방식을 취하는 것이 좋다. 책이 문화의 가장 중요한 척도가 되고 책읽기는 어떤 다른 문화 행위보다 근본주의적인 것은 사실이지만, 그것만이 유일한 척도라든가 거기에서만 전적인 가치를 얻어낼 수 있다든가 하는 것은 현대와 같은 다원주의 시대에 망언이 될 뿐만 아니라, 책을 읽어야 한다는 것이 그만한 무게의 억압감으로 내리눌러 책을 즐거움 혹은 괴로움의 정신적 대상이 아니라 속박과 적

개심의 매듭이 되게끔 한다. 책에서 엄숙주의를 풀어내고 책읽기에서 모범주의를 풀어낼 것 ─ 이것이 내가 지금껏 끝내 숨기는 데 실패한 한마디인 것 같다. 그러나 어이없어라, 책읽기의 자유로움을 실현하는 데에는 책에 대한 의무감의 괴로운 터널을 거치지 않으면 안 되는 것을, 비체계의 체계화란 아이러니는 어디에서나 피할 수 없는 순환논법의 고리인 것을! 책을 통하지 않고 이것을 어떻게 명쾌하게 깨달을 수 있겠는가. 〔1989. 5〕

p.s. ≫ 내 친구들은 거의 소설이나 시를 창작하든가 비평을 하는 문학인들이다. 그러니까 그들 모두가 저자이기도 하지만 독서인이 되지 않을 수 없었다. 그중에도 가장 빨리 요령 있게 읽고 정확하게 이해하는 친구가 (아마도 그래서였는지 모르지만) 너무나 일찍 세상을 뜬 김현이다. 나는 그에게서 여러 가지를 많이 배우고 흉내 내곤 했다. 책을 빨리 읽고 소화하는 방법에 대한 내 아이디어의 상당 부분은 김현을 보며 떠올린 것일 게다. 책을 급하게 많이 소화해야 할 때는 이 글에서 쓴 것처럼 여러 수법을 썼지만, 이제 책과 상대하는 일 외에는 별로 할 일이 없어진 노경의 일상에서 책은 지겹지만 피할 수 없는 상대가 되어버렸다. 대신 나는 책을 빨리, 요점을 찾아 읽지 않(못하)고 느릿느릿 읽히면 읽히는 대로, 눈밖으로 글줄이 튀면 버려버리고 아주 한가로이 읽는다. 그리고 일부러 두꺼운 책을 잡기도 하고 더러는 내가 보아 도대체 이해하지 못하는 과학책을 펼치기도 한다. 그 지루한 읽기가 내 나이의 지루함과 맞장을 뜨고 있도록 나의 책읽기도 자유로워진 것이다. 〔2019. 1〕

'페스트'의 사상

/

　내가 카뮈의 소설을 처음 본 것은 고등학교 2학년 여름이었던 것 같다. 서울에서 대학을 다니던 형이 방학으로 집에 내려오면서 이게 지금 한창 문제되는 소설이더라고 하며 선물로 준 것이 이휘영 역의 『이방인』이었다. 그즈음 나는 헤세의 여러 소설, 특히 『크눌프』에 기울어 고독한 영혼이 감내해야 했던 순결한 방랑과 아름다운 죽음을 사랑하고 있었으며 한편 당시의 신문·잡지에 막 소개되기 시작한 실존주의에 대한 해설들을 읽으며 어린 나이 나름의 존재론적 허무의식에 빠져들고 있었다. 그럴 때 나는 뫼르소를 통해 그 여름의 찬란한 바다, 절정에 이른 정오의 태양, 이 세계의 부조리를 각성시키는 새벽별을 보았다. 그것은 감성이 여린 사춘기 소년에게 하나의 충격이었다. 이때 받은 신선한 절망감은, 대학 일학년 때 불어를 독학하기 위해 원서와 번역서를 대조해가며 『이방인』을 다시 읽을 때 또 한 번 반복되었다.

그 번민의 대학 일년생은 교회를 나갈 것인가 말 것인가, 신이 존재하는가 안 하는가로 마치 우주를 싸안은 듯한 고민의 표정을 짓고 있었고, 한밤의 창 밖에 돋아난 별들을 보며 나 자신을 뫼르소처럼 감방 안에 갇힌 자로 생각하고 있었던 것이다.

이후 당연히 나는 카뮈의 책들을 많이 읽었다. 「주인」「자라나는 돌」 등이 수록된 단편집 『유적과 왕국』, 그의 대표작 『페스트』, 그로 하여금 노벨 문학상을 타게 한 중편소설 『전락』, 희곡 『정의의 사람들』, 에세이집 『표리』 『시시포스의 신화』 『반항적 인간』 등 당시 왕성하게 간행되던 그의 번역서들은 모조리 구입했다. 그리고 하숙방에서 잠 못 이루는 한밤에 나는 대개 카뮈의 한계 상황과 부조리, 각성과 저항의 세계 속으로 들어가 있었다. 대학 전공이 정치학이었음에도 불구하고 사회과학 도서보다 문학 책을 더 많이 샀고 읽었으며, 거기서 더 친근한 나의 세계를 발견하곤 했었다.

사르트르며 지드도 이때 읽었고 헤밍웨이의 소설과 영화도 이즈음 빠져들어 보았다. 토마스 만의 『선택된 인간』에서도 실존주의를 찾고 있었다. 나는 갓 귀국한 조가경 박사의 실존주의 강의에서 A학점을 받았고 『정치학보』에 쓴 어쭙잖은 내 논문도 문학, 특히 실존주의적 관점에서 비춰본 자유의 문제를 테마로 하고 있었다. 그래서 나의 사춘기는 카뮈가 대표적 존재로 보였던 실존주의에서 시작되었다. 대학을 졸업하고 근 삼 년 동안의 군 생활을 마친 후 사회적 성인이 될 때까지 그 사상과 정서가 나를 지배해왔다. 그것은 지금까지도 내 안의 깊이 숨겨져 어떤 근원적인 생각을 하게 될 때 내 사고의 지렛대가 되어주는 듯하다.

물론 세간사에 찌들고 때묻어버린 이제는 『이방인』을 처음 읽을 때와 같은 신선한 절망감에 젖어들지는 않는다. 그러나 어두운 뒷골목을 헤매고 며칠을 개지 않은 이불 속에서 새벽잠을 깨곤 할 때마다 물밀 듯이 닥쳐온 허무감, 부조리 의식, 절망, 죽음에의 충동을 늦게나마 벗어나게 한, 그리고 세상을 어둡게 보고 자신을 학대하던 번뇌의 시절을 서서히 이겨나가게 한 『페스트』의 사상은 이 세상에서 죽음보다 더 절망할 것이 없으며 인간에의 따뜻한 애정보다 더 허무를 극복할 것이 없다는 신앙을(그렇다! '신 없는 시대의 신앙'이다) 나에게 갖게 한 것이다.

『페스트』야말로 나를 실존의 심연에 던져 넣었으며, 어둡고 절망스런 세계에서 허무를 익히며 인간을 사랑하는 법을 나에게 가르쳐주었다. 내가 가장 위대하게 보는 문학——도스토예프스키와 더불어, 그것의 현대적 존재론과 윤리를 깨우쳐준 것이 카뮈의 부조리 문학이라면 내가 『페스트』에 너무 탐닉했던 것일까?

오랑이란 곳에 페스트가 전염된다. 도시는 완전히 봉쇄되고 하루에도 수많은 사람들이 죽어가며 사람들은 병과 죽음의 공포와 싸운다. 그것은 물론, 희망과 탈출구가 없는 현대인과 한계 상황을 말해준다. 이 절망의 도시에서 의사 리외는 병균과 맞서며 환자들을 위해 절망적으로 헌신한다. 독자들은 리외에게 신이 존재하지 않는 세계 속에서 성자의 모습을 발견한다. 그 모습은 페쇄당한 도시이기에, 달리 구원받을 가능성이 없기에 더욱 처절하다. 카뮈는 이 소설을 통해 세계가 화해롭고 아름다운 곳이 아니므로, 인간이 화해롭고 아름다운 존재가 되어야 한다는 윤리를 가르치고 있다. 그는 세계가 허무하기 때문에 인간의 불행에 사랑과 구원의 행동이 있어야 하며 그것만이 부조리와 허무의 세계에 도전하고 극복하는 도덕이 된다는 것을 리외를 통해 뚜렷하게 보여준다. 소설 『이방인』을 발표하고 그 철학적 논리를 『시시포스의 신화』에서 전개한 것처럼, 『페스트』의 사상은 그보다 4년 후에 간행된 『반항적 인간』에서 펼쳐진다. 이 에세이집이 제시하고 있는 저항과 자유의 사상은 그의 선배이자 동료였던 사르트르와 결별하는 논쟁의 계기가 되지만, 실존주의가 퇴조하고 음울한 부정적 세계관이 물러난 지금, 뭇 사람들에게 오히려 더욱 깊은 영향력을 미치고 있는 것은 이 소설과 비평집이 드러내는 그 철학 때문이다. 그것은 어느 시대 어느 상황의 인간에게도 근원적인 윤리와 자유의 사상을 전해주고 있다.

짧은 반생에도 나는 이 세상이 얼마나 억압되고 인간이 얼마나 타락할 수 있는가를 자주 체험해왔다. 그런 체험을 가질 때마다 세계와 인간이 허망한 구조로 이루어져 있고, 그 어디에서도 희망을 기대할 수 없으리란 절망에 빠지곤 한다. 그때마다 나는 『페스트』를 떠올리고 의사 리외를 생각한다. 그는 나에게 귀가 먹어서도 작곡을 한 베토벤처럼, 죄로 가득 찬 세상에서도 순결한 신성으로 빛나는 도스토예프스키의 알료샤와 샤토프처럼 허무를 이겨내는 영웅으로 다가온다. 그래서 내게 속삭인다.

"절망하라, 그리고 사랑하라!" 〔1979〕

p.s. ≫ 카뮈의 『페스트』에 이어서인지 도스토예프스키의 『카라마조프가의 형제들』을 보았고 몇 해 후 군대 졸병 시절에 시인 황동규로부터 빌린 영역판 『악령』과 『백치』를 읽었다. 한창 번민이 많았던 시절 그 19세기 러시아 소설가와 20세기 프랑스 작가가 나를 짓이겨 댔다. 내가 가장 존경하는 이 작가들의 전집 읽기에 도전한 것은 그로부터 50년이 지난 후였다. 내 젊은 시절을 회상하며 떠들어댄 덕인지, 열린책들이 '도스토예프스키' 전질 25권을, 책세상이 '카뮈' 전질 15권을 내게 기증해주었다. 그 감사의 뜻과 함께 연휴가 시작될 때 펴놓았다가 몇 쪽 못 보고 덮어온 그 책들을 고집스럽게 제1권부터 백넘버를 좇아 완독했다. 읽었을 뿐 아니라 인상적인 대목들에 부닥치면 짧은 소감을 다는 이른바 '마지널리언'으로서의 댓글달기도 했고 그걸 『본질과 현상』에 게재하기도 했다. 그러니 도스토예프스키와 카뮈는 젊은 시절의 영향만이 아니라 늙어서의 일거리가 되었다. 그럴 만큼, 나의 이십 대는 도스토예프스키와 카뮈로 범벅된 번뇌의 시절이었다. 〔2019. 1〕

'어린 왕자'의 선물

/

　나로서는 『어린 왕자』의 적격한 해설자가 될 수 없음을 먼저 고백해야겠다. 그것은 다음 세 가지 이유에서이다. 첫째, 내가 처음 생텍쥐페리의 이 동화를 읽었을 때는 거의 누구나 그렇듯 젊은 시절 특유의 증오감에 젖은 일상을 보낼 즈음이었다. 미움이란 것이 얼마나 멋있는 삶의 형태인가에 매혹되어 있을 때 우연히 보게 된 『어린 왕자』의 정황은 유달리 인상적인 감동 그 자체였다. 증오가 얼마나 허황한 것인가, 아이들의 순진함 속에 얼마나 깊은 사랑의 근원이 숨어 있는가를 깨달을 경우 흔히 그렇듯이 나는 이 작품에 문학 그 이상의 의미를 부여했고, 그 감동 때문에 해설자가 가져야 할 냉정한 태도를 포기하지 않을 수 없는 것이다. 두 번째 이유는 내가 좀 더 나이 들고 그리하여 세속적인 사랑이란 어려운 관계를 갖게 된 실마리가 갈리마르 판 『어린 왕자』에 있기 때문이다. 생텍쥐페리 자신의 원색화로 장식된 그

『어린 왕자』는 인간 사이의 관계 맺음에 얼마나 많은 훈련과 반성이 필요한가를 그 책 자체로, 그리고 현실의 문제로 나에게 교훈을 주었다. 이제도 그 책의 표지만 보면 그즈음의 아픔과 즐거움, 고통스러움과 화해로움이 함께 연상된다. 그 『어린 왕자』가 내 책상의 가장 귀중한 자리에 꽂혀 있는 한, 다시 한 번 나는 감정의 중용이 갖는 미덕을 잃게 될 것이다. 그리고 마지막으로, 아마 『어린 왕자』의 독자들이라면 대부분 비슷한 경험을 갖겠지만 그리 길지도 않은 이 동화 자체가 비평가의 냉철한 시선을 거부하는 것이다. 내 개인적인 이력을 제쳐놓더라도 이 견해는 많은 공감을 얻을 것 같다. 완벽한 순수함에서 솟아나는 아름다운 상상력, 그것이 동반하는 아가페적 사랑, 그리고 그 모든 것들이 종국적으로 귀결되는 허무의 승화——들은 논리적인 분석이나 객관적인 논평을 하려는 당초의 의도를 무산시켜버린다. 요컨대 『어린 왕자』는 인간이 내놓을 수 있는, 가장 순결하고 아름답고 비극적인 책 가운데 하나다.

  이상의 이유에도 불구하고 감상문을 쓸 용기를 갖게 된 것은 생텍쥐페리 자신의 조언 때문이다. 그는 나라를 빼앗기고 미국에서 망명 생활을 하던 1943년에 이 동화를 레옹 베르트란 친구에게 바치고 있는데, 그 헌사에서 "어른은 누구나 다 어린 시절을 거쳐왔기 때문"이라고 말하고 있다. 나는 그 구절에서 많은 어른 중 약간이나마, 그리고 그들이 작게나마 이 책에 대해 나와 비슷한 체험과 감정을 겪었으리라 추측한다. 그런 추측은 『어린 왕자』에 대한 내 편견이 일으킬 어떤 잘못의 괴로움을 상당히 위안해주리라는 것을 믿게 한다. 요컨대 나는 그저 느낄 뿐 말하면 그 값이 떨어진다고 생각하는 사람들 편에서 그들로부터 위안을 얻고 싶은 것이다.

마음으로 보라

사막에서 어린 왕자를 만나는 비행사의 여섯 살 적 경험은 이 동화의 첫 번째 주제를 이루면서 세계를 바라보는 가장 정확하고도 내밀한 방법을 제시한다. 코끼리를 통째로 삼킨 보아뱀의 그림은 어른들에게 무심한 모자로 보인다. 아이는 그것이 모자가 아니라는 사실을 어른들에게 설명해주어야 했고, 더욱 잔인한 사실은 어른들이 자신의 착오를 인정하지 않고 아이를 터무니없다고 꾸짖는다는 것이었다. 어른들의 총명함은 '브리지 게임이니 골프니 정치니 넥타이니 하는 이야기'로 판단된다. 그러나 어린이들의 화제는 '보아구렁이니 처녀림이니 별이니 하는 이야기'들이다. 어느 것이 보다 총명한 것인가? 워즈워스의 유명한 "어린이는 어른의 아버지"란 시구에 감동받는다면, 그리고 누구에게나 어린 시절이 있었고 그 시절의 순결함에 마땅히 향수를 느낀다면 비행사의 수수께끼 그림은 모자가 아니라 코끼리를 통째로 삼킨 보아뱀이 맞다고 판정할 것이다. 생텍쥐페리 자신 보아뱀 편에 서고 있다. 사막에 불시착한 비행사가 고장 난 비행기를 수리하는 데 여념이 없을 때, 느닷없이 나타난 어린 왕자와의 대화 속에서 수수께끼 그림은 다시 한 번 등장한다. 왕자의 주문에 따라 비행사는 양 그림을 그려 주지만 모두 거절당하고, 마침내 양이 보이지 않는 네모상자를 그려 주었을 때 "이게 바로 내가 갖고 싶어하던 그림이야!" 하는 왕자의 환성을 듣게 된다. 보이지 않는 것의 존재에 대한 투시透視, 그것은 어린 왕자에게 소곤거리는 여우의 말에서 구체적으로 나타난다. "내 비밀을 알려 줄게. 아주 간단한 거야. 잘 보려면 마음으로 보아야 한다. 가장 중요한 것은 눈에는 보이지 않는다."

'마음으로 보라'는 충고는 충분히 유심론의 경지에 이른다. 그러나 생텍쥐페리의 그것은 유심론이 흔히 빠지기 쉬운 신비주의적 환상이나 지나친 주관적 독단의 함정에서 벗어나 있다. 그것은 두 가지 이유에서이다. 우선 그의 관찰력은 불교의 정관淨觀이나 중세 기독교의 묵상에서 나온 것이 아니라 행동의 신선한 동력이 발산하는 직관에서 비롯된 것이기 때문이다. 모험을 사랑하는 비행사가 바로 생텍쥐페리 자신이라는 것을 생각해보라. 그는 사하라에서, 리비아에서, 안데스에서, 오로지 별밖에 보이지 않는 어둠 속에서, 지상의 세계를 가린 구름 속에서, 위험을 직감하고 출구를 순간에 포착한다. 사지死地에서 헤매고 신기루의 환영과 싸우며 기갈과 열기와 씨름하며 그는 사태의 진상을, 눈에 보이지 않는 위기를, 어딘가 괴어 있는 물소리를, 바람에 씻기운 낙타의 흔적을 간취하는 것이다. 그는 가만히 앉아서 마음을 확장시키는 사람이 아니다. 그는 생동하는 의식과 육체로 순발력을 발휘하여 사물의 진수를 정확히 파악한다. 그가 신비주의의 그물을 찢고 환상의 의식을 깨뜨리며 직관을 고도로 세련시킬 수 있었던 것은 오히려 말보다 모험을 사랑했기 때문이다. 그럼에도 불구하고 '마음으로 봄'이 독단에 함몰되지 않는 것은 어린이의 순결함을 지키고 있었기 때문이다. 그것은 참으로 위대한 인간적 미덕이다.

『어린 왕자』에 나타나는, 그의 어린이에 대한 신앙은 거의 절대적이다. 그에게 있어 어린이란 가장 생생한 상상력의 소유자이다. 그의 성서적 어린이관은 어른에 대한 불신으로 이어진다. 어른은 순수한 상상력이 마멸되었을 뿐더러 어린이의 발랄한 상상력마저 짓밟는다. 생텍쥐페리는 동심의 순진한 상상력이 구차한 언어로 훼손되고 아이들의 관심을 현상적인 것에만 그치게 하는 데 크게 반성하고 있다. 어른들은 혼자서는 아무것도 이해하지 못한다. 그러니 언제나 그분들에게 설명을 해준다는 것은 어린이들에게 힘든 노릇이다. 그리고 비행기 수리를 중대한 일이라고 말했다가 "아저씨는 어른들 모양으로 말하는군……"라는 핀잔을 듣자 비행사는 '좀 부끄러워'진다. 그리고 마침내 '망치며, 볼트며, 갈증이며, 죽음을 우습게 생각'할 정도로 바뀌어버린다.

'마음으로 봄'은 여우의 충고처럼 세계를 명징하게 통찰하는 방법이다. 가장 중요한 것은 현상에 있지 않다. 가시적可視的인 것은 우리의 순수함을 잡스럽고 허황하게, 우리의 상상력을 메마르고 무미하게, 우리의 관계를 탐욕스럽고 독재적으로 만든다. 어린 왕자가 다른 소혹성에서 만나는 '이상한 어른들'—자신의 명령까지 거부하기를 명령하는 왕, 손뼉을 치게 하여 자신을 숭배토록 하는 허영쟁이, 술 마시는 게 창피해서 술을 마시는 술고래, 별의 숫자를 헤아리며 자기 재산으로 생각하는 상인, 그리고 이들보다는 좀 낫지만 기계적으로 등을 켰다 껐다 하는 점등인, 기록만 하는 지리학자들은 모두 현상에 집착한 데서 오는 착오자들이다. 실로 세계의 참모습은 결코 권력이나 허영, 자기 포기나 부, 혹은 기능이나 지식으로 얻어지지 않는다. '마음으로 보는 것'으로 얻을 수 있는 것은 전혀 다르다……

너와 나의 관계

같이 놀자는 어린 왕자의 부탁에 여우가 거절한다. "난 너와 놀 수가 없단다. 길이 안 들었으니까." '길들인다^{apprivoiser}'는 말은 『어린 왕자』의 핵심적인 용어다. 'apprivoiser'는 '순하게 만들다' '제 편에 끌어들이다'란 뜻인데 이것은 아마 두 개체의 관계를 의미할 것이다. 여우는 재우쳐 묻는 왕자에게 '관계를 맺는다$^{créer\ des\ liens}$'고 다시 설명하는데, 'créer'는 정확히 '창조하다' '만들어내다'이다. 따라서 길들인다는 말은 '관계를 창조한다'는 것을 의미한다. 이 '관계의 창조'에 대해 좀더 구체적으로 여우의 설명을 듣자.

내게 있어서는 네가〔어린 왕자〕아직 몇 천만 명의 어린이들과 조금도 다름없는 사내아이에 지나지 않는다. 그리고 나는 네가 필요 없고 너는 내가 아쉽지도 않을 거야. ……그렇지만 네가 나를 길들이면 우리는 서로 아쉬워질 거야. 내게는 네가 세상에서 하나밖에 없는 아이가 될 것이고, 네게는 내가 이 세상에 하나밖에 없는 것이 될 거야…….

그렇다면 이 '관계의 창조'로 무엇이 달라지는 것일까? 여우는 말한다.

내 생활은 변화가 없었다. 나는 닭들을 잡고 사람들은 나를 잡고 닭들은 모두 비슷비슷하고 사람들도 모두 비슷비슷해. 그래서 나는 좀 심심하단 말이야. 그렇지만 네가 나를 길들이면 내 생활은 해가 돋은 것처럼 환해질 거야. 난 어느 발소리와도 다른 발소리를 알게 될 거다. 다른 발소리를 들으면 나는 땅속으로 들어간다. 그러나 네 발소리는 음악소리처럼 나를 굴 밖으로 불러낼 거야.

여우는 두 세계에 대해 이야기하고 있다. 서로 '필요도 없고 아쉽지도 않은', 그리하여 '변화 없고' '심심한' 관계 맺음 이전의 그것과, '아쉽고' '환해지는' 관계 맺음 이후의 그것이다. 마르틴 부버의 표현을 빌리면 '나와 그'의 관계와 '나와 너'의 관계다. 세계를 두 개의 근원어로 파악하는 부버의 경우 '나와 그 (I—It)'

의 관계는 이렇다. 인간은 사물의 표면을 헤매며 그들을 경험한다. 그는 거기서 사물의 구성에 대한 지식을 뽑아내고 그들로부터 경험을 얻는다. 인간은 사물에 속한 것들을 경험한다. 그러나 세계는 경험만으로 인간에게 현전하지 않는다. 그것들은 끊임없이 그것, 그이, 그녀, 그리고 다시 그것으로 구성된 세계만을 인간에게 현전시킨다. '나와 너 (I─Thou)'의 관계는 이와 다르다. "나는 내가 '너'라고 말하는 사람을 경험하지 않는다. 그러나 나는 그와의 관계로 근원어의 성역聖域에 자리한다. 그로부터 한 발 나서기만 하면 나는 그를 다시 한 번 경험한다. 경험의 행위 안에서는 '너'는 멀리 사라진다. 내가 '너'라고 말하는 사람이 경험의 가운데에 있어 그걸 모르더라도 관계는 존재할 것이다. '너' '그것'이 알고 있는 것 이상의 것이다. 여기에 어떤 거짓도 들어올 수 없다. 여기에 진정한 삶의 요람이 있다."(Martin Buber, *I and Thou*, Scribner).

관계 맺음은 막막한 존재의 세계를 전폭적인 인격의 결합으로 일변시킨다. 어린 왕자는 자기의 별에 두고 온 장미가 지구에 핀 수천 송이의 장미와 왜 다른가를 깨닫는다. 그는 자기를 괴롭히는 새침한 장미와 이미 관계를 맺고 있었던 것이다. "물론 내 장미도 보통 행인은 너희들과 비슷하다고 생각할 거다. 그렇지만 그 꽃 하나만으로도 너희들을 모두 당해내고도 남아. 그건 내가 물을 준 꽃이니까, 내가 고깔을 씌워주고 병풍으로 바람을 막아준 꽃이니까, 내가 벌레를 잡아준 것이 그 장미꽃이었으니까, 그리고 원망하는 소리나 자랑하는 말이나 혹 어떤 때는 침묵조차 들어준 것이 그 꽃이었으니까. '그건 내 장미꽃'이니까." 이제 삶의 오의奧意가 보인다. 그 숱한 아기들 중 더 잘난 것도 없는 제 젖먹이 아이가 왜 더 귀엽고 자기 생명과도 바꿀 만큼 귀중한가를, 그 숱한 선남선녀 중 더 이쁜 것도 더 총명한 것도 아닌데 왜 자기 애인이 더 사랑스러운가를. 이는 모두 '내 것'이기 때문이다. 나와 아기, 나와 그 사람은 '나와 그'라는 여우의 말처럼, 혹은 기계적으로 먹고 먹히는 인과적 존재로 떨어져 있는 것이 아니라 내가 젖을 먹이고 잠을 재워주는, 혹은 내가 다듬어주고 가꾸어주는 '나와 너'라는 관계의 창조를 이루고 있기 때문이다.

그 관계 맺음—순결한 사랑을 지닌 자처럼 아름다운 얼굴이 있을 수 있을까. 금빛 머리칼의 어린 왕자와 길들인 여우는 자기에게 아무 소용없는, 그러나 "금빛깔이 도는 밀을 보면 네 생각이 나고 밀밭으로 지나가는 바람소리가 좋아질 거야"라고 기대한다. 그리고 비행사는 어린 왕자를 안고 독백한다. "잠이 든 어린 왕자가 이렇게까지 내 마음을 깊이 감동시키는 것은 이 아이가 꽃 하나에 대해 충실한 것, 잠을 자는 동안에도 등불처럼 그의 가슴속에서 밝게 빛나는 장미꽃의 모습 때문이다……." 비행사 역시 어린 왕자와 관계를 맺고 있었다. 그리고 여우는 관계맺음—사랑의 영속을 위해 중요한 교훈을 마지막으로 추가한다. 참을성—"어떤 날이 그 밖의 날과, 어떤 시간이 그 밖의 시간과 다르게 만드는" '예절rite'이 그것이다. 'rite'는 의식, 하나의 제례를 치르기 위해 우리는 많은 정성과 기대를 바친다. 하나의 잔치를 앞두고 있는 한 우리는 풍요한 소망과 관대한 마음을 갖게 된다. 우리는 아름다워질 수 있고 즐겁고 따뜻해진다. 이러한 예절이 지속될수록 우리의 사랑은 더욱 살지고 순수해지고 영원해진다.

영원한 풍경

그러나 '영원'이란 무엇인가. 신이 없을 때 그 영원이란 어떤 모습을 갖는가. 유한한 생명체에게 영원이란 어떤 소용이 있는가. 그것은 길들임 ─ 사랑과 어떤 관계에 있는가.

아마 내가 지상에서 본 가장 아름답고 쓸쓸한 그림은 생텍쥐페리가 그린 어린 왕자의 마지막 장면일 것이다. 두 개의 선으로 두 개의 능선을 엇비슷이 그리고 그 위에 별 하나. 생텍쥐페리 자신이 "어린 왕자가 땅 위에 나타났다가 사라진" 이 지점에 대해 "이 세상에서 가장 아름답고 쓸쓸한 풍경"이란 소감을 적고 있다. 감히 말하건대, 사랑이 무엇인지를 진심으로 아는 자에게 영원의 모습은 이렇게 아름답고 쓸쓸할 것이다. 무한한 비밀을 은폐하고 지극히 단순한 구조로 적요함을 감추고 있는 것. 이는 생명의 종말 ─ 어린 왕자의 죽음과 같은 모습이다. "그 어린 왕자는 또 잠깐 망설이다가 몸을 일으켰다. 한 걸음 내디뎠다. 나는 꼼짝 할 수가 없었다. 그의 발목께서 노란 빛이 반짝하는 것뿐이었다. 그는 잠시 동안 그대로 서 있었다. 소리를 지르지 않았다. 그는 나무가 넘어지듯 조용히 쓰러졌다. 모래로 인해 소리조차 나지 않았다."

'영원'을 이야기하기 위해서 생텍쥐페리는 다행히 신의 존재를 믿지 않고 있었다. 그는 끝까지 범신론의 황량함에 젖어 있었고 그가 끊임없이 확인하려 한 것은 인간이었다. 그는 밤하늘의 지표가 되는 별을 사랑했고 사막에 무한한 감동을 느꼈으며 구름에 경외감을 바쳤다. 그는 광대한 자연에서 인간을 예찬했고 생명은 그 생명이 존재한다는 이유만으로도 존경했다. 작품에 나오는 그의 수많은 친구들은 모두 선량하고 성실하며 건강하다. 어린 왕자의 여러 어른들이 지닌 악덕조차 가장 인간적인 약점으로 묘사된다. 인간이란 모두가 그처럼 선한가, 아니면 생텍쥐페리의 통찰에 어떤 잘못이 있는가. 다행히 둘 다 그렇지 않다. 오직 명징한 시선과 관계의 창조를 가진 자에게 이 세계는 아름답고 생동적인 것이다. 그리고 생텍쥐페리는 알고 있다. 그것만이 유일한 생명의 허무주의를 극복케 하리라는 것을……

생텍쥐페리는 머지않아 소멸될 인간이 허무에 직면했을 때 어떻게 초극해야 할 것인가, 라는 근원적인 문제에 아름다운 교훈을 주고 있다. 그는 허무, 그것을 변화시킴으로써 우울한 비관주의를 밝은 신앙으로 바꾸어놓는다. 피에르 시몽의 해설에 따르면 "행동하는 인간이 갖는 당연한 옵티미즘은 허무주의의 환락, 비극의 서정시, 지쳐버린 초인의 이유 없는 영웅주의에서부터 그를 면역시켰다." 그리고 그의 신앙은 폴 틸리히가 말하는 바 "영원에 대한 끊임없는 관심"이다. 이 '영원에의 관심'은 사랑의 중세적 발광체인 신을 대치하고 있다. 그는 마음으로 가장 중요한 것을 봄으로써 세계의 진상과 진실을 포착하며 그것과 '관계를 맺음'으로써 신의 은총을 대신한다. 그것은 이제 오늘의 인간이 가질 수 있는 유일한 허무주의적 사랑이다. 그것의 구체적인 모습이 어린 왕자가 남겨놓은 '가장 아름답고 쓸쓸한' 영원의 풍경이다. 그 풍경은 인간의 가슴속으로 돌아와 자신의 영혼을 영원하게 한다. "내가 별들 중의 하나에서 살고 있을 테니까, 내가 그 별 중의 하나에서 웃고 있을 테니까, 아저씨가 밤하늘을 쳐다보게 되면 별들이 모두 웃게 될 거야. 그러니까 아저씨는 웃을 줄 아는 별들을 가지게 될 거야!" "그리고 아저씨, 설움이 가신 다음에는 나를 안 게 기쁘게 생각될 거야. 아저씨는 언제까지나 나하고 친구로 있을 거고, 나하고 웃고 싶어할 거야, 그리고 그저 괜히 창문을 열 때가 있겠지……."

비행사는 어린 왕자가 웃고 있을 5억 개의 별로 만든 방울을 갖는다. 그 별의 모습과 방울 소리는 어린 왕자가 사라진 '가장 쓸쓸한' 풍경을 가장 행복하고 소망스러운 것으로 만들었다. 그래서 비행사가 문득, 혼자 웃을 때처럼 우리도, '어린 왕자'를 읽는 우리도 창문을 열고 은밀한 웃음을 웃을 것이다. 그리고 어린 왕자가 비행사에게 선물한 별의 웃음으로 허무를 영원에의 순결한 사랑으로 바꾸듯, 하늘을 날다가 사라진 생텍쥐페리가 우리에게 선물한 '어린 왕자'로 해서 우리는 세계의 비밀과 사랑의 실체를 얻는 감사를 느끼게 될 것이다. 〔1979〕

p.s. ≫   나는 이 아름다운 동화를 대학 시절 세계문학전집(아마 동아출판사 판이었을 것이다)에서 읽고 감동했었다. 그러고서 신문기자가 되어 사회에 입문하면서 전날의 일들을 정리하고 싶어졌다. 그중 마지막 남은 것이 나 혼자 마음에 두었던 여성에 대한 미련을 깨끗하게 지우는 일이었다. 대학 시절, 만남조차 완강하게 거부하던 그 여성은 그때 웬일인지 순순히 나와주었고 식당에서 저녁을 먹고 다방에서의 커피까지 함께 했다. 그때 그녀는 갈리마르 출판사 판의 *Ie Petit Prince*를 가지고 있다고 했다. 나는 얼른 그 책을 빌려달라고 했고 그러느라고 그녀를 다시 만나야 했고 그리고 다른 핑계로 만남을 계속 유인했다.

손녀가 대학에 입학하자 우리는 그 50여 년 전의 『어린 왕자』를 선물로 주었다. 손때가 좀 묻긴 했지만, 우리에게는 그 순결한 손녀가 어린 왕자가 지닌 사랑 같은 것을 주고받을 수 있기를 바라는 마음이 간곡했다. 〔2019. 1〕

비상에의 꿈

근래의 심사

/

나이 먹는다는 것을 깨닫는 데는 스스로의 몸의 변화를 알게 되면서이겠지만, 아마도 나이 든다는 것을 느끼게 하는 것은 마음의 섬세한 기미를 이해하는 데서가 아닐까. 마흔 중반에 이르면서, 멀찍이 보이던 산과 풀이 성큼 가까이 다가와, 마치 오래된 친구를 대하듯 자상스러워지는 것을 저절로 느끼게 되었다. 그래서 가령, 스물다섯 해 전에 처음 가본 제주도에서, 그 독특한 풍경과 나무와 바다와 절벽을 아름답다, 경이롭다는 감탄으로 기억해둔 바가 있었다. 그런데 올해의 그것들은 다사롭다든가, 연분 있는 것처럼 느껴진다든가, 또는 이승이 아닌 곳의, 그러나 어쩌면 내 목숨의 출발이 거기서 비롯되었으리라는 근원적인 귀향감을 문득 느끼게 하는 기억으로 슬며시 내 손을 잡는 듯했다.

가끔 서오릉 쪽으로 산책하는 길에서 늘 보아오던 산과 나무와 들을 인연 삼아 접하는 듯하게 되었다는 내 내면의 변화를 언젠가 토로했더니, 이청준 형은 거기에 한술 더 떠서 말했다. 자기는 이제, 그렇게 바라보는 산과 땅이 과연 자기의 주검을 받아들일 관용을 허락해줄 것인지, 생각하게 되었다는 것이다. 그 말에 냉큼 떠올라 그에게 확인해본 것이지만, 그가 10여 년에 걸쳐 탐색한 『잃어버린 말을 찾아서』의 연작들을 마무리짓는 「다시 태어나는 말」에서 결론에 이른 '용서'란 말이 거기서부터 연유된 것이었다. 그는, 이 땅이, 그 안에 조용히 지켜온 따스한 온기로, 거칠고 그릇되고 헛되이 살아오다 이제 지쳐 쓰러진 자신의 몸을 받아줄 것인가 생각하면 두려워진다고 했다. 그래서 이 땅과 흙에 용서를 빌고 대지가 베푸는 관용을 통해 자신의 삶을 정화시키고 싶다는 소망을 갖게 되었다는 이야기였다.

  나보다 한발 앞서 삶의 운명을 생각한 그의 말에서, 나도 문득 기억되는 바가 있었다. 몇 해 전, 부모님과 함께 대전 변두리 산에 당신들의 묻힐 곳을 터잡아 헛무덤을 쌓아두신 자리에 가본 일이었다. 아마 해질녘이었던가 보다. 허총 앞에 앉아 맞은편을 무연히 바라보니, 저무는 햇살에 바로 앞의 작은 못물과 저 멀리 들판을 가로지르는 금강의 곁줄깃물이 반짝거리고 있었다. 그것들은 홀연히 겸허한 지혜와 영원에의 온기로 내게, 내 안으로 스며들어왔다. 여전히 살아 계신 노인네들의 무덤, 그래서 영겁으로 이어질 땅속의 그 어둠 속에 의식은 깨어 있을 수밖에 없는, 그러면서도 무한한 침묵! 그리고 해는 저렇게 부드럽게 지고 물은 이처럼 살아 있는 풍경, 삶과 죽음, 어둠과 깨어 있음, 침묵과 반짝거림, 시간과 초시간의 막막한 대조가 그 풍경 속에 완벽히 어우러져 있었다. 그래서 나는 그 묏자리를 명당으로 확신했고, 몸소 수의를 마련하고 상석을 주문하시는 부모님들의 차비에 조금의 유보도 없이 공감하게 되었던 것이다. 정말, 그것이야말로 가장 참되고 최종적인, 노인네들의 지혜가 아니겠는가.

그러고 보면, 죽음을 맞이하는 우리 조상들의 초연한 마음자리는 그 어느 문화도, 지성도 미칠 수 없는 궁극적인 지혜와 관용으로 채워졌으리란 생각을 하게 된다. 그리고 심산유곡에 세워진 절들도, 그저 경치만으로 혹은 참선하기 좋은 것만으로 자리잡은 것이 아니라는 점에도 생각이 미쳤다. 어느 봄에, 학생들을 따라 털레털레 들어가던 화엄사 입구에서, 눈앞으로 별안간 달겨들던 절벽, 그곳에 핀 나무와 꽃들을 감당할 수 없이 망연히 바라보던 때, 그리고 어느 겨울 아침, 눈길에 미끄러지며 산보걸음으로 들어선 속리산 법주사의 눈 쌓인 뜨락과 그 주위를 둘러싼 눈덩어리 산들에 아연히 압도당했던 그때, 나는 무엇을 느꼈던가. 그것은 우리에게 전생이 있다면, 그 전생이 떠돌던 곳이 바로 이런 곳이었으리란 직감이었다. 달리 어떻게 더 말할 수 없겠다. 그곳은 인연으로, 숙명적인 인과를 이루며 우리의 뿌리가 닿아 있는 자리였다. 옛 스님들이 전생과 후생을 이어줄 인연을 깨우쳐줄 자리를 직관하여, 여기에 절을 세우고 도량을 마련한 것이 아닐까. 혹은 세속의 삶에 초연해진 지난날의 어른들이 묻힐 자리를 찾아 산들을 찾아다니며 명당을 정하는 곳은 결국 자신의 인연이 비롯되었다고 직감한 자리가 아닐까. 결국 삶과 그 실체인 죽음, 그리고 그것이 주검으로 묻힐 이 대지에 대한 사랑이, 그가 최종적으로 표현할 수 있는 인연의 선택이 아닐까.

이렇게 해서, 죽음이라는 것이 무연한 것도 아니고 종말이란 말로 끝날 수도 끝낼 수도 없는 인간의 영원한 인연이란 생각도 하게 되었는데, 그러나 죽음에 대한 두려움과 절망감을 여전히 떨쳐버릴 수 없는 것도 참말이었다. 이십 대에는 스스럼없이 정면으로 대할 수 있었고, 그래서, 오라, 그대가 오면 내 거리낌없이 몸을 던지리라고 장담도 했었는데, 이제는 오히려 죽음이 더 무섭고 피하고 싶은 무엇이 된 것이다. 내 그 말을 들은 어떤 분이, 그것은 당신이 너무 많은 것을 갖고 있기 때문이라고 이야기해주었고, 또 생각해보니, 버리기 아까운 것들이 몇 가지 있어 정말 그렇다고 시인했는데, 그렇다 하더라도, 죽음 앞에서 내가 가진 것이 무엇인가라는 반문이 다시 생긴다. 그래서 죽을 참을 다 독거려두어야 한다고 고쳐 생각해도 여전히 절망적인 것이었다. 그래서였을 것이다, 헤세가 『크눌프』나 『유리알 유희』에서, 그리고 『싯다르타』에서 죽음 연습을 해본 것은, 아마도 그가 아름다운 죽음의 방법을 열심히 생각했고, 그래서 소설에서 가능한 한 죽음을 받아들이는 여러 방법들을 탐구한 때문이었을 것이다.

그런데 최근에 나는 참 가슴에 와 닿는 죽음의 모습을 전해 들었다. 바로 아내의 대학 친구인데, 그 부인은 자신의 예정된 죽음을 알게 되었으면서도, 평소와 다른 태도를 조금도 보이지 않았고, 두어 달밖에 삶을 남기지 않은 어느 날 아내에게 전화를 걸어, 이제 마지막이 될지도 모르니 밖에서 저녁과 차를 같이하자고 천연스레 청했다. 그래서 정작 더 슬픈 사람은 아내였는데, 암으로 말미암은 육체의 고통만 아니었다면 그 부인은 죽음을 아마도 이웃에 마실 가는 정도로 생각하는 것 같았다고 한다. 가톨릭 신자였던 그분은 그러나 평소에도 성당에 가지 않았고, 이제 새삼 신부님을 찾지도 않았는데, 임종 몇 시간 전, 아들이 울면서 모셔온 신부님 앞에서는 조용히 종부성사를 받아들였다고 한다. 그리고 맨 마지막으로 깜박 의식이 들었을 때 피골이 상접한 얼굴에 조용히 눈만 뜨고, 둘러앉은 가족들을 하나하나 응시하고는 "이제 갈 때가 되었습니다. 안녕히 계세요"라고만 말하고 다시 눈을 감았다는 것이다. 그분의 임종 장면은 귀로 들어도 눈에 선한데, 그 초연한 유언은 숙연하다 못해 성자들의 마지막 모습을 떠오르게 했다. 소크라테스는 『변론』의 마지막에 이렇게 말했다. "자 이제 헤어질 때가 되었습니다. 당신들은 살러, 나는 죽으러."

나는 그분이 천당으로 갔는지 어땠는지 물론 알 리도 없고, 또 그렇게 기원하고 싶지도 않다. 다만 전해 들은 그 장면에서 죽음의 아름다운 방법을 배우고 싶다는 점만 생각할 뿐이다. 그것이야말로 한 인간의 삶에 있어, 가장 위대한 실패마저도 가장 겸허한 완성일 듯싶기 때문이다. 그런 생각들을 지니고 제주도에 여행을 갔다가, 거기서 모처럼 만난 문대탄 군과 이야기를 하게 되었다. 나는 내가 아는 가장 진지하고 성실한 기독교 신자인 그에게, 단도직입적으로 부활을 믿느냐고 물어보았다. 그는 그 질문에 긍정적으로 시인하지 않았다. 다만, 부활을 믿는 마음으로 이 세계에서 용감하게 싸우다 죽을 뿐이라고 말하는 것이었다. 그렇다면 불신자인 나는, 죽음을 믿는 마음으로써 삶에 용기를 가져야 한다고 말해야 할 것이다. 죽음을 믿으라——누구도 피할 수 없는 가장 확실한 사실인 죽음을 새삼 믿는다는 것, 그것이 내게 허용된 삶의 태도일지도 모른다. 근래 내가 이르게 된 심사도 여기에 가까운 것인지. 〔1983. 10〕

p.s. ≫ 나는 운동을 하지 않고 걷기도 그리 즐기지 않는다. 그러나 전에 은평구 구산동에 살 때는 가끔 30여 분 걸어서 서오릉을 산책 삼아 가기도 했다. 혼자 걷는 그 길에서 나는 이런저런 자유로운 상념에 빠졌고 이따금 삶의 마지막과 죽음에도 생각이 미쳤다. 죽음이란 누구도 경험하지 못한 사태이기에 바라되 두렵고, 피할 수 없음에도 소망하기도 한다. 더구나 죽음은 원치 않지만 밀쳐낼 수도 없는 것이다. 내 사십 대는 그런 소멸에의 양상에 대한 생각을 편하게 펼쳤다. 그런데 김현과 황인철, 이청준과 오규원, 김치수와 정문길 등 나보다 두어 살 아래인 친구들이 먼저 그 길을 갔다. 인간의 삶에서 지울 수 없는 이 아이러니! 〔2019. 1〕

비상에의 꿈

/

　몇 해 전 여름, 아이 둘을 데리고 속초의 조카네 집을 다녀온 적이 있었다. 갔던 길을 돌아올 때에는 비행기를 탔다. 그렇게 호사를 한 것은 비행기를 타보고 싶어하는 막내의 소년다운 호기심 때문이었는데, 정작 기내에 자리잡고 비행기가 이륙을 하면서부터 그 녀석은 눈을 꼭 감고 두 손으로 좌석의 팔걸이를 꽉 움켜쥐고는 숨소리조차 내지 않고 허리를 곤추세운 채 미동도 하지 않았다. 비행기를 꽤 여러 번 타보았지만 나 역시 그것이 뜨고 내려앉을 때 또는 기류를 잘못 만나 아래위로 기체가 흔들릴 때마다 가슴이 뛰고 겁이 덜컥 나곤 하던 터여서 그리 편안한 편은 아니었지만 그렇다고 아이들 앞에서 위신을 버릴 수는 없었다. 천연스레 담배 한 대를 꼬나물고 막내 녀석에게, 조금도 겁낼 일이 아니라고, 창밖을 내다보든가 아니면 신문을 읽든가, 제 누이와 잡담을 하든가, 편안하게 마음을 풀고 있으면 금세 서울에 도착한다고 다독거려주기도 하고, 비행기는 제가 먼저 타자고 해놓고는 무서움은 먼저 타는군, 누이는 괜찮아하는데 사내 녀석이 그처럼 겁이 많아 어떻게 하느냐고 놀림 삼아 을러대기도 했지만, 아이는 자세를 조금도 흐트러뜨리지 않고 고집스레 눈을 꼭 감고는 아주 작은 목소리로, 나는 고소 공포증(그 어려운 말을 어디서 주워들었는지!)이 있다, 그러니 이대로 그냥 두어달라고만 속삭이듯 말했다.

  속초로부터 서울로 오는 비행로는 광주와 서울 간의 서해안을 따라 오르는 노선처럼 하늘에서 내려다보기 아주 좋은 아름다운 시야를 가지고 있다. 파란 동해를 멀리 내다보며 해안선을 따라 남진하다가 강릉쯤에서 우회전하여 높은 봉우리와 울창한 숲들 위를 날고 그게 좀 지루하다 싶을 때 너른 호수가 나타나고 긴 한강의 물줄기가 햇빛에 반짝거린다. 때마침 낮은 흰구름 몇 점 떠 있고 그 그림자들이 골짜기에, 마을들에 던져지고 하늘은 한없이 푸르고 맑았다. 이 아름다운 풍경이 서울 가까이에 이르러 넓어진 강폭과 크고 작은 건물들이 즐비하게 늘어선 장면으로 옮겨질 때, 문제의 사내 녀석이 작은 목소리로 문득 탄성을 질렀다. 아, 멋있다! 무심코 돌아보니 아이는 긴장이 덜 풀린 얼굴에 홍조를 띠며 수줍은, 그러나 더 억누를 수 없는 감동에 젖은 모습이었다. 아마 너무 눈살에 힘을 주어오다가 지쳐 문득 떠진 눈앞에 끝없이 서울의 장관이 펼쳐진 것을 보게 되었으리라. 그것 봐라. 공중에서 내려다보는 경치가 얼마나 멋있니. 내가 거들자 그는 다시 눈을 감고 아무 소리 안 하는 좀전의 상태로 돌아갔지만 아까의 겁먹은 표정만은 아닌 듯했다. 생각 밖의 장관, 얼핏 본 그 경이로운 장면에 다소 흥분해하며 그것을 음미하는 듯한, 조금은 깊은 얼굴이 되어 있었다.

우리를 충만케 하는 순간들

내가 이때의 일을 지금껏 오랫동안 생생히 기억하는 것은 꼭이 비행기가 아니더라도 그래서 반드시 하늘에서 땅 위의 세상을 내려다보는 일이 아니더라도 그 비슷한 감동을 더러 가져본 적이 있었고, 그런 경험을 하고 있는 아이의 얼굴에서 그 진지한 표정의 변화를 타인으로서 바라볼 수 있었기 때문이었다. 소년 시절 눈이 와 하얗게 쌓인 길을 그러나 맑게 갠 검푸른 하늘을 올려다보며 새벽 예배를 보러 교회에 가던 때, 가을의 늦은 밤 잎들이 바람에 구르는 거리를 걸으며 플라타너스의 깊은 나무 향기를 느끼며 내 나름의 고민을 곱씹던 때, 좀더 자라서 방금 읽은 도스토예프스키의 『카라마조프의 형제』와 오래 전에 본 헤르만 헤세의 『크눌프』를 어울려 생각하며 새벽 두 시의 정적을 응시하던 때, 칼 뢰비트의 『역사의 의미』 서론에서 '종말론'이라는 단어를 발견하고는 책장을 덮고 그 어휘를 세계의 미궁을 풀 열쇠말로 삼아 생각을 한없이 넓혀가던 때, 여러 해 뒤에 옛날에 알던 여자를 우연히 만나 두어 번 더 어울린 후 문득 그녀가 성숙한 여자로 내 앞에 서 있음을 깨닫고 나서 집으로 돌아오던 때, 비로소 숱하게 듣고 보던 '사랑'이란 말을 실감하자마자 그때까지 무심하게 저기 있던 나무와 산이 갑자기 소리치며 내게 다가오는 것을 느끼던 때……, 그 모든 때들이 앞서든가 뒤서든가 또는 함께하든가 하면서 두려움과 기쁨, 망설임과 명쾌함, 전율과 감동, 서러움과 고양감, 그 엇갈려야 할 것들의 미묘한 어울림을 나에게 가져다주었던 것이다. 그것을 무어라고 할 수 있을까. 순수한 절정감이랄 수 있을까, 고독한 초월감이라고 할 수 있을까, 또는 처연한 구속감이라고 할 수 있을까.

그러나 그 충만감이란 언제나 찰나적이었다. 고통스런 희열을 생기롭게 부풀어올리던 긴장에 지쳐, 드디어 피로에 젖은 깊은 잠을 자고 나면, 그 아침은 떫고 우중충한 하늘이 펼쳐 있었으며 꿈에서의 열기가 가셔버리고 그런 뒤 사람들이나 일상적인 일 또는 읽어야 할 책과의 만남은 맥없고 상투적이고 비루해졌다. 나는 다시 때垢를 타기 시작했고 둔감해졌으며 너저분하고 그러면서도 여전히 영악했다. 아니, 사실은, 한없이 질펀하게 펼쳐진 나날의 삶의 만겹이 그렇게 추하고 거덜난, 그럼에도 세속에서 유감없이 날렵함을 발휘하는 시간들이며, 그러다 눈 한번 깜박이는 순간을 그 비상飛翔의 지복감으로 길어내는 것일 게다. 그러나 그 순수하고 정정한 한 순간을 찾아낼 수 있었던 것도 아직 나이 창창하고 세상의 더러움에 미처 덜 더럽혀졌으며 일상의 지겨움을 그래도 호기심으로 바꾸어놓을 수 있었던, 그러니까 내면적으로나 현실적으로나 순결할 수 있었던 시절이었다. 지나고 보아야 아름다웠다고 회상할 수 있는 그 '벨 에포크(좋은 시절)'를 넘어 세상을 속속들이 알게 되고 또 그렇게 젖어들어 살다가 나날의 삶에 찌든 나이가 되면, 그 충일하였던 고양의 계기는 더 이상 찾기 어려워지고 차서 넘치던 승화의 희열과 그 희열을 빛나게 하던 전율적인 긴장에의 기억만이 아슴푸레하게 남아 있을 뿐이다.

그러나 이제 와서는 그 기억만으로도 나는 기쁘고 깊어진다. 그것은 두려움으로 다가간 것이기에 황홀하고, 떨림으로 맞아들인 것이기에 순수하며, 머뭇거림 끝에 손잡은 것이기에 투명하며, 그 손잡음이 한순간의 것이기에 귀중하고, 순간에의 기억이기에 아름답다. 내가 때문은 사람이 되었기에 그것은 정결하며 그것을 실재로서가 아니라 기억으로서 간직할 수밖에 없기에 지복한 것이다. 흔한 말이지만 되짚을수록 진실한, 추억은 아름답다는 말의 생생한 뜻 그대로 그 기억은 우리를 정화시켜줄 자산이 된다. 더욱이 오늘의 모든 삶이 도시 속에서 이루어지는, 노동자든 봉급자든 산업사회 속에서 살아내야 하는, 돈과 위세가 사람의 가치와 정신의 결을 결정하는, 기계와 공해가 손과 숨을 가쁘게 하는, 이른바 현대적인 삶의 모든 나날이 그 같은 기억을 뜻없이 만들고 그 기억마저 지워버리고 있기 때문에 그런 순간을 기억하고 있다는 사실 자체가 우리에게는 내밀한 재화이며 신비한 자산이 아닐 수 없으리라.

옮김과 떠돎

　사람들은, 아주 기이하게도, 그러나 따지고보면 극히 당연하게도, 어떤 일이 있어서가 아니라 저기에 서 있기에 올라가보는, 높은 산을 자유로이 등산할 수 있게 된 뒤에야, 혹은 이카루스처럼 밀랍으로 만든 날개를 달고 날다 떨어지는 것이 아니라 날씬한 궁전과 같은 비행기를 타고 높이높이 비행할 수 있게 된 뒤에야, 실재가 아니라 꿈으로서 비상에의 욕망을 갖기 시작했다. 날자, 날아보자꾸나 하고 스스로에게 애원하는 '박제된 천재'의 갈망이나, 갈매기 조너선을 통해서 더 높이 더 자유롭게 날고자 하는 꿈을 펼치는 리처드 바크의 소망, 그리고 그 작품들을 읽으며 잊었거나 모르고 지냈던 비상에의 의지를 새로이 건져올리고 혹은 만들어내는 우리 자신의 꿈이 그렇다. 보들레르처럼 우리도 '땅 위에 묶인 앨버트로스'임을 새삼 탄식하듯이, 우리는 날아오를 수 없기 때문에 날아오를 꿈을 간절히 꾸고 있는지도 모른다.
　물론 높이 솟아오름에의 욕망은 옛날부터 있어왔다. 날개를 단 어린 천사의 그림에서, 한없이 키를 키우며 천공을 향해 날아갈 듯 그 끝을 뾰족하게 만든 교회의 첨탑에서, 마찬가지로 무겁고 둥치 큰 기단에서부터 위로 오를수록 가늘어져 그 꼭대기가 하늘 속으로 사라져버리는 듯한 '우리네 돌탑'에서 비상에의 꿈은 대신 실현되고 있다. 비행기가 없었기 때문에, 알프스의 정상은 이탈리아를 정복하기 위해서나 오르는 것이기에, 그래서 사람들이 실제로 높이 솟을 수도 몸을 하늘에서 날릴 수도 없었기에, 그 비상에의 동경은 전폭적이었고 전반적이었다. 인간은 종교와 예술이라는 가장 주관적이고 내면적인 정신 작용을 통해 날아오름의 욕망을 실현시킬 수 있었다. 오늘의 우리가 보기에 그들의 날아오름은 허황하고 비현실적인 것이지만 그럼에도 그들에게 솟아오름은 실재적이고 구체적인 것이었다. 그들에게 비상이란 꿈이 아니고 기원이었으며 순간이 아니라 영원한 은총이었다.

그런데 이상하여라, 운동화짝만 끌고도 북한산을, 그것도 틈만 나면 오를 수 있고, 몇 만원 주고 표만 사면 커다란 강이 가는 실처럼 보일 만큼 높은 하늘 위를 몇십 분 동안 날아다닐 수 있는 이제, 우리는 비상을 꿈꾼다. 도저히 돋을 수 없는 날개가 겨드랑이에 달리기를 갈망하고 아무리해도 다른 모습이 될 수 없는 사람이 갈매기처럼 높이 날기를 꿈꾼다! 어떻게 해서 이런 역설이 나올 수 있는가.

이것저것 많이 생각해본 끝에 나는 그것이 옛날 사람들과 오늘의 우리를 차이 짓게 하는, 떠돎과 옮김의 다름에서 비롯된 것이 아닌가 짐작해본다. 떠돎은 어느 한군데에 자리잡지 않고 이곳저곳 헤매는 것이고, 옮김은 한 자리에서 다른 자리로 이사하는 것이다. 그것은 이효석의 「메밀꽃 필 무렵」에 나오는 장이 서는 마을을 찾아 노새에 짐을 얹고 떠도는 도부장수와, 양귀자의 「멀고 아름다운 동네」에 나오는 새집을 마련해서 부천의 원미동으로 살림을 옮기는 월급쟁이를 대조해보면 뚜렷해진다. 그들은 움직인다는 점에서는 마찬가지이지만, 그럼에도 그 움직임에 정처 있는가 없는가는 엄청난 차이를 가져다준다. 정처가 없는 떠돎은, 어느 것에 매여 있지 못하든가 않든가이며, 그래서 가령 가족이라든가 직장이라든가 고향이라든가 또는 돈이라든가 이익이라든가 권력이라든가 하는, 이 세속의 삶에 붙들려 있게 놓아두지 않는다. 굳이 무엇엔가에 마음을 얹어두려면 이 세상의 공간이 아닌 하늘이나 하늘나라에 얹어두려고 한다.

구원의 신앙이 먼저 있었는지 또는 나중에 있었는지는 모르겠지만, 속된 세상에서 구애받지 않는 자유로움은 땅 위의 세계를 초월하는 저 너머의 높은 곳에 자리를 끌어올리려는 열망으로 균형을 잡는다. 실제로 중세의 성 프란체스코를 비롯한 수많은 수도승들, 귀부인과의 사랑을 찾는 돈키호테와 같은 숱한 기사들, 르네상스 이후에도 창조의 열망에 몸을 떠는 미켈란젤로와 같은 많은 예술가들, 자기를 알아주는 귀족들을 찾아 헤매는 장 자크 루소와 같은 대부분의 지식인들, 그들은 피렌체에서 밀라노로, 바젤에서 파리로, 여기저기 멈춤 없이 한없이 떠돌아다녔다. 그들에게는 틀에 잡힌 일상이 없었고, 그래서 그들의 떠돎은 일상으로부터의 일탈이 아니라 이 세상 아닌 곳에서나 얻을 수밖에 없는 것을 이 세상에서 찾아나섬이었다.

그러나 산업혁명이 이루어지고 도시가 생기고 커지고 공장과 기업이 노동자들을 끌어모으고 거기에 이런저런 시설과 이해관계와 권력이 집결되면서 사람들은 떠돌기를 멈추고 거점을 마련한다. 직장으로 아침저녁 출퇴근하고 발령을 받으면 광주에서 부산으로 집을 옮기고 더 좋은 집을 사 강북에서 강남으로 이사한다. 그러나 그것은 거점을 두고 혹은 거점 자체를 공간 이동하는 움직임이다. 그리고 거점을 몇 개 가지고 있다 하더라도 결코 거점 자체를 포기하거나 상실하지 않는다.

거점, 삶의 정처를 확보하려는 그 의지는 서울에서 내 집 마련의 역사로서 자기 이력을 정리하려는 이청준의 기발한 작가 연보에서, 그리고 윤흥길·조세희·조선작 같은 70년대 작가들의 많은 작품에서 얼마든지 읽어낼 수 있다. 그 소설들은 이른바 산업화 사회의 가난하고 세속적인 삶을 그리고 있는데, 그 안에서 보듯이 현대 도시인의 옮김은 전근대인의 떠돎과는 정반대로 지상 세계에 정처를 갖고 있기 때문에 피안의 세계나 저 높은 하늘에 또 다른 정처를 만들 필요가 없게 된다. 오직 유년기에 대한 환상적인 기억처럼 인간의 비상에의 동경을 태곳적 꿈으로 간직할 뿐이다……

비상을 위한 꿈꾸기

신이 사라져버린 시대, 그러므로 구원이 뜻을 잃은 시대에, 그리고 초월이 잊혀진 시대에, 그래서 열망이 식어진 시대에, 아마도 비상은 거의 유일하게 현실을 뛰어넘고 세상을 내려다보는 행위가 되며, 비상에의 꿈과 그 꿈에 대한 기억만이 오로지 우리의 더럽혀진 영혼을 정화시킬 기제가 될지 모른다. 높은 산꼭대기에 올라, 또는 비행기를 타고 아득한 하계를 내려다볼 때 내 자신이 개미처럼 오므라들어서 광대무변한 우주적 세계를, 유구무한한 영원의 시간을 목격하고 인식하게 되고 그 가없는 시공 속에서 찰나적인 인간 운명의 크기를 생각하며 저 혼탁한 세상에서 중요해 마지않은 일들이 얼마나 한갓된 것들이었던가를 깨닫게 된다.

이때 이르게 되는 겸손함, 그 겸손함으로 넓혀지는 관대함, 이 관대함에서 비롯되는 보다 깊은 진지함, 그 진지함이 만들어내는 정화에의 열망이야말로 현대 문명이 일구어놓은 타락한 삶의 정체를 확인하게 하며 내가 살아가는 권태로운 나날의 근원적인 구조를 해명하게 한다. 우리는 교회나 절 대신에 그리고 굳이 산정이나 비행기 속에서가 아니더라도, 뛰어난 예술 작품이나 고뇌 어린 저술 속에서 또는 몽상에 젖은 산책이나 한밤의 고독한 잠깸 속에서 일상의 현실에서 벗어나 우리의 운명과 정신의 가장 깊은 곳, 가장 높은 곳과 대면할 수 있다.

이 대면은 나날의 얽매인 삶과 그 삶이 얽어놓은 복잡한 관계, 즉 인간, 사물, 이해 관계로부터 벗어나는 것이기에 섬뜩하게 두렵고 다시 겪기 힘들 만큼 괴로우며, 그래서 머뭇거리고 슬픔에 젖게 한다. 그러나 그 실존적인 대면은 아득하게 잊혀져 있던 존재론적인 통찰과 자아 귀환의 선택을 동반하여 자기의 무한 확대가 불러오는 희열과 정체성 확인이 심어놓는 충만감을 체험하게 한다.

이 대면은 순간적인 것이고 일상 세계로 돌아옴과 더불어 다시 타락하고 둔감한 자동화 세계로의 함몰 속에 잊혀지는 것일지 모른다. 그러나 문득 한밤에 잠깨어, 또는 읽던 글의 어느 한 구절에 걸려들어, 아니면 여행 중에 차창 밖으로 재빨리 지나는 광경들의 무연함에 놀라, 그런 자신과 외부 세계와의 낯선 이질감을 느낄 때 전날의 대면이 남겨준 순연한 영혼의 각성이 새로이 기억되고 그 기억이 세계를 뛰어넘는 비상에의 꿈으로 우리를 인도할 것이다. 그 꿈은 우리를 정처없이 뜨내기로 떠돌게 만들고 그래서 비현실적이며 낭만적인 사유로 젖어들게 만들겠지만 그렇기 때문에 우리는 자유롭고 탈속적이며 초월적이고 구원을 향한 열망적인 순간을 누리게 될 것이다.

아마도 우리가 세속주의의 이 비루한 세계를 부정하고 이 빌어먹을 세상이 아닌 보다 아름답고 풍요한 세상을 꿈꾸고 그런 세상을 향해 무엇인가가 고쳐져야 한다는 의지를 키워낼 수 있다면 그 부정의 정신과 개혁 의지는 이 비상에의 꿈에서 그 원천적인 동기와 힘을 길러낸 것이리라.

나는 비행기 타기라는 범상한 하나의 경험에서 너무 많은 생각을 하고 너무 긴 이야기를 했는지도 모른다. 그러나 중세적 삶이 교회의 첨탑과 역마의 유랑을 중심으로 피어난 것이라면 오늘의 그것은 더 높이 더 빨리 솟아오르려는 비행과, 정처에서 정처로의 권태로운 되풀이에서 구체화되는 것일 게다. 우리는 우리 시대 속에 갇혀 살고 있기 때문에 이 시대 삶의 조건들이 부여해주는 기제를 통해 현실로부터의 벗어남을 추구할 수밖에 없으리라. 중세인들이 떠돎을 초월로 보상받듯이, 우리가 옮김에서 보상받는 방법은 상승이다.

 이 상승에의 열망, 비상에의 꿈을 통해 우리는 고통스럽게 붙박혀 억눌림당하는 산업사회의 일상적 틀에서 해방될 수 있다. 중세의 예술적인 동경이 성당의 첨탑으로 모아졌듯이 현대의 과학 기술이 집결된 비행 예술에서 비상에의 꿈이 표현되고 거기서 상승에의 의지가 실제화되는 것임을 이제 우리는 바라지 않으면 안 된다. 〔1989. 4〕

p.s. 》 어느 여행 잡지의 청탁을 받고 생각나는 대로 여행에 대한 내 느낌을 자유롭게 펼쳤다. 국내외 여행을 아주 안 한 것도 아니고 많이 한 것도 아닌 채, 나는 여행이란 '일상으로부터의 탈출'이라는 생각을 자주 했다. 그러니까 못 보던 풍경이나 처음 구경한 것들에 대해 메모하기보다 버스나 기차, 비행기 혹은 걸으며 그저 느끼고 젖고 새삼스러움에 반가워하는 감정 여행일 때가 더 많다. 그것은 낯익은 거리로 건물로 사무실로 그리고 다시 집으로 돌아오는 일상으로부터의 벗어남이며 더 크게, 일상으로부터 비상하는 감동으로 다가오기도 한다. 그 덕에 내 여행지의 기억은 가물가물하지만 그때의 분위기는 아득하고 실감나게 몰려와 내 안을 채운다. 〔2019. 1〕

페루에는 페루 사람들이 산다

/

세 개의 달, 그리고 무공해 하늘

 페루란 나라는, 모를 때에는 올망졸망, 크고 작은 나라들이 많은 중남미의 그렇고 그런 곳 중 하나이지만, 가서 한번 보면 무척 특이한 나라이다. 바위와 불모의 땅만 내려다보여 한없이 암암하면서도 그 웅장한 연봉들에서 울울한 느낌을 일으키지 않을 수 없는 안데스 산맥과, 비가 별로 오지 않고 그 흙은 죽은 회색빛으로 암담해지는 사막 같은 인상을 심는 그 페루에는, 그러나 남미 대륙의 서북부를 장대하게 장악한 잉카 문명이 아직도 그 위용을 남기고 있고, 곳곳에 잉카 이전의 문화 유적이 숨어 있으며 그 위에, 스페인의 가톨릭 문화와 전래의 인디오 문화, 그것들의 혼혈 문화가 다양한 잉카 문화의 지층을 이루고 있다. 그 잉카 문화의 중심지인, 인디오 언어인 케추어 말로 '배꼽'을 뜻하는 쿠스코가 페루의 동남쪽에 있고, 서남쪽 해안 지대에는 그 뜻은 물론 용도도 짐작이 잘 되지 않는, 경비행기에서 내려다보아야 그 그림이 보이는, 그래서 혹 외계인이 그린 것이 아닌가 짐작도 하고 있는 나스카의 상형 도형도 있다. 쿠스코에서 비행기로 30분쯤 동남쪽에 떨어져 있는 안데스 산맥 중에는 지구상에서 가장 높은 지역의 것으로 알려진 호수가 펼쳐져 있고, 세계의 '허파'인 아마존 강도 페루의 안데스 산맥에서 발원하여 그 중상류 일대에는 광대한 정글을 형성하고 있고 남쪽 칠레와의 접경은 사막으로 이루어져 있다. 그 나라가 우리 한반도의 6배쯤 된다지만, 자연으로나 문화로나 이처럼 많은, 그것도 상반된 얼굴을 가진 나라는 드물 것이며 남한의 반도 채 안 되는 인구가 우리의 1/7쯤 되는 국민 소득을 언젠가 지금의 우리 수준으로 올리면, 무진장한 관광 자원을 개발할 수도 있게 될 것이다.

당겨 말하자면, 나는 이번 여행에서 그 페루의 세 곳을 보았다. 나스카는 포기한 채, 대신에 쿠스코를 다시 갔고, 그리고 해발 3,800미터의 공중에 전라북도만한 크기로 누워, 내륙국인 인접 볼리비아로 하여금 해군을 만들게 한 푸노의 티티카카 호수에서 하룻밤을 잤다. 그리고 그 다음에는, 산도 바위도 없이 나무와 물만 한없이 질펀한 이키토스와 그곳 아마존 강가 원시림 숲속의 오두막에서 한 밤씩을 보냈다. 짧고 가벼운 일정들이었지만, 결코 잊히지 않을 감동을 한 무더기씩 내게 안겨주었다.

그 첫 무더기는 때아닌 만월滿月. 2년 전, 정현종이 발밑에서 뜨는 그 커다란 보름달을 보고 너무 놀라서 "야! 악! 동시에/터졌다 탄성과 경악./ 오렌지빛 덩어리/〔……〕/그건 밤의 태양이었다./태양의 제국(잉카)의 빛 덩어리"(「쿠스코의 달」)라고 외친 그 달에 대한, 두 번째 온 일행들의 기억과 처음 온 일행들의 기대가 만만치 않았다. 그런데 그 보름달을 이번에도 또 보았다. 그때는 마추픽추에서 떠나 중간에 바꾸어 탄 버스가 쿠스코 시내로 들어오면서 차창 밖으로 문득 '오렌지빛 덩어리'로 불끈 솟는 그 달을 보았지만, 이번에는 쿠스코로 들어오는 기차에서 시내의 불빛들이, 열어젖힌 해적들의 보물상자 속 보석들처럼 휘황찬란하게 빛나던 바로 그 위로, 예의 보름달이 세상에서 그중 큰 문스타로 불끈 솟아오르고 있었다. 그것이 '불끈'이래야 맞는 것이, 안데스 산속의 고지에, 공기도 한없이 맑아서, 해도 달도, 주저하고 미적거리는 것이 아니라 단숨에 푹 솟아오르기 때문이다.

그래서 그 달은 더 밝고 맑고 크고 환하고, 계수나무 그림도 분명하게 그려져 있었다. 그 달은, 내가 전라도 장수의 산골에서 이처럼 크게는 본 적이 없다고 탄성을 지른 그 달은 댈 수도 없을 만큼 큰 달이었다. 그러니까 별처럼 아득하게 하늘에 매달려 있는 천체가 아니라, 누군가 거대한 인종이 지구를 비추기 위해 특별히 주문해서 만들어 걸어놓은 조명 장치처럼 보였다. 인공으로 때묻지 않았기에 천체의 자연물로 볼 수 없음! 그래서 가장 자연스러운 것의 부자연스러움! 그렇다는 사실은 우리가 얼마나 때묻은 것들에 익숙해 있고 그것을 본래의 모습으로 잘못 알아왔던가 하는 반성을 일으키기에 족했다. 그러니까 희뿌윰한 달, 흐릿한 별, 거무스레 그을린 해가 우리에게 친숙한 달이고 별이고 해였다. 그런데, 우리는 백두산에 북한산이 얹혀진 높이 3,400미터의 쿠스코에서 때묻지 않고 짓이겨지지 않고 그래서 주눅들리지 않은 해와 별, 그리고 달을 드디어 본 것이다. 사람들 때문에 공해로 오염되지 않은, 천연 그대로의 달을 볼 수 있었던 행운과 감흥! 우리는 모두 탄성을 지르며 달을 다시 보고, 나오지 않을 사진을 찍고, 머릿속에 인화시켰다. 그리고 우리는 왜 쿠스코의 달에서 지워지지 않을 '감동'을 얻었는가를 말할 수 있게 되었다.

나는 이번의 페루에서, 정현종의 '오렌지빛 덩어리'의 달을 두 번 더 보았다. 하나는 티티카카 호반, 그 수면을 내려다볼 수 있는 호텔의 창에서 알현한 새벽 세시의 달이었다. 공중의 한가운데 올라 있는 그 달은 해발 3,800미터의 높은 고지의 호수여서 마치 빙판처럼 얼어붙은 듯한 수면 위를 하염없이 비추고 있었다. 그것은, 이 비슷한 장면만 보면 떠오르곤 하던, 소년 시절에 곧잘 부르던 노래 "서편의 달이 호숫가에 지며는……"의 영상을 다시 떠올리게 하면서, 그러나, 친구도, 헤어진 그 친구를 그리워하는 또 다른 친구도 없는, 그러니까 살아 있는 것이라고는 아무것도 있을 수 없는, 영원한 무기물들의 침묵을 비추고 있었다. 그래, 검푸른 하늘에 어두운 능선들과 차디찬 수면을 비출 수 있는 것은 침묵뿐이리라, 영원한 적요, 전율스런 묵시뿐이리라. 문득 잠깬 새벽 세시, 나는 세상에서 가장 높은 호숫가에서, 그 영원한 자연의 침묵을, 두려움에 떨며 슬쩍 훔쳐보았고, 우주의 그 내밀한 신비는 더 이상 새나올 것이어서는 안 된다는 불안감에 젖어, 다시 이불을 뒤집어쓰고야 말았다.

또 하나의 달은 이키토스의 아마존 강변 플라자에서 본 원시의 달이었다. 우리 두엇이, 철은 겨울이지만 아직 열대의 열기를 씻어내지는 못한 적도 아래의 후텁지근한 공기를 쐬기 위해, 시클로를 타고 물어물어 간 그 플라자는 널찍한 광장에 젊은이들과 관광객들이 바글거렸다. 길가 주점에서는 남미의 토속 음악을 연주하는 패거리들과 그 손님들로 시끌벅적했는데, 이쪽 편 테라스에는 검은 아마존이 흐르고 있었다. 우리는 테라스 난간에 기대 중상류임에도 한강보다 네댓 배는 더 넓어 뵈는 아마존과 그 위로 펼쳐져 있는 하늘을 바라보았다. 달은, 원시적인 자연과 토속적인 주민들을 동시에 비추고 있었다. 그 달은 그래서 신비와 두려움이 없어진 대신, 인간적이었고 따뜻했으며 우리에게 친숙하게 다가왔다. 나는 그 달을, 쿠스코의 달과 티티카카 호수의 달과 견주면서, 달에도 여러 개의 얼굴이 있음을, 같은 보름달에도 자리에 따라, 신성하거나 공포스럽거나 다정할 수 있음을 비로소 깨달았다.

달에 이어진 페루의 별과 해에 대해서도 더 말해야겠다. 티티카카에서 그 무서운 달을 우러러본 지 몇 시간 후, 이른 새벽에 다시 잠을 깼고, 그때 창밖으로 유난스레 큰 별을 보았다. 쿠스코에서도 별은 크고 또렷이 빛났지만, 이 호수의 먼 하늘, 후에 그

쪽에서 해가 떴으니 동쪽이 틀림없을 그 능선에서 한 뼘쯤 위로 떠 있는 그 별은, 내 생애 처음 보는 크고 금빛으로 환한 별이었다. 내가 지금 동방의 박사였더라면 틀림없이 저 별을 찾아 길을 떠났으리라……. 당장에 그런 생각을 할 만큼 별은 유혹적이었고 계시적이었다. 그것이 금성이었을까. 샛별은 북극성이 없는 남반구에서도 해와 함께 뜨던가. 나는 알 수 없었지만, 이른 잠을 털고 호텔에 이어진 언덕으로 올랐을 때 그 별은 조금씩 흐려지더니, 장엄한 아침놀이 피어나면서, 이번에는 커다란 해가 두둥실 떠오르는 것이었다. 그 해가, 몇 시간 전에는 달빛이 창백하게 퍼지며 비추던 호수를, 이번에는 휘황한 햇빛으로 수면을 황금색으로 도장하고 있었다. 이 달빛·별빛·햇빛 들의 연이은 역사役事들은, 공해에 찌들려 이제는 더 이상 볼 수 없거나, 오염되기 전에 철없이 그래서 아무런 감흥 없이 보아넘겼던, 웅장한 자연의 조화였다. 그러니 얼마든지 예상할 수 있었던 장면들을 훔쳐본 자의 은밀한 자랑스러움이 서슴없이 내게서 과장스레 솟아나는 것이리라.

 2년 전 쿠스코의 공항에서 내리자마자 물밀 듯이 다가와 나를 어리둥절하게 만든 것은 하늘의 푸르름이었다. 어찌나 푸르렀던지, 손을 휘저으면 흰 손가락에 남색물이 들 것 같았다. 그때 나는 하늘의 푸르름도 멀리 산자락 쪽으로 밀려가서는 그 색깔이 희석되지만, 공중 한가운데의 푸르름은 그 순수한 밀도가 응어리로 뭉쳐진 것처럼 보인다는 사실을 깨달았다. 이번에도 그 하늘을 다시 바라보며 허파가 파래지도록 깊은 숨을 들이쉬었다. 이 제 그 하늘의 푸르름은 안데스 산정에서나 다시 보리라고 치부했더랬다. 그런데 태평양 상공을 나는 비행기 안에서 구름 위로 펼쳐진 바로 그 하늘을 볼 수 있었다. 아아 그렇구나, 더 이상 푸 르를 수 없는 하늘은 여기에도 있구나. 그러나 나의 이 깨달음은 길지 않았다. 서울에서 7만 리 떨어진 안데스 대륙에서 볼 수 있 었던 그 하늘은 여기에 분명 있지만, 3만 척 높은 아득한 공중에 서나 볼 수 있는 것이었다. 더 이상, 때묻은 일상의 우리에게 관 찰되기를 거부하는, 아득한 거리로 멀어져 있는 하늘이었다. 그 렇다는 것은, 속진俗塵의 우리에게 금할 수 없는 애수를 안겨주는 것이었다.

마추픽추, 그 완강한 신비

안데스의 달이 7만 리 멀리 떨어진 천연의 달이라면, 그 안데 스 산속에 숨어 있는 마추픽추는 김혜순이 잉카족의 '태양의 축 제'를 두고 읊은 것처럼 "천년의 시간은 산정의 요새에서 한 점 도 / 흐르지 못하고 그대로 고여 있었고 / 그들의 신은 여전히 공 중을 운행중"(「잉카통신」)인 영원한 침묵의 유적이었다. 그 침묵 이 나를 지구 반 바퀴에 또 반 바퀴를 돌아 이곳 산정에 세워놓 았다. 침묵, 그래, 침묵이다. 해발 2,700미터의 '늙은 산'('마추픽 추'의 인디오 말이다) 정상 위에 검은 석조물들로 하나의 도시가 되어 서 있는 그 유적지에는 그러나, 관광지로 개발되어 여행객들이 돌아다니는 것 말고는, 그리고 들풀과 산벌레들 말고는, 사람이 사는 것도 아니었고 사람이 살았다는 생활 유품이나 글씨나 조각이 남은 것도 아니었다. 그저, 쿠스코의 잉카 시대 요새였던 삭사이와망같이 정교한 축조 기술로 돌과 돌을 잇고 쌓고 하여 만든 건축물들, 벽감이나 창문 혹은 층계 같은 다듬질의 석조물만 있을 뿐이었고, 그 위로 더러 바람이 불기도 하고 높은 흰 구름이 밝은 해를 가렸다 열었다 할 따름이었다. 그렇다, 침묵이다. 이 건물은 자신의 존재만으로 그 자신을 입증해줄 뿐, 그 어떤 것으로도 스스로를 설명해주지 않는다. 가이드들, 그리고 안내 책자들은, 이것은 아마도 잉카의 신인 태양을 측정하는 것이리라고, 저것은 제사를 지내는 제단이었으리라고, 여기는 권력자의 방이고 저기는 목욕탕이라고, 이 돌은 안데스를 지켜주는 콘도르 새를 형상화한 것이고 저 돌은 저 뒤의 푸마실로 산을 본뜬 메아리로 만들었을 것이라고, 그럴듯한 추정들만 해줄 뿐이고 이것저것, 여기저기, 이 돌 저 돌들은 저 스스로의 정체를 말해주지 않는다.

와이나픽추(젊은 산)가 날카로운 콧잔등처럼 들이대고 있는 마추픽추의 유적들은, 그렇게, 신비의 너울을 쓰고 침묵하고 있다. 이 거대한 마추픽추가 언제 생겼는지, 무슨 용도였는지, 어떻게 버려져 폐허가 되었는지, 아무도 모른다. 고고학자들은 10세기 이전의 프리 잉카 시대에, 또는 16세기 스페인에 정복당한 후 잉카 족속에 의해 만들어졌으리라는 추측보다는, 15세기 잉카의 황금시대에 축조되었으리라는 것을 통설로 받아들인다. 이곳은 신전이나 요새 또는 왕도일 수도 있겠지만 어쩌면 여자 사제들의 교육장일지도 모르고, 그것이 내란으로, 또는 서구인에게서 옮겨진 전염병으로 멸망했을 것이라고도 한다. 이는 모두, 1911년 미국인 의사 빙햄이 발굴한 이후 숱한 고고학자·역사학자 들이 논의하면서 만들어낸, 또는, 또는, 으로 이어지는 추정 혹은 추측이고 짐작일 뿐이다. 마추픽추는 그렇게 완강하게, 자신을 감추고 문명인들에 의한 해석의 접근을 거부하며, 오직 의연하게 그렇게 서 있을 따름이다.

그 침묵과 신비 때문에 마추픽추는 단절된 태곳적 역사와, 인간들의 가냘픈 해명을 거부하는 절대 고독의 존재성이라는 아우라의 옷을 입는다. 그 아우라는, 침묵과 신비를 통해 영원성을 획득하면서 불가사의함으로 문명과 문화라는 사람들의 겉치레를, 대지적 상상력과 원초적인 것에 대한 그리움을 낳는다. 그것은, 외교관직을 그만두고 낙담하며 귀향하던 칠레의 네루다는 마추픽추에 올라 안데스 산맥과 잉카 부족들의 운명과 정열, 그 정체를 비로소 깨달았고, 거기서 "모두들 낙담했고, 불안하게 죽음을 기다리고 있었다, 매일매일의 짧은 죽음을: / 그리고 매일 가혹한 불운은 / 그들이 손을 떨며 마시는 검은 잔 같았다"(「마추픽추 산정 III」, 정현종 역)는 전율적인 예감에 사로잡혔다. 그리고 김원일은 이 산정에서 "그토록 태양을 숭배했건만 태양이 그들을 저버렸던가. 그러나 오늘도 태양은 힘차게 동쪽 하늘에서 솟아오른다"(「하늘의 신전 마추픽추」, 산문집 『마추픽추로 가는 길』)고 역사의 허망함을, 그것의 슬픈 윤회를 탄식한다.

나는 마추픽추 유적 중 가장 높이 자리한, 방위석方位石으로 추정되는 인티와타나의 가장자리 돌에서 일행을 기다리며 담배 세 개비를 잇달아 태운다. 아래로는 깊숙이 구불구불 우루밤바 강이 흐르고, 위로 멀리는, 지도로 짐작건대, 이쪽 야나난 산 저쪽 사야크마르카 산이 솟아 이 잉카의 신비한 유적을 내려다보고 있다. 그래, 이 침묵의 돌들은 침묵하는 산맥들과만 내통해야 한다고 그때의 나는 생각한다. 그 불가사의한 비밀들은 영원히 들춰져서는 안 된다고 그때의 나는 확신한다. 그것들이 인간의 지능으로 완전히 노출되어버린다면, 인류는 또 하나의 신비를 잃어버리는 것이고, 그래서 태곳적 슬픔 앞에 돋우어야 할 겸손함을 잃어버릴 것이라고 그때의 나는 다시 인식한다. 2년 전보다 2년만큼 더 늙어 나는 이곳에 왔지만, 마추픽추야말로, 500년이 지나도, 5,000년이 지나도 더 나이들 수 없는, 원래의 '늙은 산' 그대로의 늙음을 유지할 수 있는 방법이리라고 그때의 나는 헤아려본다. 그 '더 이상 늙지 않음'이 존재의 근원이고 우주의 기초이며 시간의 뿌리라고 나는 턱없는 상상을 키운다. 이 정적, 이 대기, 이 햇빛, 그리고 이 석물들이 마추픽추가 마추픽추이게 만든다고 그 자리의 나는 단언한다.

나는 그래서 무엇을 보고 듣고 느꼈던가. 마추픽추를 보았고,

그 존재의 예언을 들었고 그 잃어버린 역사의 운명을 읽었고, 그 현존의 열정을 느꼈고 그 영원함의 윤회를 예감했으며, 거기서 나는, 나의 실존을 확인한다. 잃어버린 역사 앞에서의 나의 자그마한 있음, 유구한 고요 앞에서의 내 존재의 작은 숨소리, 그 거대한 유적 앞에서의 영원한 시간들의 흐름, 그것들이 안데스의 봉우리들로, 깊은 계곡의 물흐름들로 메아리로 번지고 바람 소리로 흘러간다. 모든 것이 멈춰 있고 어느 것도 살아 살랑거리지 않을 듯한 이 산정에서, 나는 공간과 시간의 무한 팽창을 누리고 있었다. "아니다, 산맥은 달린다./달리는 산맥을 타고/인간은 비로소 웅장하고나/심장은 솟아오르고/작은 머리는 광활하며/혈행血行은 저/만년설들과 함께/저 계곡물과 함께/뜨겁고/고요하다/저 레타마 꽃과 함께"(정현종, 「쿠스코의 달」). 그 레타마 꽃을 나는 카메라 대신 내 눈으로 오래 사진 찍었다.

소년은 자란다

이 마추픽추 유적에서 내려와 점심을 먹고 난 나는 그 고양된 정서를 배반하는 짓을 하나 했다. 잉카 소년에게, 내 흙 묻은 구두를 닦게 했던 것이다. 발을 구두통에 올려놓고 소년의 정성스런 솔질을 발로 느끼면서, 나는 때아니게 제국주의자의 오만을 음미하고 있었다. 이상하게도 이렇게 구두를 닦을 때마다 나는 노예에게 몸시중을 맡긴 귀족의 속물근성을 연상하게 된다. 그 제국주의적 오만감은 40여 년 전 '슈샤인 보이'에게 군화를 닦게 하던 미국 지아이들의 오만스런 태도를 연상한 때문에 생겨난 것일까. 이 아이는 그때의 우리처럼, 돈을 벌어 가족을 먹이고 언젠가는 대학에 들어가 출세해서 먼 동양으로 여행할 꿈을 꾸고 있을까. 이 부질없는 나의 망상에 아랑곳없이, 아이는 깔끔하게 구두를 닦고 서비스라며 우윳빛 크림을 덧발라준다.

  그의 아랑곳없는 태도를 나는 이틀 전 티티카카 호수의 섬에서도 보았다. 우리가 배를 타고 간 갈대섬의 소년들은, 우리의 어렸을 때와 똑같이 땅에 홈을 파고 구슬치기를 하고 있었는데, 그 놀이 방식도 우리 것과 같아 보였다. 서너 명의 이 우로족 소년들은 우리가 들여다보며 집적거리는데도, 아무 대꾸 없이 자기들 놀이에만 열중하고 있었다. 그들은 '부자 나라'에서 온 시건방진 내객들을 의연히 거부하고 있었던 것이다. 그리고 또 한 소년, 2년 전 우리가 투숙한 쿠스코의 우아한 호텔 리베르따도르에는 잔심부름도 하고 관광객들에게 사진도 찍혀주는 잉카 원주민 복장의 소년이 있었다. 곱상한 그 소년의 눈이 얼마나 맑고 순하고 겸손해 보였던지, 우리 모두는 그 소년과 사진을 찍었다. 옛날 미국 공보원에선가 전시회도 하고 사진집으로도 나온 『세계의 가족』에 나올 만한, 내면의 순결이 그 외양의 순진함을 드러내게 해주는 소년이었다. 그 소년에 반한 고혜선 교수는 소년에게 학비도 좀 보내주곤 했는데, 언젠간 소식이 끊겼다며, 그의 안부를 묻는 내게 호텔에서 맨 먼저 확인해볼 일이 그 소년의 행방이라고 했다. 그런데 이번에도 그 소년은 여전히 있었다. 키가 두 해만큼 자라 있고 성숙함도 느끼게 했지만, 그는 여전히 수줍고 맑고 진중했다. 고 교수는 그와 볼인사를 하고 우리도 다시 그와 사진을 찍었지만, 후에 들은 이야기로는 지금 중학생인 소년은 의대나 법대에 들어가기 위해 번 돈을 어머니에게 주지만 학비로 저축도 하고 있다고 했다. 앞으로도 여전히, 페루의 얼굴, 소년의 모습이라고 하면 맨 먼저 내 눈앞에 떠오를 그 소년도 머지않아 어른이 되고 사회인이 되어 한국을 방문할지도 모른다. 아이들은 그렇게 자라지만, 여행 중에 보는 아이들은 나이가 아무리 들어도 소년으로만 우리 기억에 남아 있을 것이다.

  마추픽추에서 구절양장 같은 비포장도로를 타고 기차역으로 내려가면서 나는 일행들에게 '굿바이 소년'에 대해 얘기해주고 이번에도 그 아이들이 있는지 보자고 기대를 걸었다. 그런데 반쯤 내려왔는데도, 차창 밖으로는 아무 소리도 들려오지 않았다. 없어졌나? 그 소년들도 자라나, 어디로 가버린 것인가 하고 아쉬워하는데, 문득 밖에서 "구우우웃바이" 하는 소리가 들려왔다. 아, 있구나! 역시, 구우웃바이라고 외치는구나. 나는 비로소 안도했다. 마추픽추의 소년들은 길굽이의 목마다 지키고 섰다가, 관광객을 태운 버스가 지나가면 이렇게 길게 구우웃바이를 외치며 전송하고, 다시 급히 오솔길로 뛰어내려와 아래 굽이에서 같은 구우웃바이 하고 외치기를 종착역까지 다 오도록 반복한다. 그리고 마지막에 버스에 올라 손님들에게 팁을 받는다. 이번의 소년도 2년 전보다는 좀 아래에서 구우웃바이를 외치기 시작했지만, 이번 내 여행 마지막께에, 유달리 길고 힘들인 저 "구우우웃바이"가 이상한 여운을 얹는다. 그것은 인사가 아니었고 외침이었다. 악을 쓰듯, 절규하듯, 이래도 너희가 내 인사를 받지 않겠느냐고 항의하듯, 이게 나의 운명과의 고통스런 싸움이라는 듯, 그 힘들여 길게 빼는 "구우우웃바이"는 슬프고도 한스럽게, 그러나 싸움을 하듯 들려왔다. 그래, 이 소년도, 지금 거두어들이는 외래객들의 팁으로, 아마 살림살이에 보태기도 할 것이고 어른이 되어 마추픽추를 연구하는 고고학자가 될지도, 잉카족을 위해 법정에 서는 변호사가 될지도 모르고, 혹은 첨성대를 보기 위해 경주에 올지도 모른다. 그때를 위해 소년은 자신에게 주어졌던 가난한 생애와의 '굿바이'를 외치고 있는지도 모른다.

  그래, 소년들은 그렇게 자란다. 해방 후 지아이들에게 궁상스런 모습으로 노출되었던 우리의 어린 시절이 그랬듯, 전쟁으로 빈 깡통을 들고 유엔군들에게 "헤이 쪼꼬렛토 기브 미"했듯이, 그들은 "굿바이"라고 외치며, 달라질 자신들의 미래를 향해 부지런히 자라나고 있을 것이다. 소년이 자라난다는 것은, 슬프지만 희망이고, 듬직하지만 안쓰럽다. 소년이여, 소년이여, 하며 뜻없는 췌사 속에서 나는 그 희망과 안쓰러움을 곱씹었다.

페루에는 페루 사람들이 산다

티티카카 호수에는 잉카족의 한 갈래일 우로족이 산다. 인구가 1만 5,000명으로 추산되는 이 우로족에게는 토토라는 우리의 갈대와 비슷한 물풀이 생명줄이다. 그들은 그 갈대의 밑동을 잘라 먹거리로 하고, 갈대를 말려 집을 짓고 배를 만든다. 그것만이 아니다. 언제부터인지 우로족들은 갈대를 쌓고 썩히고 해서 섬으로 만들고 거기에서 생활한다. 세상에, 갈대로 만든 섬이라니! 그러나 우리가 보트로 들어간 그 섬은 바닥이 푸석하고 쿨렁거리는 듯했다. 그 위에 토토라로 지붕을 올리고 벽을 세운 집들로 마을이 섰고 교실이 두 개인 학교와 보건소, 매점들도 있었다. 아까 말한 구슬치기 소년들도 매점에서 본 아이들이었고, 나는 그곳에서 갈대로 만든 작은 장난감 배를 샀다. 19세기만 해도 이 우로족들의 행방이 거의 알려져 있지 않았는데, 가뭄이 극심해 티티카카 호수가 말라버렸을 때에야 구조를 요청하며 그들의 존재가 드러났다 한다. 관광 수입 때문에 바깥쪽으로 좀 나오기도 하고 그들 간의 다툼질도 생겼다지만, 그들은 여전히 갈대섬에서 갈대집을 짓고 갈대를 먹으며 살고 있고 문명의 세계로 나서기를 꺼린다고 한다. 그들은 도시의 생활과 편의를 별로 부러워하지 않는 모양이고, 세상으로부터 은닉된 삶에서 평화와 안락을 누리는가보았다.

아마존 중상류의 이키토스 지방에는 밀림의 잉카족이 살고 있다. 섬과 숲으로 갈라져 언어도 풍습도 조금씩 다르지만, 그들은 원시림 속에서 원시적인 생활을 즐기고 있다고 한다. 갖가지 과일들로 먹거리도 풍족하지만, 그들 나름의 풍속과 지혜가 있어, 가령 임신부가 해산할 때는 무슨 나무껍질을 태운 연기를 쐬어 해독을 하고, 상처가 난 데에 무슨 풀을 붙이는 등의 민간요법이 발달된 모양이었다. 우리는 두 부족들을 찾아갔다. 한 부족은 원시적인 가리개로 몸을 숨겼지만, 다른 한 부족은 아래만 가리고 맨가슴으로 우리를 맞으며 집단춤을 추었다. 그들은 유치한 민속품을 사달라고 했고 우리는 팁 대신 그것들을 사주었다. 젖가슴을 드러낸 채 춤을 추는 부족의 여자들 중에는 십대 소녀도 임산부도 할머니와 어린 아이도 있었다.

후에 나는 가이드에게 그 소녀는 학교에 다니는지, 또 학교를 마치면 다시 부족의 원시적인 풍습 속으로 되돌아오는지 물었다. 가이드는 물론 그들은 도시의 학교에 다니고, 졸업하면 정글 속의 생활 방식으로 돌아오는 것이 대부분이라고 대답했다. 그렇다면 그들은 문명이라든가 생활의 편의라든가 하는 것을 어떻게 생각하는가. 이들 부족 중의 한 사람이었을, 그러나 아마존 유역의 환경 운동에 참여하고 영어도 잘하는, 깨인 그 가이드는 자신들의 그 오래고 친숙한 생활 방식이 더 좋고 거기에서 안도감을 느낀다고 설명해준다. 그런데, 그럼에도, 그 원시적인 생활 방식에 자족감을 가진 그 부족들도, 가슴을 드러내고 춤을 추며 관광객들에 민속품을 사달라고 함으로써 그들 스스로 관광 상품이 되어버린 그 부족들도, 자본주의식 돈벌이 행위를 피하지 않았고 피해가지도 않았다. 그러면서 문명과 현대성을 거부하고 집단 공동체의 원시적인 삶을 지킨다…… 그것은 답답한 역설이면서도, 아, 이렇게도, 이런 삶이라는 것도 가능하구나, 적어도, 내가 부인한다 하더라도 부정할 수 없는 또 다른 삶의 방식이 있구나, 하는 깨달음도 이렇게 얻어진 것이다.

  티티카카 호수의 우로족과 아마존 강가의 원주민은, 같은 잉카의 후예일 터이고 비슷한 수준의 '원시적인' 생활을 하고 있지만, 그럼에도 그들의 삶의 지혜와 정조는 다를 것이다. 한쪽은 물가이지만 3,800미터의 고지에 섬을 만들어 갈대를 먹고 다듬으며 살고 있고, 다른 한쪽은 강가이지만 원시림 속에서 원두막 같은 나무집을 짓고 풍성한 과일을 따먹으며 살고 있다. 두 부족의 상반된 삶의 모습이 어떤 정조로 엇갈릴지는 모르겠지만, 가령, 고지대의 쿠스코나 리마와, 저지대의 아마존 지역 사이의 정서적 차이는 분명 짐작할 수 있었다. 페루의 유명한 민속 리듬 '엘콘도르 파사'를, 그것도 삼포니아 등의 민속 악기로 연주하는 데도 아마존의 그것은 템포가 빠르고 경쾌하며, 쿠스코 인디오들의 그것은 약간 느리고 구성져서 슬픔과 한이 깊이 배어들어 있었다. 그 음악들의 다른 느낌은, 안데스 고지로 한없이 메아리쳐 울릴, 메마른 듯 축축이 잠겨 있는 아픈 설움과 폐쇄된 숲속에서 무리지어 흥겹게 춤추며 노래하는 즐거움의 차이일 것이다. 실제로, 이키토스 시내의 거리는 다른 페루의 도시들과 달리 요란스런 폭발음을 내며 오가는 시클로의 무리와 비교적 여유 있고 문명화된 사람들의 복장으로, 바쁘고 활기찬 또 다른 페루의 모습을 보여준다. 같은 페루인데도 그들은 서로 다른 모양의 삶들을 살고 있었다.

　우리는 아마존 강에서 배를 타고 한 시간은 족히 들어간 숲속의, 신치쿠이 로지lodge라는 한 오두막집 호텔에서 하룻밤을 잤다. 나무로만 지어졌고, 그래서 걸을 때마다 삐거덕거리는 소리가 요란스러웠으며, 전기 없이 호롱불로 방을 밝힌, 당연히 텔레비전이니 신문이니 하는 것들도 볼 수 없는 그 오두막에서 정글의 냄새를 맡고 울창한 숲들이 내는 소리들을 들으며 그 밤을 누렸다. 새벽에 우리는 배를 타고 새소리를 들으러 나갔고, 정글의 원시 농장에서 아마존의 열대 나무와 풀과 열매와 벌레들을 보았다. 세상은 여기서 녹색판이었고 서 있는 것들은 울창했으며 바나나를 비롯한 과일들이 여기저기 널브러져 있었다. 우리는 그렇게 하루를, 원시 속에서 원시를 살았다. 공기는 부드럽고 강은 황토빛이었으며 소리라고는 도통 자연의 것들만이었다. 세상에, 우리가 모르는 이런 생활이란 것도 있구나.

　도시와 현대의 잡답이 얼마나 훤소한가를 이제 비로소 깨달으면서, 일행들은 자연스럽게, 이런 데서 한 달만 살아봤으면 하는 염원을 저절로 쏟아내고 있었다. 구체적으로 1년 후쯤 돈을 마련해서 여길 또 와야지! 하고 즉흥적으로 계획을 짜보는 이도 있었다. 그 소원에는 여행 중의 감상도 끼여 있었겠지만, 물론 가볍게 넘길 생각들은 아닐 것이다. 그래, 나도 그랬다. 우리가 이런데서 살 수 있다면 얼마나 좋겠는가. 신문도 텔레비전도 없으니 개원도 못하고 아옹다옹 싸우는 국회꼴도 안 볼 것이고, 붐비는 거리도 없으니 폭력이나 폭행도 두려워하지 않을 것이며, 학교가 없으니 아이들은 입시 공부 고생도 않을 것이며, 과일이나 따먹으면 되니까 지겨운 직장에 가지 않아도 될 것이었다. 그렇게까지는 아니라 하더라도, 글을 쓴다든가 책을 읽는다든가, 명상에 젖기에는 한국의 어느 곳보다 이 아마존 원시림이 좋으리란 것은 분명해 보였다.

 그런데 일행들의 그런 소망을 듣는 그 자리에서, 그리고 보다 서구화되고 여유 있어 보이는 칠레에 와서, 드디어는 남미 대륙을 떠나 서울로 돌아오는 비행기 안에서, 나는 끈질기게, 나도 그렇게 아마존 원시의 숲속으로 들어와 살고 싶은가, 안데스의 무구한 고지대 산속에서 자리잡고 싶은가 자문하곤 했었다. 나는 편도만으로도 거의 30시간 걸리는 남미 대륙을 이제는 다시 찾고 싶지 않다고 투정했지만, 그것은 여행의 힘듦 때문이었지, 정글의 풍요한 자연과 마추픽추 계곡의 무구한 신비를 탐내지 않아서가 아니었다. 그것들은 우리에게는 없고 그래서 갖고 싶은 것들이며 그래서 부럽고 찾아보고 젖어들고 싶은 것들이었다.

 그럼에도 나는 페루에 가서 살고 싶다는 희망은 갖지 않아야 한다는 생각으로만 빠져들었다. 여러 현실적인 여건 때문에 그랬던 것은 아니었으리라. 내게는 분명 없는 것이어서 내게 있어서는 안 될 것이고, 갖고 싶어한 것이어서 함부로 거기에 손을 뻗

쳐서는 안 될 것이라는 생각이 그 이유였다. 그것들은 내 손이 안 닿는 그 자리에, 내게서 멀리 있어야 빛이 나고 그 의미가 살아나는 것들이어야 했다. 그들의 삶들은, 쿠스코의 인디오든 아마존의 원주민이든 혹은 현대 문화권 안에서 진지하게 사색하는 리마의 지식인이든, 페루의 얼굴은 상반되게 다양하지만, 그럼에도 그 페루의 삶은 페루 사람들의 것이지 우리 한국인의 것은 아니라는, 대수롭지도 않을 판단이 줄곧, 페루에 대한 나의 그리움에 덧칠을 하고 있었다.

그래, 페루에는 페루 사람들이 산다. 우리가 한반도에서 살고 있듯이, 그들은 페루에 살면서 페루인들의 삶을 고통스럽게 혹은 즐겁게 받아들이고 그들의 정신과 정서를 페루 사람들답게 누리고 키우고 있었다. 그것에, 우리의 삶으로 끼여든다는 것은 오만하고 무책임한 일이다. 그들에게 끼여들려는 우리의 삶의 형태가 더러운 때들로 얼룩져서가 아니라, 그것이 그들의 것이기에 그들만의 누림으로 남겨두어야 하기 때문이다. 우리의 끼여듦은 그들의 순수한 삶의 방식을 훼손하고 그들에 대한 우리의 존경을 세속화시키는 것이다. 우리는 그들을 대면해서는, 정직해져야 하고 겸손해져야 하며 순수해져야 한다.

다만 우리는, 그들의 삶이 거기에, 안데스와 아마존, 죽은 잿빛의 땅과 바위투성이의 산 위에 있음을 기억하고 그 기억을 통해 나의 일상을 거울처럼 비춰보는 것으로, 페루에 살고 싶다는 우리의 욕망을 대신해야 한다. 그리고 그렇게, 그 소중하고 뜻있는,

우리와 전혀 다른 방식의 삶이 이 땅을 뚫고 지구의 반대편으로 멀리 가야 할, 태평양 맞은편에 있다는 사실을 확인하는 것만으로, 페루에 대한 우리의 부러움과 그리움을 살려내야 할 것이다. 그 그리움은 꿈이다. 그 꿈은 꿈으로만 있을 때 아름다운 것이지, 그것을 실제화하면 우리는 환멸에 젖거나 건방져지고 부정직해진다. 그래서 나는 김포공항에 내려, 더위와 먼지가 이는 강변도로를 뚫고 집으로 돌아오는 차 안에서, 이제 페루행은 그만이다라고 작정하면서, 마지막으로 다시 다짐한다. 페루에는 페루 사람들이 산다. 우리는 그 페루에 살고 있는 페루 사람들을 꿈꾸어야 할 뿐이다……. 〔1996. 가을〕

p.s. ≫ 나는 페루를 1994년, 그리고 한 해 건너 96년에 여행했다. 우리와 지구 반대편에 있는 멀고도 먼 이 나라를 두 번이나 간 것은 마추픽추 때문이었다. 칠레의 시인 네루다를 통해서 이 고대의 침묵하는 유적지를 처음 알았고 중남미 문학을 전공하는 고혜선 교수의 주선으로 한국문학의 교류를 위해 구성한 팀에 들어 행운의 여행을 할 수 있었다. 두 번의 방문에도 불구하고 마추픽추는 여전히 입을 다물고 내게 침묵을 지키고 있었다. 스스로를 말하지 않는 문명! 나는 압도당했고 굳건히 스스로를 방비하는 이 신비의 유적은 결국 그들의 것으로 남겨두어야 한다고 생각했다. 그래서 페루에는 페루 사람이 살아야 한다는 동어반복의 정언법으로 페루를 지켜주고 싶었다. 나는 청탁받지 않고 쓴 이 여행기를 관대한 『문학동네』(1996년 가을호)에 게재할 수 있었다. 〔2019. 1〕

열아홉 살의 예감

나의 대학시절

/

4월의 연상

　가을에 피는 꽃이 있듯이 봄에 지는 꽃이 있고, 또 물론, 자연스레 4월에 피어나는 꽃들이 있다. 이렇게 울타리에 노란 개나리 꽃잎들이 널브러져 있고 캠퍼스의 나무들에는 라일락이 피어오르던 그날, 나는 교사校舍에 가려져 응달진 벤치에 앉아 환한 햇살 속에 드러난 교정과 교문 쪽을 바라보고 있었다. 몇몇 여학생들만 오락가락했고 학교는 때아니게 한산했다. 좀전에 한 무리의 학생들이 충혈된 눈빛으로 몰려들어 높은 목소리로 몇 마디 외치며 건너편 의대 쪽으로 뛰쳐나간 것이다. 아마 그들은 시내로, 경무대 쪽으로 향하고 있을 것이었다.
　착잡하게, 그러나 착잡하기 때문에 멍해질 수밖에 없이 혼자 앉아 있던 나는 낙오감과 낯설음이 뒤범벅되어 맥을 잃고 있었던 것 같다. 낙오감은, 그 정의로운 시위에 끼어들지 못한 데서 비롯된 것이지만, 나를 거기에 끼어들지 못하게 한 것은 그 낯설음 때문이었다. 그날 아침 혜화동에서, 먼저 시위에 나섰다가 되밀려온 고등학생들의 한 떼를 '구경'했는데, 그들의 표정은 진지한 것이 아니고 그렇게 장난스러워 보였고 심각한 것이 아니라 싱글거리며 재미난 장난을 하고 있는 듯한 모습이었다. 아, 역사란 이런 얼굴로 바뀌는 것이 아니고 바뀌어서도 안 된다고 문득 느껴진 그 낯설음이 나를 무력하게 만들었다. 그날 낮에 나는 걸어서 돈암동의 집으로 돌아갔고 깊고도 고통스런 낮잠에 빠졌으며 석간신문에서 내 고등학교 동창 친구가 중앙청 옆에서 쓰러졌다는 기사를 읽었다…….

역사의 거대한 흐름이 우스꽝스런 모습으로 낯선 짓거리에 의해 바뀔 수 있다는 진실을 깨달은 것은 그로부터 많은 시간이 지난 다음이었다. 시시덕거리고 깔깔대며 기이하게 보이는, 그리고 하찮고 우연스레 나타나는 일들, 그것들이야말로 시대를 바꾸어 놓는 저력이며, 개개의 희극적인, 우발적인 사건들이 공동체의 총체적인 삶의 핵심을 드러내는 참모습이란 사실을 깨닫기에는 많은 부닥침과 쓰러짐과 돌이킴과, 그래서 나이듦에 따른 세속의 때(垢)와 역사의 건널목에 대한 관찰이 필요했던 것이다. 그렇다. 엇갈리는 데서 인간의 선택과 세계의 결단이 나타난다. 지는 꽃과 피어나는 꽃이 한데 어울려져야 그 봄이 더 많은 생명력으로 밝아지고 그 상반된 두 가지가 번쩍 마주칠 때 역사의 한 획이 그어진다. 그래서 내게는 4월이 노란색과 분홍색, 꽃의 피고 짐,

양명함과 응달짐, 그리고 우연적인 개인과 필연적인 전체와의 화창한 모임과 자양으로 늘 연상되곤 한다.   〔1984. 4〕

사라진 미라보 다리

　시커먼 바닥이 헬렐레 드러난 개울에는 물이 괴기도 하고 조금 흐르기도 했다. 위쪽으로 염색 공장이라도 있었는지, 물은 대체로 거무튀튀하고 고약한 냄새가 나기도 했다. 그러나 우리는 그 개울을 센 강이라 불렀다. 그러니 그곳을 가로질러 교문으로 들어가는 다리는 미라보 다리일 수밖에 없었다. 그 이름들에 걸맞게, 50년대 후반의 우리는, 그 다리 난간에 걸터앉아 사르트르니 카뮈니, 혹은 라스키니 매키버니 하는 이름들을 들먹였고 실존주의와 다원론, 민주주의, 그리고 절망을 이야기했다. 물빛이 진하기 때문에 밤이면 달과 별이 더욱 뚜렷하게 담겨져 있었고, 그 둑으로 가지런히, 3월이면 노란 개나리가 만발했으며 4월이면 라일락 향기가 진동했고 가을이면 수위들이 은행잎을 나무둥지 밑에 소담스럽게 모아놓았다.

　교문에서 나와 길을 건너, 진아춘에서 짜장면으로 배를 채우고 저녁이면 쌍과부집에서 막걸리나 소주에 나라와 역사와 문화와 사상을 안주 삼아 떠들어댔다. 대학원생들이 점잖게 출입하는 대학다방에서는 일석〔一石 李熙昇〕 선생님이 수프로 천천히 요기를 하셨고 골목 안의 별장다방에서는 삐거덕거리는 층계와 바닥과 의

자 위에서 베토벤과 모차르트를 들었으며 친구 하나가 이곳 연상의 마담과 연애를 한다는 소문이 물론 파다했다.

아마도 이런 분위기에서 빚어졌을 것이다. 그 4월의 순수한 분노와 그 이듬해의 좌절감, 그 다음다음해의 함성들이 솟아난 것은, 자유와 진리, 순수와 낭만, 정열과 고뇌 — 이런 것들이 버무려져 우리 역사를 움켜쥘 힘을 기를 수 있었던 것은, 아직 이름은 붙여지지 않았지만 대학문화의 그 독특한 어울림과 어울리지 않음의 갈등을 통해서였을 것이다.

그로부터 20년. 센 강은 포장되고 미라보 다리는 사라지고 군화로 공을 차던 운동장은 세련된 건물과 주택으로 바뀌고, 국립도서관으로 남겨두자는 졸업생들의 운동도 허사가 되어 중앙도서관이 헐리고 제국 시대 양식의 본부 건물은 미술관으로 변모했으며 개나리와 라일락의 교정은 노인들과 아이들로 한가로운 놀이터가 되었다. 듣기에, 대학로는 토요일마다 차 없는 거리가 되어 젊은이들이 탈춤을 추기도 하고 연극도 공연하고 춤도 추고 술도 마시고, 한바탕 놀이를 벌이는 마당길이 되었다 한다. 젊은이들이 젊음을 마음껏 발산할, 이른바 청년문화의 공간이 된 것이다.

그러나 거리의 모습과 물결이 달라진 것이, 대학문화의 본바닥이 청년문화의 놀이터로 바뀌었다는 것이 선뜻 내키는 기분만을 주는 것도 아니다. 그것이 벤야민이 말하는 바 '아우라의 붕괴' 때문인지, 혹은 지나간 것은 아름답다라는 감상 때문인지…….

그 변화의 의미를 되씹게 만드는 것이 오늘의 대학로 풍경이다.

〔1986. 1〕

괄호로 묶는 시절

자신의 젊은 시절을 감동 없이 돌이켜보기도 힘들거니와 회한 없이 떠올리기란 더욱 힘들 것이다. 그래서 '감회'랄 수밖에 없을 그 착잡한 느낌은 현실과 풍속, 환경과 의식, 생활과 꿈이 엄청나게, 거의 전폭적이리만큼 달라졌기 때문에 그만큼 더 짙고 진솔해지지 않을 수 없으리라. 하긴 생각해보라. 검정색으로 물들인 군복에 목 위를 잘라낸 군화를 신고 한두 권쯤의 책과 노트로 듣는 둥 마는 둥, 선생이 빼먹거나 우리가 빼먹기가 일쑤인 강의를 마치고 교문을 나서면 우리는 어디로 갔던가. 학교 앞 다방이나 당구장에서 노닥거리기도 했고, 다행히 돈이 생기면 막걸리를 앞에 놓고 떠들었으며 제법 호기를 부리면 '르네상스'에서 음악을 듣고, 동도극장이나 평화극장에서 「누구를 위하여 종은 울리나」 유의 재개봉 영화를 보는 일밖에 더 있었던가. 모두가 을씨년스럽고, 누구나 가난했기 때문에 삶이란 오히려 평화스러웠고, 혹은 그러기를 갈망했으며 유리잔 속의 평화로움에서 이곳이 아닌 어느 곳을 그리워했다. 적어도 졸업학년에 부닥친 4·19에 이르기 전까지 상아탑은 상아탑이었다.

그때 우리는 서구의 인문주의 세례를 받고 있었고 사회과학도였던 나는 다른 어문계 학생들처럼 유행을 따라 실존주의에 빠져들었고 카뮈와 사르트르, 도스토예프스키를 갓 역간되기 시작한 문고본과 전집으로 탐독했으며, 신이니 존재니 하는 거창한 주제로 밤거리를 헤매며 고민도 했고, 서정주의 시와 황순원의 소설을 보고 『사상계』와 『현대문학』으로 사상과 문학의 세계를 구경하기도 했으며, 제목만 보고 산 칼 뢰비트의 『역사의 의미』 서론에서 '종말론'이라는 단어 하나를 발견하고는 흥분해하기도 했고, 멀리서 보기만 하던 여학생에게 부치지 못하거나 답장도 받지 못할 긴 편지를 쓰기도 했다.

그럴 수밖에 없었다. 지금처럼 텔레비전이나 프로야구도 없었고, 디스코테크나 스낵바도 없었다. 있다 한들 대부분 가정교사로 숙식을 해결해야 할 만큼 돈과 시간이 없었고 호기가 아닌 사치는 학점을 위한 공부와 더불어 비웃음 살 만한 것이었다.

출세란 우스운 것이고 취직이란 무망한 것이었기 때문에, 그리고 현실이란 전후의 그것답게 실질적 한계 상황에 있었기 때문에 우리는 사르트르처럼 책에서, 관념적인 데서 자유로움을 얻어냈던 듯하고, 그 사변적인 자유로움을 곧 젊음과 대학생의 특권으로 자부했던 것 같다. 최루탄 가스도 없이, 비록 흘린 피는 많았지만 제적 조처나 수배자 명단도 없이, 그리고 시민들이 목마른 시위자들에게 물을 마시게 해주고 교수들의 동조 시위를 얻어가며 벌인 두어 차례의 데모로 완고한 통치자가 물러갈 수 있었으니 말이다.

한 세대가 지난 이제 그 순진했고 비현실적이었던 분위기와 풍조들이 과연 얼마나 남겨져 있을까. 아니, 그보다도 그것들은 지금 어떤 의미를 지니고 있을까. 실천적 이념과 물신주의적 체제 속에서, 가난했기 때문에 비억압적이었으며, 혼란스러웠기 때문에 관념적일 수밖에 없었던 50년대의 내면 풍경과 외부 상황이 오늘의 우리에게 어떤 효력을 가질까. 그 시절의 순진함이 어떻게 해서 사회적 양식으로 통용될 수 있었는지, 그래서 그것이 어떻게 거대한 변혁의 계기가 될 수 있었는지, 그것은 신기할 정도의 역사적 현실감과 복잡한 실천적 분석 논리를 가지고 있기 때문이다.

그 평가의 논리가 어떻든, 그러나 대학 시절을 괄호 안에 묶어서 본다는 것은 이미 기성세대 중에도 나이든 층에 속한 나 같은 사람들에게만이 아니라 지금 바로 그 시절의 가운데에 있는 20대, 그리고 이제 비로소 소년기를 벗어나 새로운 가능성의 세계로 뛰어들 프레시맨들에게도 분명히 필요하고 중요한 일이다. 그렇게 되어야 하는 것은 이 대학 시절이 연령적으로 보아 미성년기와 성년기의 사이에 끼는 '틈새'이며, 의식상으로 보아 이론과 실천의 가능성이 중첩되는 '포갬'이며, 사회적 역할로 보아 생산과 소비의 양쪽 모두를 뛰어넘는 '텅빔'이기 때문이다. 이 틈새—포갬—텅빔의 독특하고 기이한 위상은 의존과 독립, 교육적 순응과 미답未踏 영역에의 개척, 창조적 소비와 무용한 생산이라는 잠재력과 선택을 보류한 가능성의 영토이며, 그것은 백지

상태 tabula rasa 이기 때문에 끝없는 탐색과 도전이 열려진 지평이기도 하다. 대학 시절이 이렇다는 것은 현실적 프로그램에 성급해지지 말 것을 권하는 동시에 실제적 가능성에의 관심을 유보해서도 안 된다는 것을 뜻한다. 책이든 대화든 혹은 관찰이든 사색이든, 그 어느 것을 통해서든 자신을 자유롭고 순진한 것으로 괄호화시켜 자기의 가능성과 기대치를 최대한 넓혀 나가는 것이 대학 생활의 가장 중요한 삶이 아닐까. 30년 전을 감회로 떠올리면서 내게 소중했던 그 삶이 의미 있게 느껴지는 그 괄호로 묶기의 진실성이 한 세대가 지난 이제의 젊은이들에게도 마찬가지의 미덕을 지니리라는 소감은 그래서 얻어진 것이다. 〔1987. 3〕

p.s. » 『부드러움의 힘』(청하, 1988)이라는 제목으로 이런저런 산문들을 두툼한 책으로 묶을 때, 대학 시절의 짧은 회상기들이 한 편으로 묶였던 듯했다. 지난 것은 모두 아름답고 애틋한지, 내 대학 시절의 초라한 몰골들이 라일락 향기처럼 모락모락 인다. 동숭동 대학 시절을 마치고 세상에 찌든 채 25년 이상 지나며 돌이켜본 것이어서 더 그 향기가 짙다. 그럼에도 그 시절은 한 생애의 '틈새-포갬-텅빔'의 미덕이 가장 활발하게 피어나는 시기였다는 생각은 이 글을 쓴 지 한 세대가 지난 지금도 여전하다. 그러나 여기서 회상되는 대학가 풍경은 지금은 볼 수 없는 자리의 광경들이다. 〔2019.1〕

인연 없는 것들과의 인연

/

비행기는 아마도 인도대륙 상공을 날으고 있었으리라. 창밖으로 보인 것은 어둠뿐이었는데, 날씨가 맑았는지 그 아래로 드문드문 불빛들이 보였다. 외따로 하나짜리도 있었지만 서너 개쯤 모여 있는 불빛도 있었다. 저 지상의 작은 불빛들이 6, 7천 미터나 떨어져 있을 여기까지 보인다니 신기하게 여겨지기도 했지만, 그때 문득 내게 든 궁금증은 엉뚱하게도, 저기 누가 무엇을 하며 살고 있을까 하는 것이었다. 캄캄했기에 불빛만 알아볼 수 있을 뿐, 그 주변이 숲인지 논밭인지 알 수 있기는커녕 사실은 이곳이 인도대륙이라는 것도 분명하지 않은 터였다.

그럼에도 나는 그것이, 내가 결코 알 수도 없고 알아봐야 별일도 아닐 무엇에 공연히 안달이 나는 것이었다. 저기 서넛의 불빛은 몇 채가 모인 작은 동네일까, 또는 우리식으로 마을회관일까 아니면 절일까. 좀 멀리 떨어진 외로운 불빛 하나는 외딴 집일까 다른 무엇일까. 저기 사는 사람들은 아마도 가무잡잡한 인도인일 텐데 식구들은 얼마나 될까, 생활은 어떻게 할까. 이 뜬금없는 궁금증에는 오래 전 인도의 도시와 마을에서 본, 가난하고 찌들은 인도인들의 궁상스런 풍경들이 끼여들었다.

그때 나와 인연 없는 것들에 대해 내가 왜 그처럼 궁금해했는지 모르겠다. 옆자리의 일행과 다른 승객들은 불이 꺼진 기내에서 불편한 대로나마 잠들어 있고 나만이 기창 밖으로 깜깜한 세상을 내려다보고 있는 외로움이 나의 덧없는 상념들을 자유롭게 풀어놓았고, 그것이 나처럼 깨어 있음을 보여주는 불빛에 덧없는 호기심을 불러왔는지도 모르겠다. 그러면서 나는 나와 무연無緣한 것들의 존재성을 생각하며, 세상의 무궁한 전개를, 하염없는 인간의 한계성을 떠올리며 옅은 설움에 잠겨 있었다.

근 10년 전의 이 바깥풍경과 그때 느낀 내 안의 정서는 그 후로도 문득문득 기억 속에서 솟아 나오곤 한다. 차를 타고 낯선 곳을 가며 무심히 차창 밖의 경치를 바라보다가도, 한밤 잠들지 못해 뒤척이며 뜬금없는 것들이 내 속을 떠돌 때에도, 인도대륙이었을 그 밤하늘 비행기 속에서 내려다본 지상의 캄캄하고 외로운 풍경들이 문득 나를 찾아와 회상에 젖게 만든다. 그 회상에 무슨 깊은 뜻이 있는 것도 아니고 내가 궁금해했던 일이 풀릴 리가 있는 것도 아니었다. 그것은 그냥 언제 어디서 찍었는지 기억도 나지 않는 스냅 사진 같은 것이지만, 그 무의미한 것들이 늘어서 있던 지난 시간들 속에서 의미 있는 경험으로 되살아나는 느낌을 내게 일으켜주는 것이다.

내 추억의 창고에는 또 다른 스냅 사진이 있다. 한계령을 넘어 서울로 돌아오는 버스 안이었다. 무심히 창밖을 내다본 내 시선에, 열예닐곱쯤 되는 뽀얀 얼굴의 한 소녀가 뒤를 돌아보고 환히 웃으며 뛰듯이 깡충거리며 지나는 모습이 잡혔다. 작은 동네였던 것 같고 그 소녀는 작은 다리를 건너는 중이었을 것이며 계절은 늦봄이었을 것이고, 그 소녀는 아마 소설쯤이지 싶은 책을 말아 쥐고 있었을 것이다.

한순간 스친 그 풍경을 용케 잡은 나는 달리는 버스에서 또 공상에 들어갔다. 여고생쯤이었을 그녀는 어쩌면 빌린 책을 돌려주려고 친구 집에 가는 중이었을 것이며, 또 모르지, 그런 핑계로 남자친구를 만나러 가는 중이었을지도, 아마도 소녀는 내가 미처 보지 못한 제 오빠나 엄마에게 명랑한 인사로 안심시키고 나온 중이었을 것이다. 물론 나는 그녀가 누구인지, 무엇을 하고 있는지 알 수도 알 길도 없고 또 알아볼 생각도 없었다. 그러나 나는 그때 그녀가 궁금했고 그 얼굴이 어땠는지 기억해내려 하곤 했다.

그 소녀는 지금도 가끔 궁금하다. 대학을 갔을는지, 따져보면 결혼할 나이도 지났을 그녀가 행복할는지, 그 강원도 어느 마을에 살고 있을지 아니면 서울이나 어떤 타향에 살고 있는지, 길을 걷다가, 혹은 커피숍에서 차를 마시다가 10년 전의 그녀 또래를 보면 문득문득 그 뽀얀 소녀의 환한 웃음이 떠오르고 그녀의 신상이 궁금해지는 것이다. 참 덧없는 관심이고 어이없는 호기심이지만, 한 컷짜리의 회상 속에 그러나 결코 나와는 아무런 인연이 있을 수 없는 그녀의 존재성은 내가 울적해 있든가 어지러운 세상에 불평을 품든가 할 때에, 아니 그런 것과 관계 없이라도 문득, 내게 다가와, 의미 없음으로써 그 정경을 의미화하는 기묘한 역할을 해주는 것이다.

나의 회상이 어찌 그 한밤 인도의 상공과 한낮 강원도의 산길에서만이겠는가. 레닌그라드의 호텔에서 본 매우 고매하고 세련된 여자, 페루의 쿠스코, 인디언들의 태양의 축제에서 유달리 눈에 띈 백인처럼 살결이 흰 소녀, 뉴욕의 할렘에서 넋없이 한쪽으로만 시선을 고정시킨 백발의 흑인 남자…… 그런 회상은 생각보다 많고 예상보다 갖가지의 모습이었다. 그런데 이런 스냅 사진 같은 회상들이 또 어찌 나만의 그것들이겠는가. 숱한 사람들이 숱한 사람들과 숱한 무연한 장면들에 마주칠 것이고 그 마주침에서, 무관심까지 포함해 숱한 느낌들을 가질 것이며 그 숱한 것들은 잊히든지 소중하게 감싸안든지 간에 우리의 의식, 무의식의 창고에 산처럼 쌓여 있을 것이다. 그리고 그것들은 엉뚱한 시간에 문득 기억으로 되살아나와 눈 앞과 눈 속의 빈 공간을 무의미한 것들의 존재성으로 채워줄 것이다.

그러고 보면 세상은, 그리고 인간은, 깊이 보면, 인연 있는 것들, 이해관계로 얽혀 있는 것들, 의미 있는 것들로 무진장 쌓여 있는 가운데, 그럼에도, 인연 없는 인간들, 이해관계로부터 자유로운 사물들, 무의미한 장면들이 그 못지않게, 아니 그보다 더 무수히 많이 숨겨져 있는 듯하다. 그것들은 숨겨져 있어 보이지 않고, 먼지를 뒤집어쓴 채 팽개쳐져 있고, 그리고는 아주 잊힐 것들이긴 하지만, 어느 날 문득 그중 하나가 불쑥 일어서 생생한 모습으로, 모호한 의미를 쓰고서 전생의 인연처럼 다가오기도 한다. 그때 세상은 달라 보이던가? 사람들이 달라지고 있던가? 아닐 것이다. 세상은 여전히 막힘없이 흐르고 있고 사람들은 전과 다름없이 바쁠 것이다. 그럼에도 그것들의 존재성은 나의 이기적인 존재성 속에서 샘물처럼 신선한 생기를 따라주며 인연 없는 것과의 인연감을 키워주는 것이다.

무연한 것들에 대한 나의 기억이여, 앞으로 남은 것보다 지난 기억이 훨씬 많아진 나는 이제 그것들에, 따뜻한 안녕의 인사를 보낸다. 〔2000. 3〕

p.s. » 나는 지금도 달리는 버스에서 흘깃 본 그 소녀의 자태를 기억한다. 내가 결코 알 수 없는 소녀, 어떤 인연도 닿을 수 없는 소녀, 단 한번 내 눈길을 지나간 소녀……. 그 소녀와의 인연이 지난날에도 없었듯이 앞으로도 영원히 없을 것이기에 이 무연한 인연이 더욱 간곡하게 다가온다. 우리는 평생에 얼마나 숱한 인연 없는 인연을 경험하며 살아가는 것일까. 그 아득함은 불교적 명상을 불러오기도 한다.
〔2019. 1〕

핸드폰, 노트북을 살까말까

/

　나는 요즈음 핸드폰을 살까말까, 노트북을 장만할까 어쩔까로 고민하고 있는 중이다. 고민? 별것도 아닌 것 가지고 고민이란 엄숙한 어휘까지 동원하는 스스로가 어처구니없기는 하지만, 나는 다른 말을 쓰고 싶지는 않다. 지금 비록 탁상용 컴퓨터로 글을 쓰고 있고 급하면 옆자리 친구의 핸드폰을 빌려 쓰고 있지만, 정작 내가 어디로 가든 휴대해서 써먹을 수 있는 컴퓨터나 아무데에서든 전화를 걸 수 있는 핸드폰을 산다는 것이 내게는 결코 범상한 일로 여겨지지 않기 때문이다

　핸드폰은 우리 회사 직원들도, 내 아이들도 가지고 있어 이제 일상적으로 사용하는 문명의 이기가 되었다. 내가 그 절박한 용도를 깨닫게 된 것은 여럿이 여행을 하고 돌아오는 길에 눈으로 심한 교통체증을 당했을 때였다. 일행 중 한 사람이 서울에서의 중요한 약속을 지킬 수 없게 되자 집으로 연락을 해야 했는데 고

속도로상이어서 공중전화를 쓸 수도 없었고 일행 가운데는 아무도 핸드폰을 가지고 있지 않았다. 그는 마침 눈 때문에 거의 서 있다시피 한 앞차로 뛰어가 전화 사용을 부탁했다. 그 장면을 보고 다른 한 일행이, 별수없이 핸드폰을 장만해야겠군 하고 탄식하듯이 말했고 우리 모두가 그 의견에 동의했다.

물론 노트북이 핸드폰처럼 내게 그리 급하게 필요했던 적은 없었다. 그러나 우리 집 아이들은 방에서 방으로 혹은 집에서 학교로 자리를 옮길 때 노트북을 들고 다니며 원고를 쓰거나 숙제를 했고 저희끼리 게임도 즐겼다. 나는 이러는 대신 디스켓을 들고 다니며 사무실과 집의 컴퓨터를 이용하곤 했는데, 더러 호환이 안 되는 경우나 디스켓을 잊고 온 경우 난감해져서 원고 쓰기를 미룬 적이 많았다. 그래도 그 정도는 지나칠 수 있는데, 앞으로 혹 여행을 하며 원고를 써야 할 경우, 노트북이 있으면 편리하겠다는 생각을, 아들의 노트북을 볼 때마다 떠올리곤 한다.

그 필요성을 느끼면서도, 왜 나는 고민까지 해가며 그 편리한 기구들을 구입하는 데 망설이는가. 우선은 아마 선입견일 것이다. 거리에서 젊은이들이 핸드폰을 들고 다니며 통화하는 내용은 '난데' 하면서 시작되는 별 대수롭지 않은 이야기들인 듯했다. 이른바 그 '난데족'에 내가 낀다는 것이 점잖지 않아 보였고 그 하잘것없는 용도에 내 전화가 쓸려버릴 것이 못마땅했다. 노트북도 그와 비슷하지 싶다. 텔레비전의 무슨 토론 같은 데에서 노트북을 앞에 놓고(그것이 대개 꺼져 있다는 말도 들었다) 티를 내는 것이 싫었고, 노트북을 들고 다니는 젊은 여피족처럼 날렵한 한편 약삭빠르게 보이는 모습이 내게는 어울리지 않는다 싶었다.

그러나 핸드폰이나 노트북에 대한 나의 이런 반감은 스스로 생각해보아도 감정적인 것이고 전혀 현실적이거나 논리적이지 않다. 나의 그런 '고민'을 저울질하며 아마도 그런 감정 바닥에는 나의 또 다른 심리가 깊숙이 깔려 있는 것이 아닐까 다시 생각해 보았다. 거기에는 새로운 기계에 대한 두려움이 있는 게 분명해 보였다. 나는 핸드폰을 빌리면서도 조작할 줄을 몰라 아예 전화를 걸어달라고 부탁하고, 노트북은 물론 탁상용 컴퓨터에서마저 워드프로세서 기능만 겨우 이용하는 '컴맹'인 것이다. 내가 누구나도 하는 자동차 운전을 기피하는 것도 이런 심리에서일 텐데, 조금도 어렵지 않을 그 핸드폰이나 노트북 또는 탁상용 컴퓨터에 대해서도 나는 흥미를 느끼면서도 어눌해지고, 편리하다면서도 저어감을 버리지 못하고 있었다.

그렇다면 나는 별것 아닌 것들에 대해 왜 어눌해지고 저어하는 것일까. 내 자신에 대한 심리 분석은 계속된다. 그리고 끝내는 그것이, 현대의 전자 문명이 가져다주는 신속함·정확함에 대한 저항감을 지워버리지 못하는 데 있음을 깨닫는다. 나는 사람들이, 혹은 사회가, 좀더 게으르고 느려질 수 없을까, 불편한 것을 편하게 견딜 수 없을까, 속도를 버리고 평온을 누릴 수 없을까 하고 회의하는 중이었고, 핸드폰이나 노트북은 나의 그런 회의의 대상 품목 중 하나였음을 무의식 중에 의식하고 있었다. 그러면서 나는 빠르고, 많고 하는 것들에 대한 염증을 확인하고 있었고, 빠름이 느리고 많음이 적은, 현상의 역리逆理를 짚어보는 것이었다.

10여 년 전 뉴욕 중심가에서 나는 나를 보러 시내로 나와 준 친구에게, 인사 삼아 집이 얼마나 떨어져 있느냐고 물었다. 그는 "한 시간"이라고 대답했다. 나는 그러니까 한 30킬로미터는 되는 그 멀리에서 일부러 달려온 데 사의를 표하기 위해서 분명 거리를 물었는데 그는 정확하게 시간을 말해준 것이었다. 거리를 시간으로? 천문학에서는 광년으로 시간 어휘를 거리 개념으로 사용하고 있지만 일상의 테두리에서 그런다는 것은 의외였다. 그 친구만이 아니라 그 후에 만난 친구들, 사람들도 모두 시간으로 거리를 알려주고 있었다. 그러고 보니, 근래의 서울 사람들도 가령 일산이나 분당 사람들이 자신에게 편도에 걸리는 시간으로 그 거리를 알려준다는 사실을 종종 알게 되는 것이었다.

어떻든 시간으로 거리를 가리키는 미국에서의 인사를 들으며 어리둥절하던 나는 다른 방향으로도 생각이 뻗어나갔다. 아마도 자동차가 없었던 시절 뉴욕에 출퇴근 하는 사람들은 직장으로부터 걸어서 30분쯤 되는 거리에 살았을 것이다. 버스나 지하철이 생긴 뒤에는 시의 변두리에 살면서 역시 30분 정도 시간을 들여 출근했을 것이다. 그리고 자동차를 가지면서 그들은 좀더 멀리 공기와 경치가 좋은 교외로 이사했을 것이다. 그러나 교외의 주민들이 늘면서 교통체증이 생겨 출근하는데 1시간은 들게 되었을 것이다. 자동차는 우리를 빠른 속도로 이동시키지만 그러나 집과 직장 사이의 거리는 1시간이 소요된다. 빨리 달리는 자동차를 이용하는 데도 출근 시간은 짧아지지 않았고 오히려 더 길어지고 더 짜증나는 역리 현상이 나타난 것이다.

도시 자체도 그 성격이 변했다. 중산층들이 교외로 빠져나가고 낮시간에만 사람들이 모이니 도심은, 혼자서 밤거리를 돌아다니지 말라고 충고하는 친구의 말대로, 밤에는 공동화空洞化되어버리고 거리는 더럽고 지저분하며 폭력과 범죄가 난무하는 악의 시장이 되었다. 보들레르 시절부터 모더니스트들에 이르기까지 도시는 문명의 꽃이었고 문화와 예술 혹은 정치와 경제 행위들 모두가 제작·전시·토의·계약되는 현대성의 상징이었다. 그런데 이제 그 도시들은 슬럼화로 현대 세계의 치부가 되었다. 풍요와 진보의 중심이었던 도시가 이제 공허와 누추의 괴물로 전복되어 버린 것이다. 결국 무한한 미래를 약속하는 현대 문명은 오늘 우리에게 그 문명의 중심으로부터의 도피하고 전원풍 교외에서 안식하고자 하는 욕망을 안겨주었다. 문명은 다시 한 번 우리에게 역리의 현상을 씌운 것이다.

며칠 전 한 신문이 내 마음에 딱 들어맞는 기사 하나를 소개했다(『경향신문』, 1998. 8. 25). 『퓨처 서베이』라는 잡지의 편집장 마이클 메리언이라는 사람이 '브레이크 없는 정보혁명에 제동이 필요한 시점'이라고 강조하면서 그 정보혁명에 반대하는 이유

열 가지를 꼽았다. 그 열 가지는 이렇다.

  1) 자본가들의 정보 독점이 심화되고 쓰레기 정보의 범람으로 창조적 두뇌 활동이 둔화된다.
  2) 소외 계층이 늘어나 미래의 바람직한 발전까지 위협받는다.
  3) 컴퓨터 범죄로 법과 질서의 유지비용이 증대된다.
  4) 정보 전쟁과 정보 테러로 국가 안보가 위태로워진다.
  5) 실업이 확대된다.
  6) 환경 파괴가 가속화된다.
  7) 사회 분화와 오락·정보 홍수가 정치 관심도를 줄여 민주주의를 후퇴시킨다.
  8) 사생활이 침해된다.
  9) 시간과의 싸움으로 삶이 황폐화된다.
10) 계층간 국가간 불평등의 골이 깊어진다.

기사는 짧고 부연된 구체적인 설명도 없지만, 정보 혁명에 반대하는 이 열 가지 이유는 해설을 덧붙일 필요도 없고 아무런 주저함도 없이 곧바로 나의 전적인 동의를 얻어내기에 충분했다. 내가 좀더 박학하고 관련 자료를 수집할 만큼 부지런하다면 한번쯤 정리해서 쓰고 싶은 내용이 이 '열 가지'에 고스란히 담겨 있었다.

그러니까 지금 선진 사회만이 아니라 우리나라에서도 적극 추진되고 있는 정보화 사회가 보다 더 광범하고 구체적으로 실현된다면, 그 새로운 세기에는 메리언이 그리고 있는 부정적인 양상들을 그대로 노출할 것이다. 정보화된 선진 사회일수록, 빌 게이츠의 재산은 급속하게 불어나지만 그로 말미암아 몇 십만 명의 실업자가 생겨나고 재취업자라 하더라도 그 소득은 현저히 감소하고 있다는 것; 유통되는 컴퓨터의 정보 중 90퍼센트 이상이 '쓰레기'이며 해커들이 갖가지 신종 범죄들을 자행하고 있지만 그것을 견제할 방어 기제는 결코 그 범죄들을 따라잡지 못한다는 것; 외설물이 인터넷에 범람하고 있지만 그것을 규제할 법적·기술적 한계가 그만큼 더욱 뚜렷해진다는 것; 국제 투자 자본이 온라인상에서 자유롭고 신속히 이동하게 되면서 일국의 경제체제가 얼마든지 마비될 수 있으며 한국의 IMF 체제도 그 농간에 걸려든 혐의가 깊다는 것 등등 얼마든지 들 수 있는 이런 '세기말적 증상'들이 정보화 사회와 그 매개체인 컴퓨터로 비롯되고 있음을 확인할 수 있다.

　멀리 갈 것도 없이 가까운 사람들이 겪은 실제의 사소한 이야기로 예를 더 들어보자. 대학 교수인 나의 친구가 학생들에게 리포트들을 받았는데 그중 몇몇은 다른 사람의 글을, 아마도 인터넷을 통해 베낀 것이 분명한데도 그것을 확인할 수가 없었다며, 앞으로 학생들이 더욱 기술적으로 더욱 자유롭게 베낄 터인데 그걸 막아낼 수가 없다고 한탄했다. 후배 작가 한 사람은 인터넷에 자신의 사이트를 마련하고 매일 일어나자마자 온라인 상태로 켜

두는데, 거기에 독자들의 갖가지 편지와 글이 들어와 그것들을 보느라고, 그것에 답을 하느라고, 그 찬반의 반응을 소화해내느라고, 혹은 그것들을 보지 않으면 궁금증에 들떠서, 도무지 다른 일들이 되지 않으며 그래서 인터넷이 만들어내는 신종의 스트레스에 젖어들었다고 하면서, 그런저런 이유로 자기 사이트를 폐쇄시키고도 싶은데 한번 젖어든 병증에서 벗어날 수 없다고 탄식했다. 고등학생 자녀를 둔 또 다른 후배는 아이들이 자기 방에서 밤새도록 게임을 하든가 채팅을 하느라고, 아마도 더러는 포르노도 즐기며 컴퓨터를 사용하는 바람에 전화료도 엄청 많이 내야 하고 그 아이의 건강과 학업 성적도 나빠지고 하는데 아이 자신은 시치미를 떼고 있어 야단만 칠 수 없게 되었다고 한숨을 쉬었다.

 그렇다면, 컴퓨터, 그리고 그것이 몰고 올 정보화 사회, 그것들이 뭉뚱그려 불릴 첨단 문명들은 우리의 삶에 가져다줄 긍정적인 측면 못지않게 부정적인 양상도 매우 크다는 사실을 결코 간과할 수 없음을 알게 된다. 우리는 그 정보 혁명이 실현시켜줄 거대한 변화, 그 변화에서 기대될 만한 소득만 강조했지 우리에게 어떤 나쁜 결과를 초래할 것인가에 대해서는 별다른 관심을 보이지 않거나 그 비판을 무시했다. 가령 폭탄을 소포로 보낸 미국의 유니바머에 대해서 그 범죄성은 충분히 강조했지만 그 뛰어난 수학자가 경고하고자 한 현대 문명에 대한 가차없는 비난은 생략해버린 것이다. 대도시의 슬럼화처럼 정보 혁명이 인간을 파멸할 가능성에 대해 현대문명은 외면하고 있고, 거대한 국제 자본 운동은 더 빠르고 더 기능적인 뉴 미디어를 이용하며 정보화 사회로의 변혁 필요성을 역설하고 있으며, 과학 기술자들은 새로운 컴퓨터와 앱들을 기하급수적으로 개발하고 있지만 그것의 독점·선점으로 빚어질 갖가지 불평등의 심화 문제에 대해서는 함구하고 있다. 그래서 양쯔 강 이상으로 범람할 고급·저급의 갖가지 정보들은 사람들의 지능과 의식을 홍수 속에 빠뜨려 허위적거리게 만들 것이며 이 정보 재난은 인간의 삶을 더욱 무디고 곤핍하게 망가뜨릴지도 모른다.

  이런 진단은 빠르고 많은 것이 반드시 우리의 행복과 만족을 실현시켜주는 것이 아니며 오히려 더 불행하고 불평에 치이도록 만들 수 있다는 것, 인간적인 삶의 질을 성취하는 데 신속과 풍요로 치닫는 현대 사회의 추세가 도리어 방해가 될 수 있다는 것을 인식시켜준다. 나는 게으르고 느리고 소박한 전시대적 삶의 모습에서 오히려 아름답고 여유 있는 평화로움을 발견하는데, 교외로 이사를 하거나 여행을 떠나는 사람들, 혹은 집에서 음악을 듣거나 책을 읽는 사람들의 유유함을 볼 때 이건 나만이 갖는 가치관이 아님이 분명하다. 혹, 우리는 게으르고 한가롭기 위해 바쁘고 빠른 업무적인 일상을 추진하는 것인가? 또는 삶의 향유를 위해서라면 악착같이 돈을 벌되 그 돈벌이를 위해 삶의 여유를 버리는 것인가? 어떻게 주객전도된 이것 역시 또 하나의, 그러나 극히 중요한 역리임에 틀림없다.

나는 핸드폰과 노트북을 살까말까 망설인다는 이야기로 단상을 시작했던가? 그 망설이는 이유의 바닥을 말하기 위해서 나는 너무 거창하게 현대문명의 역설과 정보혁명의 비인간성에 대해 부정적 견해들을 늘어놓았다. 설마 내가 이 거대한 인류사적 추세와 현대 문명에 대한 비판적 견해 때문에 핸드폰을 살 것인지 노트북을 이용할 것인지 주저하고 있다는 식으로 독자들이 받아들이지는 않을 것이다. 나는 다만, 누구나 스스럼없이 구입하고 사용하는 작은 문명의 이기에 대한 내 나름의 저어감을 생각하며, 진보라는 것이 반드시 좋은 것인가, 그것들이 우리의 삶을 풍요롭게 만들어주는가라는 데 회의를 하고 있으며, 어쩌면 인간의 삶에서 행복감이나 만족감의 총화는 부나 문명의 크기에 달려 있지 않으리라는 생각을 했을 뿐이다. 다만 나는 좀 느리게, 게으르게, 자유롭게 살고 싶을 뿐이며 첨단의 문명이나 정보의 신속함이 나의 그런 보수적인 삶의 방식을 보장해주지 않는다는 사실, 그리고 문화나 예술이 그 느리고 게으르고 자유로운 삶을 키워주는 장치가 되지 않을까라는 점을 다시 짚어본 것이다.

그렇다면 나는 핸드폰과 노트북을 살 것인가. 다시 우문에 부닥친다. 나는 대체로 삶 자체에서는 구식이어서, 마지못해 아이들 때문에 컴퓨터를 구입했고 그럼에도 여전한 컴맹 상태로 머물러 있듯이, 그리고 끝내 자동차 운전 배우기를 그만두고 면허증을 포기하듯이 해온 태도를 고집한다면, 아마도 핸드폰 없이, 휴대용 컴퓨터가 없는 불편함을 끼고서, 그렇게 어리숙하게 살 수 있을 것이다. 그러나 그런 가능성보다는 글을 쓰기 위해 워드 프로세서를 자습하듯이, 자가용은 못 몰지만 택시나 지하철은 타야 하듯이, 그렇게 핸드폰을 사고 노트북을 써야 할 가능성이 더욱 높다. 그것은 예정된 길인 듯이 당연한 모습으로 내게 다가온다. 그러면서 나는 유니바머도 아니고 로빈슨 크루소도 아니라는 생각을 하고, 정보화 사회든 국제화 시대든 나의 심판과는 관계없이 필연적으로 진행되고 있는 추세라고 받아들인다. 그러나 내 결정이 어떻게 되든, 새로운 문명의 이기와 정보의 세기에 대한 나의 적응이 어떤 모습으로 진행되든 간에 한 가지 분명한 것이 있다. 나는 여전히 새로운 문명, 첨단의 이기들에 대해 불신감을 씻지 못할 것이며 더 빠르고 더 많이라는 현대 문명의 이데올로기에 대한 비난을 쉽게 버리지 못하리라는 점이다. (이런 힘든 반성을 통과한 끝이라면, 내가 핸드폰을 사고 노트북을 쓰게 되더라도 독자들은 나의 위선을 용서해주지 않겠는가.)　　〔1998. 10〕

p.s. » 이 글이 발표된 후 내가 핸드폰이나 노트북을 샀는지 궁금해하는 사람들이 더러 있었다. 지난 2월, 취업해서 첫 월급을 받은 아들이 내게 좋은 핸드폰을 선물했다. 나는 물론 즐거웠고, '사지 않고도' 가지게 될 수 있게 된 것이 다행이었다.　　〔1999. 3〕

p.p.s. » 새로운 개발품을 하나 사는데 왜 이처럼 많이 주저하고 머뭇거려야 할까. 물론 무지와 나약 탓이다. 그럼에도 20여 년 전 핸

드폰과 노트북이 한참 번지기 시작할 때 내 머뭇거림을 회상시켜주는 이 글을 다시 읽으면서 나는 낄낄거리며 재미있어했다. 내 그 소심함이 스스로에게도 잔망스러웠고 거창하게 문명이니 삶의 태도니 하며 갖다 대는 그 과잉 사유가 번거롭기까지 했는데, 이 글을 쓴 지 두어 달 만에 핸드폰이 생겼고 반년 안 되어 스스로 노트북을 샀으니 내 주저와 머뭇거림이 그처럼 하잘것없게 되고 말아 어이가 없었던 것이다. 그러면서 나는 이 새로운 문물에 익숙해지고 특히 핸드폰이 진화한 스마트폰의 경우는 마누라와 떨어질지언정 결코 손에서 놓아서는 안 되는 필수품이 되어버렸다. 스마트폰은 내 기억이고 메모이며 신문이고 편지이며 옥편이자 영어사전·백과사전이 된 것이다. 이게 없었다면 지금 나는 얼마나 불편하고 힘들고 힘겨웠을까…….

〔2019. 1〕

아직도족의 변명

/

'아직도'라는 부사는, 그것이 앞에 붙어, 가령 '안 일어났다'에서처럼 게으르고, '모르겠니'에서처럼 둔하며, '그 꼴로 사느냐'에서처럼 무능한 모습을 강조해주는 어사이다. 한때 서울에서는 그처럼 게으르고 둔하고 무능한 사람들을 가볍게 야유하는 듯한 물음이 유행한 적이 있었다. '아직도 강북에 사는가' '아직도 땅집에 사는가' 혹은 '아직도 담배를 못 끊었는가.' 아직도 강북의 '땅집'에서 살며 여전히 거의 줄담배를 피우는 내 친구 K가 그런 야유를 받기 딱 맞는 사람 중 하나이다. 그는 서울에서 살게 된 지 35년이 넘었는데도 강남에 내던져놓으면 남북이 어딘지 어리둥절하여 갈피를 못 잡고, 아파트살이가 편하다는 사실을 누구보다 인정하면서도 그 편한 거주 공간으로 옮길 생각을 하지 않으며 친구나 가족들의 지청구를 받으면서도 결코 금연할 생각을 않는다. 그런데 문제는, 그런 무능·무력·나태를 그가 모르지 않는 상태가 아니라 그런 상태 자체를 즐기고 있을뿐더러 그것을 오늘날과 같은 문명 사회에서는 마땅히 존중해주어야 할 미덕이라고 자부까지 하고 있다는 점에 있다. 그의 그런 주장이 자신의 뒤떨어짐을 호도하려는 어처구니없는 고집으로 덩이져 있음에도 더러 수긍되는 점이 없지 않아, 그의 변명을 조금은 들어두어도 심심치 않을 듯싶다.

앞서 말한 집 이야기부터 말하자면, 그는 27년 전 결혼할 때 든 집에서 11년, 한 번 이사한 집에서 16년을 살아오고 있다. 서울 사람이 평균 4년에 한 번씩 이사를 한다는 통계로 보면 그의 게으름을 충분히 짐작할 만한데, 비슷한 때 셋방으로 살림을 시작한 친구들은 몇 차례의 이사 끝에 진작에 50평이 넘는 현대식 아파트를 갖게 되었지만, 그는 비록 마당과 보일러는 갖추었더라도 여전히 불편한 재래식 가옥에서 생활하고 있는 것이다. 아이들이 짜증내다시피 불평하며 아파트로, 그것도 강남으로 이사하자고 조르기도 하지만 그는 고집스레 거절해버린다고 한다. '아직도 그 꼴로 사는' 것이 답답해서 그 고집을 버리라고 충고하면 그는 피식 웃으며, "이사하기 귀찮아서……"라고 얼버무린다.

그런데 언젠가의 술자리에서 그는 '압구정동 현상'에 관한 누군가의 글을 화제에 올리며 강남 아파트 지역 풍경이 오늘의 한국인, 특히 중산층의 허위의식을 가장 노골적으로 드러내고 있다며, 어차피 우리 사회가 그런 문화 쪽으로 옮겨가기는 하겠지만 정서적으로 그에 대한 반감을 지울 수 없다고 탄식하듯이 말한 적이 있었다. 그 자신이 '행복한 중산층'이라고 자처하고 있지만 '허황한 중산층'이 되기를 바라지 않는다는 또 다른 그의 말을 그때 기억해내며, 나는 그가 강북의 땅집을 벗어나지 않으려는 고집이 여기에 연유하는 것이 아닌가 생각하게 되었다. 그의 그런 생각은 왜곡·편향되어 있지만, 부분적 진실이 스며 있는 점을 내가 쉽게 부인하지 못하는 것도 사실이다.

그는 또 골프를 못 치고 테니스나 조깅도 하지 않으며 약수 받으러 일찍 일어나지도 않고 등산도 안 하며 스포츠센터는 물론 사우나에도 가본 적이 없다. 더러 동네를 산책하기는 하지만 그것은 심심해서이지 건강을 위해서는 아니라고 주장한다. 그 주장이 정말임은, 친구들 몇이 유명을 달리하면서 부쩍 건강에 대한 화제들이 많아지고 운동이나 식이요법에 대한 정보와 효과를 자주 이야기하게 되었는데도, 그는 그런 대화에는 거의 끼이지 않는다. 어쩌다 그런 대화에 참견해서 하는 말이란, 기껏, 그렇게 힘들여서 얻은 힘을 가지고 주나 색을 즐기는 것 말고 이 나이에 무얼 하겠느냐는 것, 라켓 들고 다니는 여자치고 날씬한 사람 못 보았다는 것, 혹은 나이 들어 하던 짓 안 하든가 안 하던 짓 새삼 시작하는 것이 더 위험스럽다는 것, 요컨대 건강과 운동에 대한 부정적인 이야기뿐이다. 아니, 그는 새벽 산책이라든가 설악산 등정이라든가 과음 절제 자체는 좋은 것으로 보고 있고, 취미 생활을 즐기듯 그것들을 즐겨야 한다고 주장한다. 그가 혐오하고 있는 것은 '건강을 위해서'라는 실제적 목적이 붙어 있는 운동과 건강이다. 그가 건강 문제에 대해 그처럼 늠름한 것은 잔병이나 큰병 치레를 해보지 않은 덕이라는 친구들의 핀잔을 받아들이면서도 자신의 건강 혐오감을 철회하지 않는 것에는, 아마도 건강주의자의 주체할 수 없는 동물성에 대한 깊은 두려움을 가진 탓이리라. 그는 육체적 야만성에 대한 증오감을 자주 토로하는데, 그가 담배를 굳이 끊을 생각을 하지 않는 것도 자신의 신체에 대한 숨은 자학 심리가 작용하고 있는지 모를 일이다.

그가 골프에 대해 반대를 넘어 비난까지 하는 데에는 좀더 윤리적인 이유가 있다. 우리처럼 인구 과잉의 나라에서 광활한 골프장의 남설濫設이란 여간 가혹한 낭비가 아니라는 경제적 이유 못지않게, 그것을 일종의 신분 상징으로 삼는 신흥집단의 허위의식을 그는 경멸하고 있는 것이다. 언젠가 동창회에 나갔다가 몇몇이 숙덕이며 '자치기' 일정을 상의하는 것을 듣고 그것이 골프를 치자는 말임을 뒤늦게 깨닫고 불쾌감이 치솟은 것은 골프 그 자체가 아니라 끼리들 간의 그 도도한 선량의식 때문이었다고 했다. 마치 특혜받는 집단들의 애써 숨기고자 하는 데서 오히려 더 도드라지는 우월감을 그는 보는 것 같았다는 것이다. 그리고 어느 날 오전 여의도 순환도로를 지나다가 인도어 골프장에서 수많은 사람들, 아니 여자들이 골프채 휘두르는 것을 보고 경악했던 느낌을 내게 토로했었다. 그 시간에 주부들이 어떻게 골프장에 나와 있을 수 있느냐는 것이 물정 모르는 그의 소박한 질문이었다. 골프에 대한 그의 자심한 편견은 분명 시대에 뒤떨어진 그의 무능 탓이겠지만, 나 역시 골프를 모르기 때문에 골프에 대한 그의 '느끼함'이라는 반응이 심정적으로 웬만큼 이해되긴 한다.

그는 그런 느끼함을, 가령 미국 사람보다 더 능숙하게 영어 회화를 하는 사람들, 그들의 양키식 몸짓, 거기에 끼어드는 해박한 미식美食 취향에 대해서도 느낀다고 한다. 그러나 그것은 그가 영어 회화를 못하고 화려한 데에 가서는 촌티를 못 벗고 미식에 대해서는 무미하기 때문에 대수로운 것은 못 된다. 더구나 그는 촌스런 화법에 대해서는 지루함을 못 참고 김치보다는 호텔 양식을 더 좋아하고 전래 문화보다는 서구 문화에 더 길들여 있기 때문에 그런 느끼함이란 적어도 그에게는 당치 않은 것이리라.

그런 참에, 그가 아직도 자동차 운전을 못한다는 사실에 아무런 부끄러움을 느끼지 못한다는 것은 잘못된 심정일 것이다. 그는 직원이 운전해주는 차를 타고 다니고 자식들에게도 운전은 필수로 배워야 한다고 권하고 있으니 더욱 그렇다. 나는 오늘날과 같은 사회에서 운전을 못 해 생기는 불편을 어떻게 할 것이냐며 면허증이라도 따두라고 권해본 적이 있는데, 그는 택시나 버스를 타든가 친구나 자식에게 빌려 타면 되지 않겠느냐고 태평스레 대답했다. 불편함에 대한 둔감함은 그의 낙천성에 맡긴다 하더라도 문제는 그 자신이 오너드라이버가 아니라는 사실을 다행스럽게 생각한다는 점이었다. 그 당착을 힐난했더니 그의 대답은 뜻밖에 천연스러웠다. 자동차를 운전할 줄 알면 그걸 써먹기 위해 주말이나 휴가철에 차를 몰고 쏘다녀야 하는데 그렇게 붐

비고 시끄러운 일을 시간 버려가며 사서 할 필요가 있느냐는 것이다. 공휴일에 집에서 그럼 무슨 일이라도 하느냐고 추궁하자, 그는 집에서 무얼 하느냐가 중요한 것이 아니라 밖으로 차 몰고 나가 무얼 하지 않느냐가 중요하다고 응수했다. 한발 더 나아가, 그는 휴가철에는 꼭 어디고 다녀와야 하고 주말에는 근교에 드라이브를 해야 한다는, 여유가 있다기보다 오히려 없어 보이는 그 생활 유형에 '느끼함'을 느낀다고 말했다. '바캉스'를 즐겨야 한다는 그 선입견이 우리의 삶을 그만큼 억압하는 것이 아니겠냐는 것이 그의 반문이었다.

그는 '자본주의 사회의 꽃'이라는 주식에 대해서도 여전히 무지하다. 주가지수가 어떻고 그래서 우리 경제가 어떤 상태라는 등의 신문 보도를 보며 함께 걱정하기도 하지만 그것이 어떤 과정을 거쳐 그렇게 되는지는 모른다. 하긴 상장이니 종가니 하는 상식적인 용어를 여직 모르고 있으니 그런 복잡한 경제 이치를 알 리가 없다. 자신의 고백에 따르면 그도 주주이긴 하다. 20여 년 전에 형제들로부터 선동당해 어떤 회사의 주식을 아주 조금 샀는데, 그 주식을 가지고만 있었지 팔지도 사지도, 늘리지도 줄이지도 못하고 있는 중이라 했다. 귀찮아서 처분해버리고 싶은 데도 어떻게 해야 할지 모르겠다는 것이다. 주주이되 주주의 자격을 전혀 갖추지 못한 무식쟁이임에도, 그러나 그는 주식 거래에 의한 경제 운용에 대해서는 자못 비판적이다. 주식 투자와 그 매매 차액으로 부를 일군다는 이른바 '재테크'란 머리 회전이 빠르고 기민한 응변력을 가진 속된 테크닉이며, 그래서 주식놀이란 한쪽 이익이 다른 쪽의 그만한 손실에 의한다는 일종의 '제로섬 게임'이라고 보고 있다. 이런 주식에 대한 몰이해는 그가 경제를 모르는 덕분에 생겨난 오해이지만, 자본주의를 존중하면서도 그 '꽃'인 주식에 대해서는 비판적인 그의 명분이 다소 이해가 가긴 한다. 그의 주장인즉, 주식 투자로 이익을 본다는 것은 경제 행위를 화폐의 수입으로 환원시켜버리고 교환가치 체계로 매몰되게 만들며 노동을 경시하고 유한계급들을 정당화해준다는 것이다. 실제로 우리 사회는 부동산 투기꾼들과 함께 이런 불로소득층들의 폐해로 얼마나 시달리고 있는가, 그리고 그 때문에 우리의 경제력이 겉보기보다 얼마나 취약한가를 그의 편견을 통해 환기하게 된다.

어떻든 내 친구 K는 이제껏 보아왔듯, 게으름과 무능과 둔감을 특색으로 하는 표본적인 '아직도족'임이 분명하다. 그는 아직도 '본처'와 살고 있으며 자식을 넷밖에 못 가진 것을 서운해하고 때로 다 큰 아이들을 한방에 데리고 자며 행복해하기도 한다. 양희은이나 페티 페이지의 노래를 좋아하고 아들이 시끄럽게 틀어놓은 헤비메탈을 모차르트로 바꾸라고 부탁한다. 디스코테크는 물론 댄스홀도 못 가보았고 진바지를 입어본 적이 없으며 젊은 대학생들에게도 대체로 경어를 쓴다. 컴퓨터의 워드프로세서로 원고를 쓰긴 하지만 그밖에 그것의 무궁무진한 기능들에 대해서는 숙맥이며 새로 나온 가전제품들의 갖가지 장치들을 만지기 두려워하고 비행기를 타고서는 그가 공중에 떠 있다는 사실 자체를 신기해한다.

무엇보다, 그는 아직도 못 해보고 못 가진 것들에 대해 거의 탐심食心을 가지고 있지 않다. 그의 속편한 해설에 따르면, 어느 지방에 가서 그 유명한 곳을 못 보았다면 헛것이라는 핀잔에, 그곳이란 아예 나에게 없는 곳이라고 치부하면 그만이라고 응수하고, 이런 것을 요즘에는 꼭 가지고 있어야 한다고 설득하면, 내가 한 30년 앞서 태어나 그때에는 미처 그런 것 없이 지냈다고 생각하면 미련 없는 것이라고 대답해버린다. 그런 그의 태도가 '정력적인' 사람에 대해 짜증을 부리고 지나친 호기심을 경계하게끔 만드는 것이겠지만, 어떻든 그는 오늘날과 같은 바쁜 세상에 참 한가한 종족이긴 하다.

이런 점들로 미루어보아, 그러니까 그는 '아직도'라고 생각하는 것이 아니라 '아직'으로 생각하겠다는 것인데, 아직 더 자야겠고 아직 더 몰라야겠고 아직 더 그 꼴로 살아야겠다는 그의 사유에는 세상이나 풍물이 좀더 천천히 변해야겠고, 그래서 우리가 덜 시달려야겠다는 욕망이 숨어 있는 것이리라. 그러나 그는 천상 고리타분한 보수파임에 틀림없는데, 그럼에도 때로는 진보주의자 못지않은 '아니 벌써'의 행각을 벌이기도 한다.

가령 고3짜리 아들이 담배를 태운다는 사실을 아내로부터 듣고는 그의 생일에 라이터를 선물했고, 그 아들이 입시에 실패하자 시내로 데리고 나가 저녁을 사주며 앞으로 맞담배를 태우자고 제의하며 담배를 권했다 한다. 대학에 다니는 딸의 남자 친구와 스낵 코너에서 차를 마시기도 하고 그들과 지적인 토론을 벌이기도 하며 그들의 의견을 진지하게 경청하기도 한다는 것이다, 큰딸아이가 독신주의를 펼 때 그것도 참 재미있는 삶의 방식이겠다고 긍정했던 그는, 더 나아가 1980년대의 그 춥고 어수선한 시절의 급진적인 운동 논리에 매우 긍정적인 태도를 취했고 자식들이 그런 쪽에 무관심한 것에 안도하는 한편으로 섭섭해하기도 했던 것이다. 그는 뉴 키즈 공연이 퇴폐적이라고 비난한 신문들의 고리타분한 인식을 비판했으며 오렌지족에 대해서도 호의적이었고, 이해는 못하지만 서태지의 노래를 좋아하는 아이들을 편들어 그의 공연 비디오를 빌려다주기도 했다.

그러니까 그는 보수적이기는 하지만 고루한 것은 아닌 듯했고 '아직도족'의 무능함을 고집하면서도 무반성적인 '아직도족'은 아닌 것 같다. 그의 '아직도'는 시대의 변화를 따라가지 못하는 게으름 혹은 무력함에 젖어 있지만, 그 같은 자신에 대한 변명이나 옹호에는 더러 문명비판적인 기미가 들어 있기도 하다. 그래서 『아담이 눈뜰 때』의 장정일 세대를 규정짓는 '파시스트적 속도'에 대해 그 나름의 저항의 몸짓을 보이고 있는 듯도 하다. 그처럼 얼핏 그가 요즘의 내게 오히려 따스하게 느껴지기도 하는 것은 내 나이, 내 세대에 대한 자의식이 자라나는 탓이 아닐까.

〔1993. 10〕

p.s. ≫ 이 희화적 묘사를 당하고 있는 인물이 누구인지 쉽게 아실 줄 짐작된다. 어디에 어쩌다 이 글을 쓰게 되었는지 분명치 않지만, 그럼에도 내가 한창때를 살면서도 당시에 주류의 삶을 피해가던 수줍음은 기억된다. 붐이 일던 아파트를 피하고 골프를 싫어하며 자동차 운전을 겁내고 증권투자를 혐오하던 것. 그 결과가 지금의 나처럼 별 볼일 없는 노년을 살게 했겠지만 물론 후회는커녕 오히려 조용하고 아늑한 삶에 부드러운 공감을 느끼고 있다. 그렇기에 그 느낌은 '아직도'의 후회가 아니라 '여전히'의 안도감이리라.

느리게 살기

/

"사고는 높게, 생활은 낮게High thinking, low living."
워즈워스의 말로 기억되는 이 멋진 구절을 내가 만난 것은 고등학생 때였을 것이다. 그 말이 내게 인상 깊이 박혀온 것은 우선 높고 낮음, 사고와 생활이라는 대구가 절묘하게 어울렸던 데 있었지만 내 청소년기의 정서가 이 간명한 구절에 매혹당한 것이 그 때문만은 아니었다. 전쟁 직후의 1950년대, 모든 게 가난하고 누추하고 척박했던 시절, "이곳이 아니라면 그 어느 곳이라도!"라며 현재적인 삶을 벗어나고 싶은 아득한 꿈을 꾸며, 그럼에도 어디로든 탈출의 길은 전혀 찾아볼 엄두를 낼 수 없었던 암담한 상황 속에서 이 짧고 투명한 한마디는 아마도 나를 위로한 유일한 명구銘句가 되었을 것이다. 그래서 물이 더러웠기에 석양의 노을이 더 아름답게 비추이는 대전천변을 천천히 산책하며 150년 전의 낭만파 전원시인이 읊던 이니스프리 섬*을 상상하고 일상의 생활은 비천하더라도 정신은 높게 고양시키는 삶을 동경하게 된 것은 사춘기 소년으로서 자연스러운 일이었으리라. 아마도 내가, 무엇이 되겠다는 생각은 없이, 어떻게 살아야 할 것인가의 주제로 내 장래에 대해 고민을 모은 데에는 무의식 속으로 들어가서나마 내 마음을 움직거리게 한 이 말의 영향이 컸을 것이다.

  그리고 어른이 되고 사회인이 되고 생활인이 되고, 그러면서 지아비가 되고 아비가 되며 할아버지가 되고 노인이 되고, 하는 동안 이 아름다운 구절은 잊어버리고 잃어버리고 혹은 망가지고 버려졌다. 그만큼 내가 때 타고 지저분해지고 세속화하며 천박해졌고 일상의 생활에 젖어 빠지고 그래서 안팎의 삶에 지쳐버린 탓이리라. 그렇게 오래, 50년 가까이 망각되었던 한 구절이 며칠 전 문득 내 머릿속으로 떠올라왔다. "사고는 높게, 생활은 낮게." 호수공원의 저녁 벤치에서였다. 초여름 더위가 조금 가신 시간, 길만 건너면 들어가게 되는 공원으로 건들건들 산보 삼아 거닐다가 호숫가에 늘어선 나무 의자에 앉았고 손에 들고 간 최두석의 아름다운 시집 『꽃에게 길을 묻는다』를 보다가 얼핏 고개를 들어 서편 하늘을 올려다보았다. 해는 엷은 연무 속에서 덜 익은 땡감 빛으로 나지막이 떠 있었고 호수의 물결은 조금이지만 반짝거리며 그 빛을 반사하고 있었다. 아, 이 풍경! 그것은 내

---

* 예이츠의 '이니스프리'를 워즈워스로 내가 착각했음을, 이 글이 발표된 지 한 달 후 자상한 독자로부터 지적받은 후에야 깨달았다. 내 착각이 너무 천연덕스러웠으므로 나는 부러 그 오류를 그대로 놓아둔다.

청소년 시절의 저녁놀을 회상시켰고 그때 문득 다시 떠오른 것이 "High thinking, low living"이었다. 때마침 내가 읽던 최두석의 시는 「길」이었다. "세상모르고 당당히 가던 길 있었지 / 가파른 비탈이지만 의연히 걷던 길 있었지 / 사명감에 골똘히 앞만 보며 치닫던 길 있었지 / 외로움의 칡뿌리 씹으며 터벅거리던 길 있었지 / 대낮에는 사라지고 별빛에 은은히 빛나던 길 있었지."

추억하는 일이란 다 그렇겠지만, "호숫가 벤치에 앉아 시집을 읽는다"라는 사춘기다운 낭만적 포즈를 의식하면서 떠올린 "높은 사고, 낮은 생활"이란 아련한 꿈을 꾸던 시절을 돌이켜 떠올리면서 나는 쓸쓸한 회한의 감정으로 빠지고 있었다. 십대 소년 시절에 보던 저녁놀과 지금 바라보고 있는 저녁놀 사이에는 50년이란 아득한 세월의 뭉치가 가로 차지하고 있고 그 뭉치는 우중충하고 지저분한 검은색 스모그로 둘러싸여 있는 듯했다. 그 뭉치 속에서 나는 일상의 분잡에 허우적거리던 내 몰골을 보았고 시대와 사회의 억압에 짓눌려 뒤척거리던 분노와 열정의 숨결을 들었으며 좌절과 고통의 신음을 느껴야 했다. 아마도, 나만을 기대고 있는 가족들에 의지하며 얻은 안도감도 그 사이에 끼여 있었고 믿음을 주고 또 받았던 친구들과의 따뜻한 어울림이 그 틈의 나를 떠받쳐주었으며 가끔 의외의 사건들을 통해 미래에의 낙관을 얻어 낙락할 수 있었던 순간들도 이때 돌이켜 확인할 수 있었다. 그리고 그 모두는 세속의 지붕 아래에서였다. 물론 나는 탐욕스럽기도 했고 허영에 젖기도 했으며, 그것이 부든 명예든, 그리고 노골적이든 은근히든 부지런히 찾고 얻고 또는 버리며 세상살이의 잡답雜沓들을 받아들여왔다. 그런 사이사이로, 선선한 기미에 젖기도 했고 맑은 시선을 나누기도 했으며 따뜻한 여유를 마음으로 누리기도 했다. 그리고 이 모두는 좀 더 높은 생활을 가지려는 욕망의 틀 안에서였다. 그러니까 나는 지난 생애를 낮게 생각하고 높은 생활을 바라는 것으로 채워왔던 것이다.

바라볼 것은 거의 없이 돌아볼 것만 잔뜩 쌓이고 새로 벌일 일이란 전혀 기대할 수 없이 묶어 정리할 것들만 덩이진 이제, 내가 할 수 있는 사유와 삶이란 어떤 것일까로 흐트러진 마음이 모여든 것은 아까의 해가 드디어 서산의 먼 능선에 걸려들 즈음이었다. 아아, 지는 해는 저렇게 빨리 지는구나 라는 깨달음과 더불어 내게 기습해온 말은 "어린 시절에는 하루하루가 빨리 지나가지만 세월은 느리게 흐르고, 늙어서는 하루하루가 무척 느리게 흐르지만 세월은 빨리 간다"는 말이었다. 그렇다는 것을 전에도 자주 실감했고 다니엘 벨은 그렇게 느낄 수밖에 없음을 숫자로 풀이해서 설명하기도 했지만, 이제부터 더 확실히 몸으로 익혀야 할 것은 "빠른 세월 속에서 느리게 가는 시간을 살기"임을 이때의 나는 섬광처럼 떠올렸다. 그렇다, 느리게 가는 시간을 살기, 느리게 살기, 시간의 느린 속도에 맞추어 느리게 움직이기, 급한 시간들을 늘이고 늘여 느리게 만들기, 빠른 세월 속에서 급한 여울물의 가에서 따로 놀며 흐름을 느릿느릿 잡고 있는 변두리 물처럼 천천히 시간을 살아가기…….

'느리기'의 이 발견은 스스로에게도 참 멋졌다. 속도전으로 맥진해야 살아남을 수 있는 현대의 풍경 속에서 느릿느릿 걸음을 옮기는 한가함이야말로 오늘날의 문명적 병폐를 치유할 수 있는 치료법일 수 있음을 명상 철학자가 아닌 현실 사상가들도 인정하고 있는 듯하고, 그래서 요즘의 독서계에는 '느림'이란 어휘가 들어간 책이 잘 나가는 모양이기도 하지만, 나처럼 잽싸지 못한 성격과 동작에도 '느리게'란 말은 다른 어떤 말보다 잘 어울릴 듯하기도 한 것이었다. 어쩌면 나는 '느리다'는 것과 '게으르다'는 것, 혹은 더 나아가 '보수적'이라거나 '구식'이란 말들과 혼동하고 있는 중이기도 하겠지만, 내 걸음은 느리고 동작은 굼뜨며 운동은 싫어하고 일 만들기를 두려워하고 번잡스러운 것을 못 견뎌하며 정력적으로 뛰어다니는 사람들을 보면 내가 먼저 숨이 차는 것들이 그렇다. 그런 못난 탓에, 몸은 둔하고 지하철 계단을 올라오면 다리가 아프고 숨이 차고 술이야 체질적으로 못하는 대신 담배는 여전히 많이 태우고 자동차 운전을 못 하며 아는 것이 모자라고 판단하는 일에서 참으로 더디다. 그래서 평생을 신나게 살아보았다는 느낌도 없고, 실패할 기회가 없으니 성공해본 일도 없이 무지근하고 무기력한 생애를 보내왔던 것인데, 나 스스로 한심해지는 것은 바로 그런 게으른 일상, 느린 행보 그 자체를 즐기고 자랑스레 여기고 있다는 점일 것이다. 그러나 오해하진 마시기를. 나는 약속 시간보다 대체로 5분은 먼저 도착해 있고 원고도 마감 날짜보다 대개는 며칠 앞서 보내며 혹시 돈 갚을 일 있으면 내가 최악의 경우를 예상해서 잡은 기일보다 훨씬 빨리 갚아버린다. 이런 내 장점을 곰곰 돌이켜보면, 그건 느림의 미덕이라기보다 게으름의 소심증에서 비롯된 게 아닐까 싶다.

그래, 느리게 살자(!)는 것이 그날 저녁놀 앞에서의 명상이 다다른 결론이었다. 높게/낮게의 대구가 여기 이르러서는 빨리/느리게로 바뀌긴 했지만, 그리고 '느리게'란 말이 천천히 걷는다는 것 이상의 더 큰, 어쩌면 근본적인 삶의 방식을 갖고 있을 것이고 나는 그 삶의 구체적인 방식을 잘 모르고 있으면서 느리게 걷는 것이 그런 행위의 한 가지라고 천박한 셈을 하는 것이지만, 다른 무엇보다 느리게 움직이는 일만은 잘할 것 같았다. 어슬렁어슬렁 공원 안을 걷고 느릿느릿한 걸음으로 집으로 돌아가는 일쯤이야, 시간을 좀 더 여유 있게 잡고 지하철을 타고 강남으로 가서 천천히 약속 장소에 그러나 시간은 10분쯤 이르게 도착하는 일쯤이야, 이사 한번 하는데 26년 걸린 나로서는 얼마든지 감당할 수 있는 일이었다. 더구나 앞으로의 나에게는, 새로 맡아야 할 일도 별로 없을 것이고 빨리 해달라고 채근받을 일도 드물 것이며 내가 서두에서든 중도에서든 못 하겠다고 뒤로 물러난다 해서 야단칠 사람도 많지 않을 것이다. 내게는 그러니까 이제, 그리고 앞으로는 더욱, 느리게 살아도 좋다는 관용이 베풀어져 있고 게으르게 살 수 있는 여건이 주어졌으며 한가하게 시간을 누리도록 세월이 열려져 있게 되었으며 더 나이가 들면 느리게가 아니라 아무것도 하지 않아도 될 정도에 이를 것이다. 나는 비록 "높은 사고"를 사는 데는 실패했지만 "낮은 생활"을 즐길 수는 있게 되었으며 빠른 세월 속에 느리게 시간을 사는 데 대해 용서받을 수 있으리라 생각된 것이다.

저녁놀을 바라보는 호숫가에서 최두석의 시집을 읽은 다음날 나는 아내를 유혹해서 호수공원에 함께 산책을 나갔다. 아내의 걸음걸이는 나보다 한 템포 더 느리고 그녀의 움직거림은 나보다 한 폭 이상 좁아서 이사 온 지 다섯 달이 되었음에도 바로 코앞의 그 공원에 걸음하지 않았다. 그런 그녀를 꾀어, 어제 내가 걸은 길을 되짚어 안내하고 내가 시집을 읽던 자리에 앉아 석양의 노을을 바라보게 했다. 그리고 그 자리에 그렇게 앉아 한 시간 넘게 시간을 보냈다. 그 다음 날 오후, 그녀는 호수공원에 나가보자고, 이번에는 나를 유혹했다. 아니 웬일? 하며 자못 놀란 체하자, 그녀는 이렇게 좋은 공원을 바로 앞에 두고 무관하게 보낸다면 이건 큰 실례라고 했다. 호수공원의 풀밭과 꽃밭을 지나 신도시 건물이 보이는 정자에 올라 물과 건물들과 먼 산들을 바라보며 그녀는, 네 자식들을 숨 가쁘게 키우느라고 삼십 몇 년을 보냈는데 이제는 이렇게 한가로워도 되지 않겠느냐고 내게 동의를 구해왔다. 그렇고말고, 나는 속으로 생각하며 고개만 끄덕여주었다. 그때 그녀가 한 말은 이랬다. "이제 남은 날이 많지 않은데, 그 많지 않은 하루하루를 어떻게 기억하며 누릴 것인가 싶고,

그것들을 아껴가며 살지 않으면 안 되겠다는 생각이 들어요." 서울을 버리고 이곳으로 이사 온 것에 영 마뜩치 않아하던 아내는 이런 생각을 갖게끔 계기를 만들어준 내게 새삼스레 "고맙다"는 인사를 치르고는, 내가 그녀에게서 도대체 처음 들어본 단어를 넌지시 발음했다. "요즘, 난 참 행복해요." 〔2003, 가을〕

p.s. ≫ 내가 행동은 게으르고 일상에서는 굼뜨지만 그래도 글을 쓰거나 남의 눈치를 보는 데는 재빠르다. 굼벵이의 재주리라. 그러나 게으름, 즉 내가 동의어로 쓰는 그 느림의 삶이 오히려 오늘의 잡답한 문명이 스며놓는 병균들에 예방제가 되지 않을까? 우리는 오직 소비를 부추기는 여행과 관광, 시간의 거침없는 흐름에서 슬쩍 비켜나 벽감壁龕에 숨듯이 명상, 음악감상, 독서 등 여러 방법을 통해 느리게 살기의 변종 행위를 하고 있다. 모든 문명의 이기들이 빠르고 급하기 때문에 그걸 사용할 주체인 인간이라도 느리고 게을러야 균형이 맞고 숨을 고르며 가슴을 쓸어내리고 내가 나인 줄을 느껴 감동할 수 있지 않겠는가. 〔2019. 1〕

마지막 장면들, 첫 모습들

/

먼저 간 분들을 떠올릴 때 맨 먼저 다가오는 것은 그분들을 마지막으로 본 모습이다. 숱한 그림들이 달리 있을 터인데 그럼에도 이상스럽게도 이 세상을 하직할 즈음의 표정들이 내 회상의 첫 얼굴로 떠오른다.

거의 주말마다 강남의 아파트로 찾아뵌 아버지는 거실에 늘 누워 계셨고, 가냘퍼진 노구마저 무거우신지, 그 누운 자세로도 힘겨워하셨다. 그러시다 문득 왜 당신을 데려가지 못하는지, 조용히 혼잣말씀으로 한탄하시며 이 세상 생존의 무게를 버거워하는 듯한 표정을 지으셨다. 내가 유년기에 아버지의 자전거 뒷자리에 앉아 유성온천을 다녀온 기억도 생생하게 남아 있지만, 어쩌다 떠오르는 아버지의 첫 유영遺影은 그렇게 육체적 존재의 무거움에 지친 표정이시다.

어머니는 홍제동 요양원에 계셨는데 늘 침대에서 창밖의 먼 하늘에 눈길을 보내고 계셨다. 치매 말기였고 97세의 노령이어서 앉아 계시지도, 신음이나 헛소리 음성도 내시지 않고 시선만 조용히 그리고 망연히 내 얼굴 너머 내 뒤편의 창가로 향하면서 한없는 존재의 무화無化를 체현하고 계신 듯했다. 나는 그 무표정의 노안老顏 앞에서 영원을 보는 듯, 시간의 정지를 느끼는 듯, 생명의 한없는 덧없음을 바라보아야만 했다. 그것은 침묵을 지켜야 할 의무를 지닌 듯한 내 아픈 마음과 다름 아니었다.

먼저 간 두 친구도 그들과 숱하게 어울리며 놀고 말하고 즐겼지만 30여 년 전 그들의 얼굴을 떠올릴 때 먼저 떠오르는 것은 그들이 죽음을 앞두고 시난고난 고생하던 모습들이었다. 1990년 6월에 김현이 마지막 숨을 보낼 때 나는 일본에 가 있었다. 그가 운명했다는 전화를 받고 그 당장 교토에서 도쿄를 거쳐 서울로 돌아와 서울대학병원의 빈소에 도착하기까지 내 속에서 잇달아 돋는 그의 얼굴은 출국하기 며칠 전 병실에서 내 일정을 알려주고 손을 잡으며 헤어질 때 그가 보여준 어두운 얼굴과 그 부근을 맴도는 음울한 분위기였다. 병실은 어두웠고, 그 어둠이 생전의 활기와는 전혀 다른 그의 어두운 얼굴을 더 어둡게 만든 듯한데, 그 후의 그의 모습은 이 실루엣 같은 희망 잃은 암담한 영자影子로 떠오른다. 환하게 웃는 그의 사진을 볼 때마다 이 암울한 모습이 그 위로 겹쳐지지 않을 수 없다.

또 한 친구 황인철은 두 차례의 수술 후 암이 제거되었다고 믿고 있었지만 통증으로 무척 힘들어했다. 심한 통증 때문에 갖가지 처방과 시술을 받았지만 그럼에도 그 고통을 떼내지 못했다. 나는 퇴근길에 자주 가서 그를 문병했다. 그는 거실에 엎드리거나 누워 있었고 얼굴은 그답게 넉넉한 인상으로 펴 있어서 그 통증을 내가 옆에서 실감하기는 어려웠다. 그럼에도 갑자기 발작적으로 닥쳐오는 아픔을 참지 못하는 기색은 역력했고 되도록 평온을 찾으려는 침착한 모습이 그가 남긴 영정 사진에 덧붙여 되살아나곤 한다. 그는 아픔에 시달리면서도 밝은 얼굴을 거두지 않고 진지한 그 표정을 살려내고 있다. 숨을 거두고 씻어낸 얼굴이 한없이 평화롭고 고난을 벗어난 모습이어서 매우 감동적이었는데 이런 얼굴을 박경리 선생의 임종 때 다시 보았다.

앞서간 분들의 모습이 그분들을 마지막으로 뵐 때의 이미지로 남아 나타난다면, 내 자식들의 경우 그 아이들이 내 것의 존재로 처음 드러낼 때의 맑고 신선한 모습으로 떠오른다. 이제 사십대로 접어들어 이 사회의 중견이 된 그들의 지금 얼굴들이 아니라 40년 전 젖먹이, 유아기의 순진한 얼굴들이다. 그 회상은 이 나이에 이르러 더욱 따뜻하고 즐겁게 다가온다.

맏이는 젖먹이 때 아침에 보면, 제 엄마 자리 옆에서 그토록 발버둥을 치며 자리를 밀고 이불 머리 위로 솟아올라 가서 잠을 자곤 했다. 옹알이 때를 지나서는 어찌나 재잘대는지. 그러더니 일찍 말을 배우고 책을 읽었다. 이야기 책에서 글자를 알기보다 말을 외워 읽었을 것이다. 제 사촌 언니와 말놀이를 하는데 그때 그 아이가 부린 재치는 어른인 내가 깜짝 놀랄 정도였다. 그런 아이가 초등학교에 들어가서는 왜 그렇게 숙맥이었는지, 학교 앞 문방구에서 받은 거스름돈으로 다음 날 다시 공책을 살 때 문방구 아저씨에게 그냥 돌려드리는 게 미안한 일은 아닐까 걱정했다. 똘똘하면서도 어리숙하게 순진한 얼굴이 내게 그 아이의 유년 사진으로 찍혀 있다.

둘째는 몸이 약했고 천식이 심해 늘 잔기침을 해서 우리 애를 태우며 자주 앓았는데 그런 때면 내 옆자리에서 가녀린 숨을 색색거리며 잠드는 데 힘들어하곤 했다. 그러면서도 제 언니가 쉬 하겠다면 얼른 요강 뚜껑을 열어 호호 입김을 불어주곤 했다. 초등학교 입학식 날, 제 엄마가 해준 말에 따르면, 수백 명의 또래들이 시끄럽고 수선을 떠는 가운데 그 아이 혼자 그런 분위기 속에 두려운 표정을 짓는 듯했다는 것이다. 교단의 선생님이 마이크로 "여러분, 학교에 오니 기쁘고 즐겁지요?" 하고 묻고 모두가 큰 소리로 "예!"라고 대답한 뒤 "싫은 분 있으면 손들어봐요" 했더니 어디서 손 하나가 반짝 올라왔다고 한다. 아내는 "누군가 하고 보니, 글쎄 그 손이 둘째 거더라고요" 하며 웃었다. 그 겁에 질린 듯한 무구한 얼굴이 보지 않아도 눈에 선해진다.

셋째는 혼자 지내는 때가 많았다. 엄지손가락을 입에 물고 다른 손가락 하나는 콧등을 만지작거리며 『여성동아』의 사진을 보거나 골똘히 자기 생각에 젖거나 했다. 형제들 중 몸놀림이 가장 어설플 것 같던 그 아이가 어느 날, 제 언니들이 보니, 운동장 구령대에서 선생님 지목을 받고 무용 한 장면을 시범 보이는데 아주 이쁘게 추더라고 했다. 말수가 가장 없어 조용했고 병이나 탈이 제일 적어 든든했는데, 혼자 잘 지내고 잘 놀기를 서슴지 않아 늘 없는 듯 있음으로써 자신의 존재를 인정시켜주는 모습으로 지금도 우리에게 자주 다가온다.

넷째 막내는 아들이었기에 우리 못지않게 제 누이들이 많이 귀여워했다. 그러지 않아도 이 사내아기는 기품 있고 당당했다. 서너살 때 심한 장염을 앓았는데 그 열과 복통으로 무척 힘들어하면서도, 우는 것이 아니라 "아이 괴로워, 아이 괴로워" 하며 다 자란 아이처럼 신음을 대신하던 일이 생생하게 떠오른다. 설사로 급할 때 엄마가 신문을 깔아주고 변을 보게 했는데 제 스스로 그 주변을 치우며 의젓하게 제 자리를 거두었다. 다섯 살쯤이었는지 친구들과 그 가족들이 대거 버스로 금란동산에 야유회를 갔는데 어른들에게 떼를 쓰거나 기대는 다른 아이들과 달리 이 아이는 혼자서 아이스크림 바를 먹으며 풀밭을 걷고 있었다. 그 장면이 얼마나 대견하고 믿음직했는지 그 모습을 찍은 사진이 지금의 어른 얼굴에 겹쳐 떠오른다.

셋째의 최근 저서 『말의 표정들』 서문에, "내가 이 세상에서 처음으로 대한 표정의 주인들"이 부모라고 썼는데, 나는 뒤집어 생각하며 속말을 한다. "우리가 그 탄생에서 처음 만난 얼굴과 표정의 주인공들이 바로 너희 넷이다. 두 사위와 한 며느리, 그리고 한 손녀는 내가 그 탄생부터 맨 처음 본 얼굴이 아니어서, 그 모습들은 너희들 스스로 써야 할 것이다."

　내 컴퓨터 첫 화면에는 그 네 아이가 함께 모여 있는 사진이 박혀 있다. 큰애가 뒷줄 오른쪽에, 둘째가 그 옆 왼쪽에, 셋째가 앞줄 오른쪽에, 막내는 그 옆 왼쪽에, 작은 몸들이 큰 소파에 함께 옹기종기 모여 앉아 웃는 모습입니다. 그런데 웃는 얼굴들의 입이 벌어진 정도가 조금씩 다르다. 큰애가 가장 크게 웃고 있고 둘째는 아담히 입을 벌려 미소 짓듯 하고 셋째는 웃음을 참는 듯하며 넷째는 사진에는 없는 엄마를 보고 말을 거는지 입술을 벌리고 있다. 아직 겨울 내의를 걸치고 있는 걸 보면 이른 봄 같은데, 큰애가 초등학교에 입학할 즈음이 아닌가 싶다. 그렇다면 모두 두 살 터울의 네 아이 가운데 막내는 우리 나이로는 두 살이지만, 실제로는 여섯 달을 갓 넘었을 것이다.

　거실에는 사진틀에 넣은 낡은 사진이 또 하나가 있는데, 갈현동 시절 마루에서 역시 이 네 아이들과 함께 찍은 사진이다. 이 사진의 얼굴들도 컴퓨터 사진의 얼굴들과 그리 다르지 않은, 참으로 순진하고 밝고 즐거운 표정들이다. 모두 귀엽고 기분을 환하게 만들어주어 내가 안고 다니고 싶게 반가운 얼굴들이다. 먼저 간 분들과는 달리 내 자식들에 대해서는 그 아이들이 자기 존재들을 인정시켜주는 첫 모습들이 내게 가장 깊은 인상으로 남아 있다.

　이 처음과 마지막의 얼굴들이, 그들 앞의 또는 그들 뒤의 사람들에게 가장 생생한 의미로, 깊은 기억 속의 장면이 되어 살아 있을 것이다. 그 기억들은 사후에도 내게 남아서 삶의 맨 처음에 보는 즐거운 이미지가 되기를 바란다. 죽음의 한없는 허망함을 이겨내기 위해서, 혹은 새로운 생명의 무한한 신선함을 누리기 위해서. 〔2014. 5. 7〕

p.s. ≫ 이 글에서 마지막 장면으로 묘사된 김현과 황인철의 모습은 20년 뒤 그들 뒤를 따른 김치수와 함께 문학과지성사 회의실 벽에 걸린 사진 속에 남아 있다. 그들은 환히 웃는 자연스런 얼굴로 혹은 묵직한 얼굴로 진지한 표정을 짓고 있다. 그것은 40대 얼굴, 그러니까 그들이 암으로 투병하기 전, 왕성하게 비평 활동을 하고, 치열하게 인권 변론 활동을 하던 때의 표정이다. 그리고 사진 아래에는 정현종의 조시가 동판으로 새겨져 걸려 있다. 두 명의 옛 친구와 곁에 있는 김치수의 얼굴을 보면 위태로울 만큼 비판적이었던 우리의 40대와 그리고 지난 70대의 회상에 젖는다.
한편 네 아이들의 사진은 내 컴퓨터 모니터의 바탕화면에 있다. 거실과 안방의 문턱 탁자 위 사진틀에도 담아놓았다. 자꾸, 그러나 문득, 그 사진들을 새삼스런 눈길로 바라보면서 내가 꾸린 우리 가족이 가장 '행복'했을 때가 이즈음이 아니었을까 생각한다. 가난한 월급쟁이로 넉넉하지 못했지만 친구 누구네 집보다 많은 이야기들과 말놀이들이 가득했고, 책을 보든 재잘거리든 소꿉놀이를 하든 또는 칭얼거리든, 가장 발랄하고 즐겁게 웃음을 주고받았다. 그들이 이제 모두 쉰 안팎이 되었다. 중년의 나이가 된 아이들도 내가 그때의 시절을 그리워하듯, 자신들의 유년시절을 그리워하고 있을까. 〔2019.1〕

어머니

/

어머니를 '실버 케어스'로 모셔다 놓은 후 나는 며칠 동안 찾아가 뵙지 못했다. 마땅히, 그곳 생활이 어떠신지, 다른 입원자들과 잘 지내시는지, 요양원의 서비스는 괜찮은지, 무엇보다 어머니 심정과 건강은 편하신지, 가서 문안드리며 사정도 알아보고 어머니의 말씀도 들어보아야 했다. 그런데 도저히 엄두가 나지 않았다. 나를 보시고, 여기가 도대체 어디냐, 왜 나를 여기다 데려다 놓았냐, 집으로 돌아가야겠다, 고 괴롭고 난감한 말씀들을 하시면 내가 도대체 응대할 길을 모르겠고 낯선 곳에서 낯선 사람들과 어울리시다 무슨 일을 저질렀을지 지레 겁이 나기도 해서 차마, 가서 뵐 용기를 가질 수 없었던 것이다. 그래서 전전긍긍해하는 나를 보고 아내가, 그럼 내가 먼저 가서 뵙고 올게요 하며 나섰다. 사람 대하는 품이 나보다 능숙해서 시어머니의 어떤 투정도 잘 받아내리라고 기대되기도 했다. 그리고 돌아온 아내의 표정이 의외로 밝았다. 어머니는 며느리를 반갑게 맞이하시고 이런 저런 안부도 물으시는데, 그 요양원 분위기에도 잘 적응하신 것 같고 간호사나 원우들과 잘 지내시는 것 같으며 무엇보다 표정이 평온하셨다고 보고했다. 그러니 두려워하지 말고 아들이 가서 뵈라고 내게 권했다.

다음다음 날인가, 나도 드디어 용기를 내 홍제동의 실버 케어스로 갔다. 처음 본 인상대로 새로 지은 이 5층짜리 요양원은 깨끗했고 햇살이 환히 들어와 밝았으며 요양실 전체에 아로마 향이 은은히 배어 있었다. 80평은 너끈할 이층의 치매 환자들 요양실은 하나가 10평쯤 될 3개의 방과 거실·응접실 등의 공용 공간, 간호사들의 프런트와 주방 등등으로 배치되어 있었는데 남녀 환자 열댓 분이 누워 있거나 바닥과 소파에 앉아 있거나 하고 있었다. 어머니는 방의 욧자리에 누워 계시다가 나를 보시더니 반가운 표정으로 일어나 앉으셨다. 어서 오너라, 라는 인사말에 이은 어머니의 첫 말씀이 무엇이었는지, 그때 내가 어머니께 무어라고 말씀드렸는지 기억나지 않는다. 이렇게 장소와 분위기와 사람들이 달라진 곳으로 옮겨오셨음에도 그런 후의 처음 뵙는 장면에서 나눈 대화가 기억되지 않는다는 것은 모자간의 이야기가 그 전의 것과 다름없이 범연했기 때문이었을 것이다. 어머니는 여기가 어떤 곳이냐고 묻지도 않으셨고 집으로 가자는 말씀도 하지 않으셨으며 나도 그런 쪽 대화는 피했을 것이다. 그냥, 밥은 먹었냐, 아이들도 잘 있지, 회사 일도 바쁘고, 등등의 평소의 문답과 다름없는 것이었다. 다만, 네 아버지는 어떠시냐, 돌아가셨다고? 언제? 어떻게? 어디서? 그래 장례는 잘 치르고? 왜 내게 알리지 않았냐, 로 되풀이되는 질문을 계속하셨다.

 어머니를 모시고 있는 몇 달 동안 내가 가장 짜증스럽고 견디기 힘들었던 어머니의 질문이 바로 그것이었다. 아버지가 돌아가시고 나자 형님과 상의해서 어머니를 우리 집으로 모시고 와, 우리 내외가 쓰던 안방을 내드리고 우리는 이층으로 올라가 생활하게 되었는데, 아침이든 저녁이든 내가 어머니께 문안드리러 안방에 가면 어머니는, 그래 아버지가 돌아가셨다고? 언제? 어떻게? 어디서? 병원에서, 집에서? 그래 장례는 잘 치르고? 라고 물어오셨고 이 문답이 끝나고 1분쯤 지나면 또 같은 질문이 쳇바퀴 돌 듯 되풀이되곤 했다. 아버지가 살아 계실 때 나타나기 시작해 조금씩 정도가 심해지고 있던 어머니의 치매는 우리 집으로 오신 후 더욱 악화되신 것 같았다. 93세로 돌아가시기까지 77년간 평생의 고락을 함께한 아버지가 갑자기 그러나 조용히 숨을 거두신 후 비록 분명하게 의식하지 못하시지만 내적으로는 커다란 충격이, 그리고 두 분이 사시던 아파트를 정리하고 이것저것 모든 게 생소한 막내아들네 집으로 이전하여 심리적 혼란이 더욱 가세했을 것이다. 우리 내외는, 가정부가 어머니와 우리 집 살림을 보아주는데도 점점 힘들어지고 있음을 깨닫고 있었다. 어머니께 응대하는 데도 힘이 겹고 난감해져, 나는 슬슬 어머니를 마주 뵙는 일을 피하기 시작했고 따로 살 때 좋았던 고부간의 사이에도 거리가 드러나기 시작했다. 집안은 무겁고 어두워져 갔으며 리듬은 깨지고 분위기는 가라앉아 있었다. 그러던 차에, 복덕방에 내놓은 지 여러 해가 지나도 끄떡도 않던 우리 집 매입자가 갑자기 나섰고 며칠 만에 다세대 건축업자와 매매가 계약되었다. 우리는 이사 준비를 해야 했다. 그런데 우리가 옮겨갈 주상복합의 건물에서 어머니를 모시기는 도저히 자신이 없었다. 아내와 내가 수소문했고 그래서 추천받아 가본 서울여자간호대학 부설의 '실버 케어스'는 의외로 시설과 서비스를 신뢰할 만한 곳이고 비용도 감당할 정도여서 형님과 상의하고 다시 답사를 해서 그곳으로 모시게 되었다. 어머니의 연세가 94세이시던 2001년 12월 중순이었다.

물론 이런 결정을 내리기까지 망설임과 괴로움을 피할 수는 없었다. 치매 노인인 어머니는 비록 자식이지만 우리가 모시고 있기보다 노인 요양원의 전문 서비스를 받으시는 편이 더 인간적인 대우를 누릴 수 있을 것처럼 보였다. 우리는 자식이기에 어머니를 참을 수 없어하고, 그런 참을 수 없음을 노골적으로 드러내고 행동으로 표하기도 하지만 요양원의 전문 간호사들은 정성껏 싸안으며 노인네의 수발을 들고 갖가지 불편과 투정에 응대하고 있어 사람 대접을 제대로 받을 수 있을 것이었다. 더구나 같은 또래의 노인네들과 어울리면 덜 외롭고 심심하지 않으시리라는 판단도 섰다. 우리 집에 계실 때는 가까이 자상하게 응대해주는 손

길이 부족해서 많은 시간을 혼자서 보내셨고 한밤에 안방의 장롱을 이리저리 쑤셔보고 혹은 컴컴한 거실로 나와 서성이곤 하셨는데 그런 외로움은 덜어내실 것이었다. 게다가 언제 어떻게 갑작스런 일을 당할지 예측할 수 없는 것이 노인네의 건강인데, 나는 자동차도 없고 아이들도 나가 있으니 무슨 일이 닥치면 요양원이 훨씬 더 잘 대처해줄 것이었다. 거기에 아내 친구 한 분은, 환자라면 당연히 병원에 입원해서 치료를 받는 법인데, 치매도 분명한 병이고 집에서 간호하기 힘든 만큼 노인 요양원에 위탁하는 것이 순리라며 충분히 동의할 만한 논리로 우리를 격려해주었다.

여러 점에서 어머니를 요양원에 모시는 것이 납득될 만한 일로 보였고 그래서 그렇게 우리는 선택을 했다. 그러나 그렇다 해서 우리 마음이 떳떳하거나 잘한 일이라고 생각되기는커녕 오히려 불안하고 죄송스럽고 두려웠다. 효자인 김주연이, 자기 아는 한 분이 치매 어머니를 집에서 극진하게 모시고 있는데 그분 말씀이 내가 태어나 여러 해를 젖 먹이며 기저귀 갈아주고 씻겨주며 길렀는데 이제 당연히 그 갚음을 해야 하지 않겠느냐고 하더라고 지나가듯 한 말이 내 귀에서 물러나지 않고 있었다. 그래, 내가 그렇게 어머니 품속에서 자랐는데 이제 내가 갚을 차례가 왔는데도 나는 도망쳐버리고 만 것이었다. 이 불효의 괴로움에 어머니에 대한 인간적인 연민이 윤색되기도 했다. 다른 어머니들처럼 가족주의가 유다르신 어머니는 두 아들이라면 무엇이든 양보하시고 그 자식들 사이에서 함께 지내시기를 바라오셨는데, 이제 당신은 낯선 사람들 속에 끼여 피붙이도 아닌 사람들의 손길을 받고 계시니 얼마나 외롭고 허망해하실까. 사실 요양원에 갈 때마다 간호사들은 어머니가 때마다 자식 자랑이고 한밤이나 정신이 혼미할 때도 자주자주 두 아들 이름을 부르시곤 한다고 했다. 그런 분이 이렇게 자식들이 멀찍한 곳에 유폐당하고 계시다니 하는 생각이 들면 내 마음이 안절부절못하게 되는 것이다. 어떻든 어머니는 말이 좋아 요양원 입원이지 옛날식으로 치면 일종의 '고려장'으로 우리가 내돌린 것이 아닌가 하는 죄책감을 피할 수 없었다. 조용하신 아버지가 생전에, 내가 먼저 가면 네가 어머니를 모시거라, 고 내게 당부하시곤 했었다. 시아버지를 존경하는 아내는 유언과 다름없는 그 당부를 지키지 못한 데 죄송스러운 마음을 말했지만, 그러나 무책임했던 것은 바로 나 자신이고 자책감에 시달릴 사람도 바로 나였다.

그러니, 일주일 혹은 열흘에 한 번 실버 케이스로 가는 내 걸음이 가벼울 리가 없었다. 지하철을 타러 가는 걸음이 무겁고 홍제역에서 마을버스로 갈아타면 한 정류장 앞서 내려 담배를 한 대 물고 천천히 순조롭지 못한 마음을 다독거리며 병실로 향한다. 그러기를 2년여. 어머니는 요양원 생활에 평온했고 간호사들의 지시를 잘 따랐으며 이런저런 프로그램에도 노인네답지 않게 잘 적응하셨다. 간호사들은 어머니가 말씀을 논리적으로 잘하신

다고 했고 옛날 노래도 곧잘 부르시며(그중에는 찬송가도 있었는데 나는 어머니가 교회를 다니신 적 있다는 것을 처음 알았다) 태도도 고정하시고 품위도 깨끗하시다고 칭찬했다. 더러 고함을 지르시긴 하지만 욕을 하거나 추태를 보이는 일은 전혀 없으시다고 했다. 함께 입원해 있는 다른 원우들과 비교해보아도 그 칭찬이 인사말만은 아닌 것 같았다. 치매 노인답지 않은 말씨와 범절은 건강하셨을 때의 어머니를 뵙는 것과 별다름 없어 보였고 그래서 아내는 우리 집이 단독 주택이라면 어머니를 다시 모실 수도 있겠다고 생각할 정도였다. 한번은 어머니가 내게 그래 지금 사는 곳은 어떠냐고 물으시더니, 우리가 함께 모여 잔치를 벌이자, 너희 형제들과 부산의 딸네 식구도 부르고 자리를 크게 잡아 한번 즐겨보자, 돈은 내가 낼 것이다, 등등 여러 말씀을 달아 하시는데 그때 어머니는 어떤 몽상에 사로잡힌 모습이었다. 어머니는 아마, 옛날의 어느 순간을 떠올리신 것 같았고 그것을 환상으로 보시며 자신의 가물거리는 기억을 지금의 일로 환각을 하신 것 같았다.

그런 지 며칠 후 어머니는 위층 병실로 옮겨가 계셨다. 아마도 평생 처음 침대에 누우신 것일 텐데 링거를 꽂고 잠에 들어 있었다. 놀란 내게 간호사는 열이 있고 소화가 안 되어 자리를 옮겼지만 큰일은 아닐 것이라고 설명해주었다. 며칠 후 어머니는 다시 치매 환자 요양실로 돌아오셨지만 여전히 침대에 누워 계셨고 링거 주사는 뺐지만 말씀을 잘 못하셨다. 상태가 급격히 나빠진 것이다. 얼굴은 초췌해지고 눈동자는 흐려 있으며 몸을 잘 움직이지 못하셨다. 그래도 나를 알아보시고 몇 마디 말씀을 해보시려 했으며 비록 외마디였지만 아들 이름을 부르시기도 했다. 그렇게 해서 침대의 새로운 와병 생활이 시작되었다. 오래지 않아 우리가 가도 얼굴을 못 알아보시고 우리와 눈동자를 마주치지 않았으며 오가는 간호사 쪽으로만 약한 시선을 따라 움직이시는 듯했다. 그런 어머니를 뵐 때 내 심중은 착잡해지지 않을 수 없었다. 졸아들고 쇠락해지고 표정이 흐릿해진 그 퇴화된 모습을, 도무지 생기에 차 있던 전날의 어머니 얼굴에 포개놓을 수가 없었다. 어떻게 저럴 수가 있을까. 이런 상태로 내려앉기 전 부산의 두 누님이 어머니를 뵙고 그처럼 상한 모습에 울음을 터뜨렸는데, 그때보다 더한, 차마 뵙기조차 힘든 몰골이셨다. 눈도 못 뜨고 주먹만한 얼굴로 찡그리며 울음만 울던 신생아에서 아기로 어린이로 자라나던 인간이, 이제 바로 그 원초의 상태로, 말도 못하고 보지도 못하고 움직이지도 못하며 생명이 잔류해 있다는 것 외에는 도무지 생물체로 보이지 않는 그 원래의 상태로 환원당해, 서서히 되돌아가는 듯한 과정을 어머니는 보이고 있었다. 그렇게 오랜 기간을 와상 환자로 식물인간처럼 보내셨다.

  그동안 나는 거의 규칙적으로 일주일마다 어머니를 뵈러 갔었다. 다른 환자들과 함께 누워 계신 침대 옆에 앉아 20~30분 동안 그저 멍하니 어머니 얼굴을 향해 마주하고 당신의 표정이며 작은 움직임이며를 지켜보았고 그 시간 동안 나는 이런저런 여러 생각들에 젖었다. 사람이 어떻게 저렇게 졸아들 수 있을까 하는 생명에 대한 허무감에 빠지기도 하고 전날의 모습과 이렇게 달라질 수 있음에 대한 무상감에 젖기도 했다. 나는 의식도, 감각도, 사유는 물론 기억도 없을 듯싶은 당신의 심중을 나름대로 짐작하면서 프로이트가 말하는 무의식 상태라는 것이 이런 게 아닐까 생각해보기도 하고, 그렇다면 치매 노인 환자의 잠재의식 세계를 소재로 다룬 김원일의 『슬픈 시간의 기억』에 묘사된 것과는 다르지 않겠는가라고 따져보기도 했다. 치매가 노인들에게 얼마나 치욕스런 병인가, 내가 이런 경우에 닥치면 어떻게 할 것인가 하는 암담한 생각을 하기도 했고, 저렇게 통증도 불만도 없는 상태가 차라리 그런 것들 때문에 고통스럽게 말년을 보내야 할 암 환자보다 얼마나 다행스러운 일인가로 자위하기도 했다. 아이들에게 이처럼 초라한 노인의 마지막 얼굴을 기억하도록 하는 것보다 생시의 환한 얼굴로 할머니를 추억하도록 하는 것이 더 낫지 않을까라고 저울질하기도 하고, 이렇게 편안히 가시는 것도 또 하나의 복이라고, 어서 평온히 가십사라고 기도하듯 속말을 중얼거리기도 했다.

그런저런 상념들에 빠져들면서 결국 나는 내가 명상하는 철학자가 되는 듯한 착각을 하기도 했다. 어머니의 시선은 나를 보고 있지만 그 초점은 잡히지 않은 채 내 얼굴을 뚫고 혹은 넘어, 나를 지나쳐 내 뒤의 어딘가로 향하고 있는 듯했다. 그 눈동자는 하염없이 맑고 깨끗했고 초연했다. 그래, 그 시선은 시간과 장소를 뛰어넘어 초연해 있었다. 거기에는 희로애락이며 의식과 반성이며 욕망과 사연이 완벽하게 거세된, 그래서 영원성을 향한 초연함이 어려 있었다. 어머니는 무얼 보고 계실까. 죽음 너머의 저 세상을? 태어나기 전의 시원의 자리를? 아니, 우주 혹은 시간의 끝을? 물론 이것은 감상에 젖어 이런저런 생각들을 마음대로 옮기고 있는 나 자신이 만들어낸 상념일 것이다. 그러나 어머니의 고요하고 티 없이 맑은 시선은 내게 그런 선적禪的인 상념들에 젖어들게 만든 것이다.

나는 삶과 죽음의 경계 지역을 상상했고 그 안팎과 언저리를 넘나들 인간의 영혼을 그려보았으며 어머니의 지금 상태는 삶과 죽음이 분간되지 않는 제3의 영역이리라 추측해보았다. 이 모든 자유로운 상연들은 죽음과 삶이란, 서로 단절되고 그래서 전혀 상반된 상태가 아니라 사실은 한 평면의 지속적인 연장이 아닐까 하는 생각을 낳기도 하고 삶이며 죽음의 의미란 것이 정말 그처럼 대수로울 수 없는 것인가 하는 실의를 자아내기도 했다. 그렇게 반시간 가까이 어머니 앞에서 무연한 사유에 젖어 있다가 눈인사를 드리고 밖으로 나오면 나는 마치 선방에 들어가 백팔번뇌와 씨름하고 나온 것처럼 진땀에 젖고 몸은 무거워져 있었다.

겨울 날씨 중에서도 유달리 추위가 매서웠던 지난 1월 하순의 설 즈음, 어머니 상태가 안 좋다는 연락을 받고 급히 요양실로 가서 뵈었다. 산소마스크를 쓰고 링거 주사를 꽂고 계셨지만 안색을 보아 어머니의 강인한 생명력이 몇 주는 더 지탱하실 것 같다는 짐작이 들었다. 그리고 3주가 지난 2월 중순의 토요일, 요양원의 어머니는 더할 수 없이 초췌하고 가녀린 목숨으로 숨을 쉬고 계셨지만 죽음이 눈앞에 가까이 왔음을 예감할 수 있었다. 다음 날 일요일 아침, 병원에서 급히 오라는 전갈이 왔다. 우리 내외는 택시를 타고 달려갔다. 간호사와 함께 지키고 있는 자리에서 어머니는 띄엄띄엄 긴 간격을 두고 숨을 쉬고 계셨다. 그런 모습을 안타까이 바라보고 있는 중에, 문득 어머니가 한참 뜸을 들였던 숨을 길게 한 번 내쉬셨다. 간호사가 말했다. "숨을 거두셨습니다." 나는 아버지 때는 못 뵌 임종을 어머니 때 뵐 수 있었다. 간호사는 내게 말했다. 아침에 어머니 귀에 대고 아드님과 며느리가 오고 있대요라고 크게 말씀드렸는데, 그 아들이 오기까지 임종을 기다려주신 것 같네요. 어머니는 마침내 그렇게 가셨다. 한순간 어머니가 보내셨던 평생이 눈앞에 섬광처럼 지나갔고 나는 눈물도 나오지 않았다. 그날, 그리고 그 후 일주일 동안, 겨울 날씨치고는 유달리 맑고 아주 따뜻한 날들이 계속되었다. 어머니가 누린 삶은 95년 4개월 3일, 우리 나이로 97세였다. 〔2004, 여름〕

p.s. ≫ 벌써 15년 전. 나는 침묵과 무념의 얼굴이 어떤 모습인지 지금도 떠올린다. 그리고 그런 어머니를 회상할 때마다 가슴이 아려 온다. 막내아들이라고 온갖 지청구도 다 들어주신 어머니, 그런 어머

니가 치매에 걸려 와상 환자로 계신 몇 년 동안 거의 매주 찾아가 뵈었음에도 손 한번 잡아드리지 못했다. 스킨십에 익숙하지 못한, 다정하지 못한 내 무정의 탓이었다. 그런데도 기억 속의 어머니는 늘 환한 웃음으로 나를 감싸안고 계셨다. 내 가장 오랜 기억은, 아마 네댓 살쯤 열에 떠서 포대기에 싸여 한약방으로 업혀가던 어머니 등의 따뜻함이었을 것이다. 〔2019. 1〕

열아홉 살의 예감

/

 그 충일감에 젖던 봄이 지나고 겨울이 다가오며 크리스마스를 맞을 즈음, 나는 더 이상 돌이킬 수 없는 감회에 젖어들고 있었다. 나는 열아홉이었고, 며칠만 지나면 나의 마지막 10대는 마감될 것이었다. 그리고 몇 주 후면 고등학교를 졸업하고 진학을 위해 서울로 올라갈 예정이었다. 나는 20대로 들어서는 것이었고 성년의 시대로 얹히게 되는 것이며 집을 떠나 객지에서 살아야 할 것이었다. 스무 살! 그것은 너무나 많은 것을 의미했고 너무나 큰 변화에 맞닥뜨리는 것이었다. 그것은 나의 생애에서 가장 중요한 전환의 첫 고비였다.
 그 모두가 내게 두려운 것이기는 했지만, 그때의 나의 감회는 그 때문이 아니었다. 나의 10대가 흘러가버린다는 사실이 아쉽기는 했지만 그때의 나의 감상은 거기에서 빚어진 것이 아니었다. 열아홉의 마지막 몇 날, 나를 찬 겨울 거리로 거닐게 만들고 어두운 하늘에서 별들을 올려다보며 감동에 젖게 만든 것은, 앞으로의 나의 긴 세월에 이 나이에 얻어들였던 지복의 충일감을 다시는 얻지 못하리라는 예감이었다. 이 순수한 충만함, 이 평화로운 행복감, 조용하고도 가득 찬 이 내적 희열감! 지금 내 안에서 끓어 느끼고 있는 그 지복스러움에 대한 소중한 축복들은, 장래의 나의 생애가 어떻게 열려가든, 결코 다시는 얻지 못하리라. 그것은 슬픔이기도 했고 기쁨이기도 했으며 아름다운 예감인 동시에, 어쩌면 그때의 나 자신을 한껏 고양시킨 절망스런 열망이기도 했다. 그리고 과연 그랬다. 나의 예감은 바로 맞았고 지금 돌이켜보아도 그 열망은 나의 성장기에 가장 귀중한 영혼의 경험이었다. 오랜 후, 세월에 주눅 들고 세상에 때묻어서 문득, 이 충만한 감동을 회고하며 이렇게 고백한 바 있다. "거기서 얻어진 행복에의 희열은, 순진한 소년기와의 결별을 앞두고서, 앞으로의 나의 미래에 어떤 좋은 일이 있더라도 결코 맞바꿀 수 없는, 지상의 고귀함으로 직관되었던 것이다. 과연 그랬다. 나는 그로부터 35년을 더 사는 동안, 그보다 더 굳고 답답한 일이 훨씬 많았지만, 세속적인 행복도 느꼈었고 내 나름으로는 값지게 여겨지는 성취감에도 이르러보았다. 겉으로는 어쨌든, 그러나 그 모두는 내가 열아홉 살에 가졌던 행복감에는 도저히 비길 수 없는 것이었다. 그때의 그런 행복감은 지금도 나를 행복하게 만든다. 그 을씨년스럽고 추운 시절에, 그처럼 순수하고 지복할 수 있었던 경험, 그 예감이 진실이었다고 이제도 기쁘게 수락할 수 있기 때문에 더욱 확실한 그 내적 충일감은 나의 성장 시절에 길어낼 수 있었던 가장 축복받을 이니시에이션이었다."

　나는 나의 미숙의 시절, 그 순진한 세계로부터 벗어나기를 두려워하며 다가올 어른들의 세상을 암울하게 바라보았을 것이다. 그때도 나는 성장이 멈춘 피터팬이 될 수 있으리라는 생각은 하지 않았다. 아마도 그래서, 내 십대의 마지막에 더없는 축복을 보내고 있었을 것이다. 지난 크리스마스 휴일에 텔레비전에서 영화 「사운드 오브 뮤직」을 무심히 보다가 나는 나도 모르는 새 눈물을 흘렸다. 천진함과 순결함, 그들의 아름다운 자연 속에서의 사랑과 행복은 돌이킬 수 없는, 그리고 다다를 수 없는 영원한 꿈이고, 그래서 슬픔이다.　　　　　　　　　　　　〔1998〕

대전, 1956년 겨울

　그해 겨울이 유달리 일찍 온 것은 아니었겠지만, 나는 해가 빨리 지고 밤 추위가 바싹 다가오는 12월이 반가웠다. 이제 나의 십대 마지막 계절이 오고 있는 것이었다. 그것은 영원히 나의 한 시절과 작별해야 하는 한없는 아쉬움, 그럼에도 다시없는 지복의 충일감으로 차오르는 자족의 은근한 기쁨을 안겨주었다. 그래, 그랬다. 나는 고교 3학년의 마지막 학기를 보내고 있었고 아직 가난하면서도 순진할 수밖에 없었던 그 소년 시절과 드디어 헤어져야 했다.

그해 봄 3학년에 오르면서 나는 대학 입시 공부를 해야 한다는 핑계로 주일학교 반사에서 물러났고 그럼에도 주일 오전에는 전과 다름없이 집을 일찍 나서, 선화동 '깡통교회'로 향했다. 그러나 으레, 눈앞의 그 교회를 보며 길을 휘어 대전사범학교 쪽으로 난 샛길로 좀 들어가다보면 나오는, 아무도 보이지 않는 공지의 풀밭으로 간다. 그리고 거기 앉아 하늘만 바라보이는 옴팍 파인 풀밭의 오목한 자리를 잡아 편히 드러눕는다. 구름이 흐르기도 하고 풀 향내가 코 끝에 스치기도 하는 자리에 봄 햇빛은 한없이 포근하게 내리쬐었다. 참으로 조용하고 평화롭고 은밀했다. 아무도 그런 나를 보지 않을 것이고, 풀잎과 하늘, 햇살과 구름 외에는 아무것도 내게 보이지 않는 자리였기에, 나도 아무 생각을 하지 않았고 아무 느낌도 갖지 않았다. 다만 따뜻하고 아늑하며 호젓하고 고요하며 편하고 한없이 자유로웠을 뿐이다.

그리고 그 여름 나는 아마 방학 중에 학교 과외 공부를 했을 것이다. 그러나 그 기억은 흐릿했고, 다만 농촌계몽에 참여해서 버스와 트럭을 타고 부여의 한 외진 마을에 갔던 기억은 또렷하다. 때아니게 찾아간 한더위의 농촌 마을에서 내가 무얼 할 수 있겠는가. 이장댁에서 한 주일 숙식하며 밤마다 동네 노인들, 부녀자들, 아이들에게 한글을 가르쳤을 것이다. 인심 좋게 고봉으로 담은 시골 꽁보리밥에 체해 시골 한의사의 침을 맞고 나았던 일, 다시 트럭을 타고 그 동네를 나올 때 열서너 살의 한 소녀가 신문지로 싼 눈깔사탕 한 봉지를 건네주던 일만은 아득하지만 또렷한 회상으로 떠오른다. 침을 맞은 것도 처음이고 손아래 누이뻘로부터 그처럼 다정한 선물을 받은 것도 처음이었다. 트럭 뒷길을 따라오는 먼지를 보며 나는 나와 다른 또 다른 삶을 경험한 기분이었다.

가을이 왔고 새 학기를 맞았다 싶은데 이어 12월의 초겨울이 다가왔다. 나는 이 겨울이 가면 고등학교를 졸업할 것이고 잘되면 대학에 들어갈 것이며 그러면 부모님 무릎과 유년기로부터 길을 익혀온 이 도시를 떠나 서울로 올라갈 것이고, 그러면서 나는 속절없이 어른이 되고 스무 해 가까이 산 이 도시와 상관없는 서울에서 나 혼자로서의 독립된 삶을 살아가야 할 것이었다. 내가 봄 풀밭에서 하염없이 하늘을 바라보며 마음을 떠 흘려보내야 했던 것, 한여름 내게 익숙지 않은 시골에서 처음 보는 분들과 어울리며 시간을 느리게 잡아두려 했던 것은 그 성인으로의 입사入社를 향한 유예의, 나 자신도 의식하지 못한 예행이었을까.

크리스마스와 망년을 앞두고 내게는 한 가지 소담한 소망이 생겨 있었다. 멀리서 얼굴만 알고 본, 그래서 한마디 말도, 한 번의 눈 마주침도 없었던 한 소녀와 이야기를 나누고 싶다는 조금은 나답지 않은 용감한, 그러나 참으로 막연한 바람이었다. 지나가는 참으로 고백한 그 말을 들은 한 친구가 내게 말도 없이 그 여학생을 찾아갔단다. 역시 고3이었던 그 소녀는 대학 입시를 앞두고 학생들이 무슨 짓이냐며 나무라듯이 야무지게 거절했다고 한다. 그 12월의 어둠은 따뜻했기에, 나의 소년기와의 작별을 기념하며 바랐던 소망을 위해 용기를 발휘한 그 친구에게 그래도 고마움을 느꼈고, 매정하게 청을 거절한 그녀마저도, 달리 가지고 싶었던 다른 희망과 함께 고히 접어두기로 했다. 그것이 소년기와의 말없는 조용한 석별다우리라 생각했을 것이다. 내가 성장한 도시와의 이별도 겸한 기념으로 삼으려 했던 그 막연한 바람은 사건 아닌 사건이었고, 그 줄거리는 10년 후 그녀로부터 들은 대로였다. 그 소망은 이루어지지 못했지만 그럼에도 그 겨울은 그렇게 내게 다정했다.

  방학이 되면서 이제 정말 입학 공부를 해야 했다. 나는 이른 저녁을 먹으면 한숨 잔다. 밤 9시 즈음 초저녁 잠에서 일어나, 교과서며 참고서를 꺼내 읽고 메모하고 풀고 기억해두는 공부를 시작한다. 그렇게 새벽 네댓 시까지 공부를 계속한다. 그리고 다시 한숨 잔다. 9시쯤 깨어 아침밥을 먹고 같은 방식으로 점심까지 몇 시간 공부를 한다. 중식을 마치면 옷을 챙겨 입고 집을 나선다. 집이 있던 중동에서 목척교 옆으로 대전천을 따라가는 길로 잡기도 하고, 정거장 쪽을 향하다 번잡한 원동시장을 통해 대흥교를 건너 은행동으로 돌기도 한다. 미리 잡은 목적지도, 방향도 없이 그저 산책하며 움직이는 걸음대로 발길을 옮긴다. 무슨 궁리를 하기도 했겠지만, 대체로 대중없이 떠오르는 일들에 생각들을 맡겼을 뿐, 아직 기억에도, 미처 희망에도 잦아들지 않고 내 의식의 흐름대로 편하게 따랐을 것이다. 이 공부와 산책을 나는 시계처럼 거의 정확하게 되풀이했다. 은행에 다니는 누이는 가끔 나를 데려가 도너츠를 사주었고 야금야금 먹고 있는 내 모습을 귀여운 애기 보듯 바라보아주곤 했다.

  고등학교 들어갈 때 중학교를 졸업한 뒤 며칠간 공부로 시험을 보았듯이 대학 입시도 이렇게 마지막 겨울방학의 한 달 반 정도 공부하며 준비했다. 나는 대학에 당당히 합격할 자신도 물론 없었지만 낙방하리란 두려움으로 걱정하지도 않았다. 그저 무념, 무상했달까. 그럼에도 그때 내 머릿속이 어쩌면 그리 투명할 수 있었는지, 지금 돌이켜보아도 신기하다. 읽는 것마다 그대로 내 머리 안에 들어왔고 만나는 문제마다 반가운 친구 대하듯 쉽게 어울렸으며 부닥친 대목마다 스스로 이해되어왔다. 정작 서울에서 시험볼 때도 그랬다. 모르는 문제는 처음부터 모르는 문제임을 분명하게 깨닫고 있었고, 아는 문제들은 순한 아이 달래듯 손쉽게 정리되어 풀려 나왔다. 시험을 끝낸 후 나는 합격 불합격에 관심 없이 서울의 형님 하숙집에 그대로 머물며 형이 가지고 있던 토마스 하디의 단편집을 부지런히 사전을 찾아가며 읽는 일로 소일했다. 다행히 나는 합격했고 마침내 이십대에 올라서게 되었고 드디어 서울 생활로 들어가야 했다.

  나는 그 1956년 겨울 내게 찾아온 지복의 감정을 이미 그 당시에도 내 생애 절정의 시기로 벌써 예감하고 있었다. 아아, 나의 축복 받은 열아홉 나이여, 지금 내가 느끼는 충일감, 행복감은 다시 오지 않으리라. 앞으로의 내 삶이 어떻게 열려가고 움직여가든, 지금 내가 느끼는 자족의 깊은 충만감은 더 이상 얻지 못하리라. 그 예감은 조용하고 밝았다. 그리고 그 예감은 정말 실제로도 맞아갔다. 그 후의 반세기 넘는 세월 속에서 나는 사랑도 얻었고 영예도 받았으며 사소한 기쁨도 즐겼고 적지 않은 보람을 누리기도 했다. 물론 그 사이사이에 갖가지 일도 있었고 고통스럽기도 했으며 어려움들로 고단하기도 했다. 그랬기에 내가 얻는 그 짧은 다행스러움은 더욱 진하게 느껴져왔을 것이다.

그럼에도, 다시 그럼에도, 성인이 되어 얻은 행운의 기쁨은 내가 나의 마지막 십대를 보내던 해에 스스로 품어 안았던 그 충일감을 결코 넘지 못했다고 판정한다. 결코 조숙하지 못했던 내가 성인식을 치르기 전에 느껴야 했던 그 소년기와의 이별을 그처럼 아름답고 지복의 정서로 누릴 수 있었던 것은 어쩐 일일까. 갑년이 되는 해에 쓴 내 지난날들을 되돌아보는 글에서도 자부하며 스스로 감동했지만, 지금도 그때의 내 예감에 선선히 동의하며, 평범한 소년에게 미리 점지한 내 스스로의 운명을 감사히 받아들인다. 그 마지막 소년기에 가질 수 있었던 나의 내면적 충일감은, 결코 다시 돌아갈 수 없는 열아홉 살에 샘물처럼 수줍고 맑게 솟아오른 것이기에, 더욱 아름답고 천진하게, 소중하고 행복한 기억으로 희수의 이 나이에까지 살아 내 안에서 숨 쉰다. 그때의 나는 그보다 8년 후 김승옥이 「서울 1964년 겨울」에 느낀 불안과 절망을 아직, 그리고 끝내, 당하지 않고 있었던 것이다. 〔2014〕

p.s.   ≫   앞의 글은 내 갑년인 1998년 작가회의의 기관지 『작가』가 기획한 '저무는 20세기를 바라보며'에 연재하면서 이루어진 '4인 산문집' 『아름다운 성찰』(한울, 1999)에 묶여 상자된 책에 수록된 글이고, 뒤의 것은 그로부터 16년 후 고등학교 동기생들이 엮은 '대전고 입학 60주년 기념 문집'에 쓴 글이다. 그러니까 희수 즈음에 60년 전의 친구들 문집에 끼여 나온 글은 반 세대 전의 것을 '자기표절'한 것이다. 그리고 그 이전의 어떤 글에선가 같은 대목의 비슷한 느낌을 드러낸 적이 있었던 것으로 기억된다. 그러니까 이 이야기는 세 번이나 중탕한 셈이다.

그러나 나는 이 글들이 '자기 인용'이나 '자기 복제' '자기 반복'으로 읽히지 않기를 바란다. 글이 달라서가 아니다. 63년 전의 열아홉 나이에 내가 치른 성인식 행장은 지금 돌아보아도 여전히 아름답고 감동스럽다. 나는 순진하며 아름답고 충일하며 행복한 날이 다시 오지 않으리란 그 예감이 얼마나 직감처럼 정확한지, 지난날에 대한 회한도, 미래에 대한 기대도 갖지 않은 순수의 지경에 스스로 감탄하고 있다. 내 글의 중복은 그 감동과 감탄에 대한 되풀이일 뿐이다. 나는 그 어린 시절의 유예 없는 예감을 자랑, 아니, 사랑하고 있다. 지금의 내가 그때의 어린 지혜를 여전히 지니고 있었다면, 아마도 후회 없는 생애를 살았을 것이다.   〔2019. 1〕

김병익 저서 목록

산문집

『한국의 지성』(서기원 외 공저, 1972)

『지성과 반지성』(민음사, 1974)

『문화와 반문화』(문장, 1979)

『부드러움의 힘』(청·하, 1988)

『우공愚公의 호수를 보며』(세계사, 1991)

『지식인됨의 괴로움』(문학과지성사, 1996)

『생각의 안과 밖』(문이당, 1997)

『페루에는 페루 사람들이 산다』(문학과지성사, 1997)

『아름다운 성찰』(김윤식, 박완서 신경림 공저, 한울, 1999)

『무서운, 멋진 신세계』(문학과지성사, 1999)

『잊혀지는 것과 되살아나는 것』(열림원, 2001)

『글 뒤에 숨은 글』(문학동네, 2004)

『게으른 산책자의 변명』(이룸, 2005)

『조용한 걸음으로』(문학과지성사, 2013)

『시선의 저편』(문학과지성사, 2016)

문학비평집

『현대한국문학의 이론』(김현, 김치수, 김주연 공저, 민음사, 1972)

『한국문단사』(일지사, 1973; 문학과지성사, 2001)

『한국문학의 의식』(동화출판공사, 1976)
『상황과 상상력』(문학과지성사, 1979)
『지성과 문학』(문학과지성사, 1982)
『들린 시대의 문학』(문학과지성사, 1985)
『전망을 위한 성찰』(문학과지성사, 1987)
『열림과 일굼』(문학과지성사, 1991)
『숨은 진실과 문학』(문학과지성사, 1994)
『새로운 글쓰기와 문학의 진정성』(문학과지성사, 1997)
『21세기를 받아들이기 위하여』(문학과지성사, 2001)
『그래도 문학이 있어야 할 이유』(문학과지성사, 2005)
『기억의 타작』(문학과지성사, 2009)
『이해와 공감』(문학과지성사, 2012)
『기억의 깊이』(문학과지성사, 2016)

그 밖의 것

『오웰과 『1984년』』(편역, 문학과지성사, 1984)
『두 열림을 향하여』(비평선집, 솔, 1991)
『김병익 깊이 읽기』(성민엽 편, 문학과지성사, 1998)

인연 없는 것들과의 인연

1판 1쇄 인쇄일 2019년 3월 25일
1판 1쇄 발행일 2019년 3월 29일

지은이 김병익
펴낸이 박희진
편집장 안신영
디자인 안세영

펴낸곳 이른비 **출판등록** 2014년 9월 3일 제2015-000027호
주소 10517 경기도 고양시 덕양구 행신로 143번길 26, 2층
전화 031) 938-0841 **팩스** 031) 979-0311
전자우편 ireunbibooks@naver.com

ⓒ 김병익, 2019

ISBN 979-11-955523-8-2 03810

값 15,000원

• 잘못 만들어진 책은 구입하신 서점에서 바꿔드립니다.

이른비 씨 뿌리는 시기에 내리는 비를 말하며, 마른 땅을 적시는 비처럼
인간의 정신과 마음을 풍요롭게 하는 책을 만듭니다.

이 도서의 국립중앙도서관 출판시도서목록(CIP)은 e-CIP홈페이지
(http://www.nl.go.kr/ecip)와 국가자료공동목록시스템(http://www.nl.go.kr/kolisnet)에서
이용하실 수 있습니다. (CIP제어번호: CIP2019011372)